고고학자가 얘기하는 우리의 선사시대
Archaeologists Tell Our Prehistory

중앙문화재연구원 엮음
Central Institute of Cultural Heritage

김범철
성춘택
천선행

진인진

일러두기

1. 유물이나 유구의 명칭은 각 시대별 국립문화재연구소가 발간한 『韓國考古學專門事典』에 제시된 바를 따르지만, 경우에 따라서는 좀 더 널리 쓰이고 친숙하게 다가올 것으로 판단되는 명칭을 사용한다. 시대별 『韓國考古學專門事典』은 다음과 같다.

    國立文化財硏究所, 2013, 『韓國考古學專門事典: 舊石器時代篇』.
    國立文化財硏究所, 2012, 『韓國考古學專門事典: 新石器時代篇』.
    國立文化財硏究所, 2004, 『韓國考古學專門事典: 靑銅器時代篇』.

2. 『韓國考古學專門事典』에 제시된 유물이나 유구 명칭과 함께, 대괄호([ ])로 고고학계에서 널리 쓰는 한자어를 병기하고, 첫 사용 이후 두 용어를 혼용한다.

3. 중국과 일본의 지명은 원어의 발음대로 표기하되, 한자나 일어철자를 병기한다. 행정구역도 그런 원칙을 따르되, 성省, 현縣, 시市 등 단위명은 우리의 한자어 발음대로 한다.

4. 유적의 이름은 '부여 송국리'처럼 행정구역 상 시·군의 이름과 동洞이나 리里의 이름을 조합하는 것이 일반적이다. 이 책에서도 그 방식을 따른다. 단, 두 번째 사용부터는 시·군의 명칭을 생략한다. 그런데 발굴이 늘어나면서 한 동이나 리에서도 여러 유적이 조사되는 경우가 있어 리 이하의 부락이름이나 번지를 붙이는 경우도 있고, 동이나 리를 생략하고 부락이름으로 바로 부르는 경우도 있다. 해당 유적의 발굴보고서에 제시된 명칭을 따르되, 혼동이 있을 만한 것들은 생략된 행정구역명을 포함한다.

5. 본문의 내용 전개에 필요하지만 다소 부연적인 것은 상자 안의 '곁들인 얘기'를 통해 설명한다.

6. 가독성을 높이기 위해 그림의 출처는 뒤에 별도로 밝힌다.

고고학자가 얘기하는 우리의 선사시대

초판 1쇄 발행 | 2021년 9월 10일

엮 음 | 중앙문화재연구원
지 음 | 김범철, 성춘택, 천선행
발행인 | 김태진
발행처 | 진인진
등 록 | 제25100-2005-000003호
본문편집 | 배원일, 김민경
주 소 | 경기도 과천시 별양상가 1로 18 614호(별양동 과천오피스텔)
전 화 | 02-507-3077~8
팩 스 | 02-507-3079
홈페이지 | http://www.zininzin.co.kr
이메일 | pub@zininzin.co.kr

ⓒ 진인진 2021
ISBN 978-89-6347-482-3 03900

* 이 책 내용의 전부 또는 일부를 다시 사용하려면 반드시 자료 제공 협조기관과 출판사 모두의 동의를 얻어야 합니다.
* 책값은 표지 뒷면에 있습니다.

고고학자가 얘기하는 우리의 선사시대

교양 시리즈 첫 책을 내며

우리 연구원은 지난 20여 년 동안 전국의 수많은 유적들을 조사하면서 축적된 자료를 바탕으로 여러 차례 학술대회를 개최하여 얻어진 결과물을 학술총서로 간행하여 고고학 및 고대사 연구자들의 지침서로 활용할 수 있게 하였습니다. 또한 우리의 공동자산인 문화재를 연구자들만의 소유가 아닌 대중이 공유할 수 있도록 강연회 등을 개최하여 대중과의 연결고리를 만들고자 하였습니다.

2011년 『동아시의 고분문화』를 시작으로 『신라고고학개론』, 『낙랑고고학개론』, 『한국 청동기문화 개론』 등 시대별 입문서는 물론 『움직이는 세상 움직여야 하는 고고학』, 『時, 空, 形態 그리고 量』 등을 통하여 한국고고학의 연구방법론에 대한 반성과 변화를 요구하는 총서를 간행하기도 하였습니다. 또한 마한·백제의 분묘와 고구려·발해의 고분에 좀 더 쉽게 접근하여 그 문화를 이해할 수 있도록 『마한·백제의 분묘문화』, 『고구려의 고분문화』, 『발해의 고분문화』를 연차적으로 간행하기도 하였습니다.

우리 연구원은 국내 조사에 만족하지 않고, 2012년부터 유라시아 지역에 대한 해외조사를 착수하여 아제르바이잔과 카자흐스탄은 공동 참여자로, 몽골과 우즈베키스탄은 주관 기관으로 발굴조사에 참여하였습니다. 몽골은 2016년 이후로 매년 몽골 과학아카데미 고고학연구소와 공동으로 발굴조사를 진행하고 있습니다. 2017년에는 몽골에서 흉노 고분을 발굴하던 중, 흉노 문화를 집대성한 『흉노』를 간행하여 소개한 바가 있고, 2020년에는 2016년부터 3년 동안 발굴조사한 몽골의 무덤들을 총 정리하여 『몽골의 무덤』을 간행하였습니다. 특히 해외조사에 참여하면서 유라시아를 포함한 북방 문화와 우리나라 문화와의 관련성을 연구하고자 국내·국외 연구자들이 참여하여 『북방고고학개론』, 『흉노고고학개론』도 간행하였습니다.

일반인들에게는 고고학이 무엇인가를 알리기 위해서 '듣고 싶은 이야기, 묻고 싶은 이야기', '고고학자가 이야기하는 우리의 선사시대', '고고학자가 얘기하는 우리의 고대도시' 등 역사문화강좌를 여러 차례 실시하여 고고학의 대중화를 위해 노력해 왔습니다. 이러한 노력의 결과물로 우리 연구원 처음으로 대중을 대상으로 한 교양도서 **『고고학자가 얘기하는 우리의 선사시대』**를 출간하게 되었습니다.

끝으로 바쁜 일정에도 불구하고 옥고를 집필하여 주신 김범철(충북대학교), 성춘택(경희대학교), 천선행(전라문화유산연구원) 선생님께 감사를 드립니다. 특별히, 어려운 여건 속에서도 이 책이 간행되기까지 책임연구자로서 기획과 집필자 선정부터 최종 교열까지 맡아주신 김범철 교수님께 감사드립니다. 또한 교양도서가 간행될 수 있도록 애써준 우리 연구원 연구기획실 직원 여러분, 간행을 맡아주신 진인진 김태진 사장님과 관계자 여러분들께 감사 인사를 드립니다.

2021년 9월
중앙문화재연구원장 조 상 기

고고학자가 얘기하는 우리의 선사시대

책에 대한 얘기

이 책은 우리 선사시대 사회와 문화에 대한 고고학자의 얘기를 담고 있다. 책을 쓴 우리는 '고고학자'로서 실제로 우리 선사시대 유물과 유적을 조사·분석하고, 그로부터 추론되는 당시 사람, 사회, 문화의 모습을 설명하고 가르친다. 지식의 생성과 전달을 물품의 유통에 비유하는 흔한 예에 견주자면, 이 책을 쓴 우리는 고고학 지식의 '생산자'일 수 있다. 한편으로 지식을 활용해서 대중을 직접 만날 전문가를 양성한다는 측면에서 도매상이 될 수 있고, 가끔 일반 대중을 직접 접하기도 하니 간헐적 소매상도 될 수는 있겠다. 세 가지 측면에 고루 힘썼고 결과가 성공적이라면 더할 나위 없이 좋았을 것이다. 그러나 그동안 연구자나 교육자 역할에 치중했지, 대중화에는 크게 노력을 기울이지도, 성공적이지도 못했다. 대중에게 고고학은 어렴풋할 뿐, 뭘 하는지 잘 알려지지 않은 듯하다. '도굴'과 '발굴'을 혼동하거나 땅을 파는 정도를 고고학자가 하는 일의 전부라고 생각하는 일반이 적지 않다. 우리가 만나 본 중 제법 여러 사람이 그랬다.

이 책은 그런 상황을 조금이나마 극복해보고자 시작됐다. 우리와 동료들이 찾고 쌓은 고고학 자료와 정보로, 대중을 직접 접하면서 우리 선사시대에 대한 이해의 폭을 넓히고 깊이를 더하게 하고 싶었다. 다만, 흥미는 덜 하더라도 좀 더 진지하고 체계적으로 지식과 정보를 전달하고 싶었다. 그런 만큼, 어린이용 만화나 국수주의적 선동, 여행안내책자 수준의 감상을 한 번 더 생산할 수는 없었다. 이 책에서 우리는 선사시대 유물이나 유적에 이입된 감상을 전하지는 않는다. 너무 먼 과거인 선사시대의 사회와 문화를 알아야 하는 이유를 주장하지도 않는다. 우리나라 유물 중에 어떤 것이 아시아 또는 세계에서 제일 오래되었거나 큰 것임을 찾아 밝히지도 않는다. 한 마디로 규정하자면, 이 책의 성격은 교양개설서이다. 적절한 수집, 체계적 분석, 합리적 해석의 과정을 통해 축적된 사실과 지식을 전달하고자 한다.

여기에서 고고학 지식의 '생산자'로서 우리의 강점이 발휘될 듯하다. '물질자료'로부터 과거 사람과 사회의 모습을 그리다 보면, 자칫 일말의 가능성에 기대어 과장되게 얘기하기 십상이다. 우리는 그리 하고 싶지 않다. 물질문화의 잔적殘迹—유물·유구·유적—으로부터 해당 사회와 문화의 실제모습을 그려내는 것, 그 모습이 나타나게 된 과정과 원인을 밝히는 것이 얼마나 힘들고 한편으로 얼마나 위험한지를 잘 알기 때문이다. 하지만 그런 각오가 재미있게 얘기를 풀어가는 데는 '족쇄'가 될 수도 있다. 그러나 어떠한 자료로부터는 어떤 정도 이상의 얘기를 할 수 없음을 정확히 알고 있다는 것, 서로 맥락이 어긋나 조합하면 곤란한 얘기—종종 비전문가의 글에서 말은 부드럽게 이어가지만 연결하면 곤란한 것들을 조합하는 경우가 있다—가 무엇인지를 정확히 알고 있다는 사실은 '얘기'의 신뢰도를 높이는 장점일 것이다.

신뢰도 높은 얘기를 하려다 보니, 실제 자료에 대한 직접적인 접근이 가능하고, 엄정하고 체계적인 분석을 거쳐 정보가 축적된 지역에 대해 좀 더 많은 지면을 할애할 수밖에 없었다. 이 책의 내용이 남한의 고고학적 양상에 치중되어 있는 것은 그런 때문이다. 사실, 고고학조사 및 분석은 적지 않은 비용이 든다. 따라서 중국 동북지방—흔히 랴오닝遼寧성, 지린吉林성, 헤이룽장黑龍江성 등 중국의 동북삼성東北三省 일대를 일컫는데, 중국문화의 핵심지역은 아님—이나 북한은, 경제수준이 높고 국토개발이 활발하게 이루어진 남한지역에 비해 (발굴조사)자료의 양과 밀도가 떨어질 수밖에 없다. 그렇다보니, 얘깃거리의 양이나 해상도가 차이 날 수밖에 없다. 이 책을 쓴 우리 세 사람은 자신 없는 내용을 대충 말하고 싶지는 않다. 별로 자신 없거나 해서 안 될 얘기는 하지 않거나 최대한 자제하기로 한다.

내용의 신뢰성에 대한 자부에도 불구하고, 전달수단과 방식에 관련된 몇 가지 문제는 기획단계에서 논란거리가 되기도 하였다. 우선, 전달수단의 중요한 요소인 '용어'가 대중에게 친숙하지 않음이 걸림돌로 작용할 것이라는 생각이 들었다. 강의실이나 대중강연의 현장에서 필자들이 종종 경험해왔기 때문이다. 그런데 쉽게 풀어쓴다고만 해결되는 문제는 아니라는 지적도 뒤따랐다. 우리 고고학용어 중에는 한자어가 많은 것은 물론이고, 특정 유적명이나 지명, 유행하는 시기의 이름 등에서 유래해 그 배경에 대한 이해를 필요로 하는 것들이 적지 않기 때문이다. 그런 용어를 아무리 풀어 쓴들 이해가 되겠는가? 사실, 필자들이 보기에 주식용어가 고고학용어보다 더 어렵다. 한자어나 영어로 된 것도 많고, 복잡한 개념을 포함한 것이 대부분이다. 그런데도 주식 관련 책에 대해서는 그런 말을 하는 사람들이 비율적으로도 적다. 또 훨씬 많은 사람들이 주식 관련 책을 거부감 없이 구독한다. 현실적인 이해利害도 그러하겠지만 주식에 관련된 일들은 여러 경로를 통해 자주 접한다는 것도 이유일 듯하다. 고고학이나 선사시대 얘기는 주식은 말할 것도 없고, '역사' 분야인 조선사나 현대사에 비해서도 노출빈도가 낮다. 결국, 고고학용어의 노출빈도를 높여야 우리의 얘기도 널리 읽힐 것이라는 생각에 이른다. 이 책 자체가 그런 시도의 일환이다. 거기에 효과를 배가하기 위해 되도록 일반이 빨리 친숙해질 수 있는 용어를 사용하기로 했다. 그래서 상대적으로 이해하기 쉬운 한글용어를 쓰기로 하되, 학계에서 자주 쓰는 용어—주로 한자용어—를 대괄호([ ]) 속에 병기倂記함으로써 독자의 이해도 돕고 동시에 전문용어가 확산되는 효과도 도모한다.

내용의 서술방식에서도 독자가 이 책의 내용에 빨리 친숙해질 수 있도록 나름의 시도를 해본다. 해당 시기의 사회문화적 특징을 간단한 명제로 표현하고 이를 절의 제목으로 삼았다. 시대별로 여섯에서 열 가지쯤 된다. 이런 방식은 일반적인 고고학 개설서와는 구별되는 이 책만의 특징이다. (고고학 개설서가 아니더라도) 종종, 질문을 던지고 거기에 답하는 형식으로 풀어가는 책도 있지만, 질문과 답을 다 기억해야 하는 이중부담이 있고, 질문은 선언적인 명제보다는 다소 산만하기 십상이다. 그래서 주의환기의 효과가 덜할 수는 있지만, 서술형 명제로 표현하는 방식을 택했다. 이것만 기억하여도 그 시대 특징을 어느 정도 파악할 수 있을 뿐만 아니라, 지식의 얼개를 체계적으로 구축할 수 있는 출발점이 될 듯하다.

　　각 시대를 특징짓는 몇 가지 명제는 언뜻 단순해보이지만 전문연구자가 심도 있게 논의한, 근거가 있는 것들이다. 근거가 되는 개별 연구를 밝힐 필요도 있을 법하지만, 전문서처럼 주註는 달지 않는다. 원고를 넘기기 직전까지도, 이에 대해서는 필자들 사이에 격론이 있었고 초고에 있던 주를 넣고 빼기를 반복하기도 했다. 최종적으로 비전공 독자를 대상으로 하는 글에, 인용문헌의 출처를 일일이 밝히면 가독성이 떨어져서 논지를 빠르게 파악하는 데 장애가 되니 생략하기로 결정했다. 사실, 주를 찾아가며 탐독하다보면, 잠깐이나마 산만해지는 것은 전공자들도 겪는 어려움이다. 다른 한편으로, 이 책의 내용은 학계에서는 이미 공론이 된 것이 대부분이고, 우리 세 사람도 그 집필·편집·교열에 주도적으로 참여했기 때문에 일일이 누구의 얘기인지를 밝히는 것이 큰 의미가 있을지도 의문스러웠다. 대신, 각 부部의 말미에, '읽어 볼만한 글'을 부가하여 책을 쓰면서 참고한, 또는 더 깊은 지식을 원하는 독자들이 찾아 읽어도 좋을 만한 책을 제시한다.

여기까지 밝힌 몇 가지 서술방식은 어쨌든 내용을 효과적으로 전달하기 위해 시도되는 것이다. 이 책은 우리 고고학이 해방 이후 축적한 많은 양의 정보를 함축하고 있다. 적지 않은 내용을 포괄하다보니, 효과적인 전달에 더 신경이 쓰인다. 또한 쉬울 수 없는 얘기들이 적지 않다. 우리 선사시대 사회와 문화의 모습을 종합적이고 체계적으로 전달하자니, 내용을 줄이거나 용이하게 하는 데도 한계가 있다. 쉬운 책을 쓰자면 내용을 대폭 줄이면 되고, 흥미 위주의 책을 쓰자면 몇 가지만 선별하여 그럴듯한 감상이나 상상을 더하면 될 것이다. 『고고학자가 얘기하는 우리의 선사시대』는 그런 책은 아니다. 읽는 이의 지식 골격을 잡는 데 도움이 되는 책일 것으로 믿는다. 최근 탐구적인 지식층 독자들이 비약적으로 늘고 있다. 이 책을 통해 그런 독자들이 우리 선사시대에 대한 체계적인 지식을 얻길 바란다.

필자들을 대표하여 김 범 철

차례

일러두기 002

교양 시리즈 첫 책을 내며 004

책에 대한 얘기 006

차례 015
곁들인 얘기 차례 020
그림 차례 021

앞서 할 얘기 028

'우리'와 '선사시대'에 대한 얘기 031
    한국 선사고고학의 지리범위 032
    한국의 선사시대 033
고고학(자)에 대한 얘기 034
    고고학의 발달 034
    고고학의 연구 절차 041

I부 | 구석기시대에는…   054

돌을 깨서 도구를 만들다   059
뗀석기 구분   059
격지떼기, 잔손질 방법   061
뗀석기의 이름   062
한반도에 사람이 살기 시작하다   068
한반도에서 발견된 구석기시대 인골   071
구석기시대의 문화변천   072
이른 구석기시대 유적과 유물   074
주먹도끼와 슴베찌르개를 만들어 사용하다   076
주먹도끼는 얼마나 오래되었을까?   077
현생인류의 확산과 후기 구석기문화   082
슴베찌르개와 돌날   084
잔석기 만들기와 쓰임새   087
사냥과 채집으로 살다   092
넓은 사회연결망 속에 살다   099
이렇게 막을 내리다   103

II부 | 신석기시대에는…   110

한반도가 따뜻해지다   116
집을 짓고 마을을 이뤄 살기 시작하다   119
마을과 정주생활   120

다양한 주거양식	123
패총을 남기다	126
패총과 동물성 식료	128
채집과 사냥: 식료, 기름, 가죽, 도구재료의 획득	130
식물을 관찰하고 가꾸어 먹거리로 삼다	136
식물성 식료 채집과 저장	136
작물재배의 시작	139
토기를 만들어 조리하고 저장하다	141
토기 문양과 형태의 지역전통	142
토기와 문화변천	145
뗀석기와 간석기를 함께 쓰다	149
갖춰진 무덤을 쓰기 시작하다	155
무덤의 종류	155
껴묻거리와 사회상의 이해	158
바다를 건너 교역하다	160
농경사회로 발돋움하다	164

Ⅲ부 ‖ 청동기시대에는… 166

거친 토기를 만들다	174
청동기시대 토기구성	174
토기양식의 지역성	177
토기양식의 시간성	185
큰 마을이 나타나다	189

주거양식의 지역성	190
주거양식의 시간성과 물질문화유형	197
대규모 취락	198

마제석기가 더 발달하다 　　　　　　　　　　　204

청동기시대 석기구성	204
석기형식의 시간성	210
목기	211

(큰) 돌로 무덤을 만들다 　　　　　　　　　　　212

다양한 무덤양식	213
무덤에서 읽는 사회변화	223

여기저기서 쌀농사를 짓다 　　　　　　　　　　228

청동기시대의 쌀	229
쌀 생산과 사회변화	233
다른 작물과 가축	235

청동으로 단검을 만들다 　　　　　　　　　　　237

비파형동검문화	238
청동기 제작의 사회적 의미	241

집단의례가 활발해지다 　　　　　　　　　　　243

지석묘와 암각화	243
취락 내 의례건물	248

우두머리가 나타나다 　　　　　　　　　　　　250

끝날 무렵 화려한 청동기문화가 꽃피다 　　　　255

한국식동검문화	255
화려한 청동기 부장의 사회상	264

고조선만 있는 것은 아니다 267
  고조선에 대한 고고학의 이해 267
  삼한에 대한 고고학적 접근 269

마무리하면서 하고 싶은 얘기   274

구석기시대: 장구한 인류사의 서막   277
신석기시대: 농경과 정주생활의 딜레마   279
청동기시대: 역사교육논쟁의 뒤안길   281

그림출처   285

찾아보기   297

곁들인 얘기 차례

01	한국 구석기고고학의 시작	067
02	빙하시대 환경	070
03	연천 전곡리유적의 발견	080
04	구석기시대 유적의 연대결정 방법	083
05	최첨단 도구, 흑요석제 석기와 남양주 호평동	090
06	대전 용산동유적의 슴베찌르개와 사냥캠프	098
07	화살촉의 등장	106
08	고산리식 토기는 어디서 왔을까?	115
09	인천 운서동유적: 신석기시대 큰 마을의 사례	122
10	조개의 열량	129
11	신석기시대 연어잡이	134
12	창녕 비봉리유적	135
13	부산 가덕도 장항유적	159
14	청동기시대와 금석병용기	172
15	정선 아우라지유적과 남한 최초의 청동기	188
16	지석묘 상석 운반의 기술과 노동력	225
17	반구대 암각화	246
18	한국 청동기시대에 대한 사회형식론의 접근	253
19	상위유력자(층) 회유책의 사례	254

그림 차례

001	우리 선사시대의 활동무대가 되는 한반도와 주변	030
002	지질시대	035
003	1846년 관람객에게 삼시대체계를 설명하고 있는 크리스티안 톰센(1788~1865)	037
004	옌스 보르소에(1821~1885)	037
005	존 러복(1834~1913)	037
006	아우구스투스 피트리버스(1827~1900)와 플린더스 페트리(1853~1942)	038
007	오스카 몬텔리우스(1843~1921)	038
008	루이스 빈포드(1931~2011)	039
009	이안 호더(1948~)	039
010	『한국 고고학의 첫 세대 하담 도유호』(한창균 2017, 혜안)	040
011	김원용(1922~1993)	040
012	4분법과 격자법 발굴	045
013	수기로 빈도순서배열법을 수행하는 장면	047
014	가속기질량분석기	050
015	우리나라 구석기시대 주요 유적	056
016	격지에서 보이는 해부학적 속성	060
017	돌망치로 몸돌에서 격지를 떼어내는 모습	061
018	격지를 떼어내는 여러 방법	062
019	대형석기의 종류를 나누는 방법	063
020	제천 창내유적 출토 밀개	065
021	화순 도산유적 출토 찍개	066
022	최후빙하극성기의 대한해협	071
023	평양 만달리 동굴유적 출토 머리뼈와 복원된 모습	072
024	모비우스 라인	077

025	파주 가월·주월리유적에서 찾은 주먹도끼 또는 주먹찌르개	078
026	연천 전곡리유적에서 찾은 가로날도끼(왼쪽)와 주먹찌르개(오른쪽)	081
027	슴베찌르개 장착방법의 한 사례	084
028	단양 수양개유적 출토 후기 구석기시대 돌날몸돌	087
029	곡성 옥과유적에서 찾은 잔몸돌과 밀개	088
030	후기 구석기시대 유적 출토 잔몸돌(1~12), 새기개(13~15), 잔돌날(16)	089
031	남양주 호평동유적 출토 석기	091
032	메지리치유적의 후기 구석기시대 막집	095
033	대전 용산동유적 출토 슴베찌르개	098
034	양구 상무룡리유적 출토 흑요석제 새기개	101
035	동해 기곡유적(왼쪽 3점)과 월소유적(오른쪽) 출토 돌화살촉	106
036	우리나라 신석기시대 주요 유적	112
037	제주도 고산리유적 출토 토기	114
038	제주도 각지에서 출토된 신석기시대 이른 시기 돌화살촉	115
039	후기 플라이스토세~홀로세 해수면 변동	117
040	인천 운서동 I 유적 2지점 신석기시대 마을 일부	120
041	인천 운서동 I 유적 2지점 3호 움집과 복원모습	122
042	부산 가덕도 장항유적의 집석유구	125
043	군산 가도A패총의 신석기시대 야영지	126
044	인천 (연평도) 모이도패총	127
045	외이도골종	131
046	신석기시대 그물흔적	132
047	신석기시대 작살	133
048	울산 세죽유적 출토 작살 박힌 고래뼈	133
049	신석기시대 이음낚싯바늘	133
050	신석기시대 배 관련 자료	135

051	창녕 비봉리유적의 저장시설과 물에 잠긴 도토리	137
052	신석기시대 저장구덩이 복원	138
053	농경도구	139
054	신석기시대 조의 흔적	140
055	다양한 신석기시대 토기문양	144
056	신석기시대 각지의 몇몇 토기	147
057	중서부지역과 남해안지역의 빗살무늬토기	148
058	신석기시대 돌톱과 돌칼	151
059	창녕 비봉리유적 출토 신석기시대 돌도끼	151
060	고성 문암리유적 출토 찰절구	152
061	부산 동삼동유적 출토 석추	152
062	통영 연대도패총 출토 신석기시대 발찌	153
063	신석기시대 귀걸이	154
064	신석기시대 패면과 토우	154
065	신석기시대의 여러 가지 무덤	156
066	부산 가덕도 장항유적 무덤 전경	156
067	일본에서 들어온 석기들	162
068	우리나라에서 출토된 일본 조몬토기	162
069	교류에 이용된 투박조개제 팔찌	163
070	우리나라 청동기시대 주요 유적	168
071	그림 070 세부	169
072	우네티스문화의 청동기	170
073	고든 차일드(1892~1957)	170
074	메소포타미아의 초기 도시유적 우룩	171
075	일본 조몬시대 화염문토기	174
076	토기소성실험	175

077	무문토기 기종구성	176
078	공귀리식 토기	177
079	미송리식 토기	178
080	묵방리식 토기	178
081	돌대(각목)문토기	178
082	서북한지역 팽이형토기	179
083	동북한지역 공렬토기	179
084	가락동식·역삼동식·흔암리식 토기(왼쪽부터)	180
085	다양한 크기의 송국리식 토기	181
086	송국리식 토기의 용량분포	182
087	점토대토기	183
088	다양한 기종의 홍도	184
089	가지무늬토기	185
090	흑도장경호와 흑도고배형토기	186
091	복원된 정선 아우라지유적 출토 장신구	187
092	가옥구조복원도	189
093	청동기시대 조기의 주거지	191
094	가락동 및 역삼동식 주거와 화덕	191
095	청동기시대 전기주거의 분실안과 증축의 흔적	192
096	송국리식 주거와 휴암리식 주거	193
097	송국리문화권	193
098	울산식 주거	195
099	점토대토기 반출 주거	195
100	중국 동북지방의 청동기시대 주거	196
101	북한 각 지역의 청동기시대 주거	196
102	춘천 중도유적 전경	199

103	천안 백석동유적 전경	199
104	부여 송국리유적 주변의 취락연결망	200
105	청동기시대 중기 유적의 옥외 저장수혈	201
106	창원 남산유적의 환호	202
107	진주 대평리유적의 옥가공구와 생산체제	203
108	청동기시대의 다양한 석촉	205
109	청동기시대의 다양한 석검	205
110	장식석검과 조형으로 추정되는 비파형동검	206
111	청동기시대 환상석부와 다두석부	207
112	청동기시대 석창	207
113	청동기시대의 다양한 석부	207
114	청동기시대 갈판과 갈돌	207
115	경주 황성동유적 출토 동북형석도	207
116	청동기시대의 다양한 석도	208
117	청동기시대 고석	209
118	부리형석기와 프랑스 신석기시대 석기	209
119	창원 덕천리유적 출토 세장촉	211
120	우리나라 전통농구(여러 형태의 가래)	212
121	청동기시대의 다양한 목기	213
122	탁자식지석묘와 축조과정(추정)	214
123	중국 석붕	216
124	기반식지석묘	216
125	위석식지석묘	216
126	묘역식지석묘	217
127	대구 대봉동 지석묘	218
128	'ㅍ'자형 석관	219

129	부여 송국리 1호묘와 부장품	220
130	춘전 천전리유적 주구석관묘와 출토유물	220
131	청동기시대 석개토광묘의 2형식	222
132	청동기시대 옹관묘	222
133	강화도 부근리 지석묘	224
134	부족사회의 거석기념물	224
135	지석묘 상석 운반실험(전라남도 진도)	226
136	나무썰매와 통나무궤조	226
137	고창 지석묘군	227
138	브루스 트리거(1937~2006)	227
139	청동기시대 탄화미와 식물규산체 사진	229
140	청동기시대 쌀관련 자료의 분포	231
141	논산 마전리유적의 청동기시대 논과 우물	232
142	계룡 입암리유적의 송국리식 주거군	234
143	진주 평거동유적의 청동기시대 밭	236
144	청동기시대 함정	237
145	청동 호와 유	238
146	기자 명문	239
147	傳 황해도 신천 비파형동검	239
148	중원식동검과 북방식동검	240
149	다양한 옥장식	240
150	암각화분포도	244
151	암각화의 검파형문양	246
152	울산 반구대 암각화(3D 스캔)	247
153	부여 송국리유적의 (추정)의례건물지	248
154	사천 이금동유적의 (추정)의례건물지	249

155	보령 관창리유적의 (추정)의례건물지	249
156	이케가미소네유적의 신전(복원)과 통코난	250
157	멕시코 마자탄지역 형성기 토기조합의 변화	254
158	비파형동검과 세형동검 비교	256
159	각종 청동단검비교	257
160	한국식동검문화의 청동제 무기류	258
161	한국식동검문화의 청동제 공구류	258
162	한국식동검문화의 다양한 청동방울	258
163	한국식동검문화의 청동제 의기류	259
164	傳 영암 거푸집 일괄(국보 제231호)	260
165	傳 논산 정문경(국보 제41호) 세부	261
166	농경문청동기(보물 제1823호)	262
167	나팔형동기와 용도 추정	263
168	정쟈와쯔 6512호묘 출토 유물과 인골	264
169	청동기시대 후기 청동기 부장 분묘의 위계성	266
170	부여 합송리유적 출토 유물	270
171	완주 신풍유적의 상위신분 분묘와 부장품	271
172	사천 늑도유적 전경	271

고고학자가 얘기하는 우리의 선사시대

앞서 할 얘기

'우리'와 '선사시대'에 대한 얘기 | 고고학(자)에 대한 얘기

001 우리 선사시대의 활동무대가 되는 한반도와 주변

본격적으로 '우리의 선사시대'를 얘기하기에 앞서 좀 분명하게 해야 할 것들이 있다. 책 제목에 있는 몇 단어들이다. 흔히 제목에는 그 책에서 다뤄질 것, 달리 말하자면 그 책이 다룰 내용의 범위가 함축되어 있다. '우리', '선사시대', '고고학자' 등의 말에는 이 책이 다루는 내용의 시간 및 공간 범위는 물론, 그런 내용이 얻어지는 방식이나 과정에 대한 것들이 포함되어 있다. 널리 쓰이고 있는 말들이어서 뜻 자체를 모를 리는 없지만, 전문적인 시각에서 들여다보면 논란거리가 될 것들이 적잖이 포함되어 있다. 비록 단정하기 힘든 것들이 있다하더라도, 그 배경이나 이유에 대해서 설명할 필요는 있어 보인다.

'우리'와 '선사시대'에 대한 얘기

우리는 한국인이다. 그렇다면, 선사시대 한국인(?)이 살고 있던 지리공간이 우리의 선사시대 영역이고 이 책이 살펴야 할 내용의 범위이다(그림 001). 그러나 현재 대한민국 헌법이 정하는, '한반도와 부속 도서'로 한정하기에는 부족한 감이 없지 않다. 당장, 고구려나 발해의 영토가 한반도를 넘어 중국 동북지방으로 뻗어 있었지 않던가? 물론, 영역이란 시대에 따라 달라지는 것이고, 선사시대 '우리'의 영역이 고구려 및 발해의 그것과 일치할 수만은 없다. 그런데 앞선 시기 중국 동북지방 문화가 고구려 문화와 전혀 연관성이 없지도 않고, 중국 중원中原 및 북방 초원지대의 문화와 동질적이지도 않아서 최소한 정서적으로라도 그 비슷한 정도는 다루어야 하지 않나 하는 생각이 들 수 있다.

다른 한편으로 한국인, 실제로는 '우리의 조상' 또는 '과거의 한민족'이라고 믿어지는 사람들이 언제부터, 어떤 경로로 현재 우리와 연결되었는지도 그렇게 분명하지 않다. 따라서 우리 선사시대를 다룸에 있어 그 지리적 범위는 지금의 시각으로 바로 정하기는 쉽지 않다.

한국 선사고고학의 지리범위 앞선 얘기의 연장선에서 보자면, 선사시대 '우리(의 조상)'라는 '사람'이 활동했던 공간이 선사시대에 대한 고고학자의 얘기가 대상으로 삼아야 할 지리적 범위가 된다. 그런데 발굴을 통해 '땅'으로부터 얻어진 물질자료에 의거하여 과거의 사람들과 그들의 문화적 정체성을 밝히는 고고학 연구의 특성상 '그들'을 반영할 물질자료가 분포하는 지리적 범위가 그들의 활동무대가 된다. 그렇다면, 그들을 반영할 물질자료는 무엇일까? 그것은 선험적으로 정하는 것이 아니라, 조사와 연구를 통해 밝혀가는 것이다. 그런데 현재까지 밝혀진 것 중 가장 믿을 만한 것은 '한반도'에 분포하며, 중국 동북지방으로도 이어진다. 한반도 밖으로 확장하되, 어디서 멈추면 될까? 우리(조상)와 관련된 문화내용을 한반도로부터 동·서·북쪽으로 추적하면서 다름이 충분히 인정되는 문화내용과 마주치는 지점을 경계로 삼으면 되겠다. 대략 서쪽으로는 중국 다링허大陵河유역, 동쪽으로는 쑹화장松花江유역, 북쪽으로는 랴오허遼河 중류와 쑹화장 유역을 잇는 선 정도로 정하는 것이 일반적이다.

 이러한 범위는 청동기시대에야 어느 정도 구체화되고 최대로 확장되는데, 구석기시대와 신석기시대는 이를 넘어서지 못하는 정도로, 대략 한반도에 한정하는 것이 일반적이다. 이 책에서도 구석기·신석기시대 문화의 공간 범위를 한반도와 부속도서로 삼는다.

한국의 선사시대

우리나라 고고학에서 선사시대는 구석기, 신석기, 청동기 등 세 시대로 정하는 것이 일반적이다. 말뜻 그대로 하자면, '선사시대'는 자체적인 문자기록이 없던 때이다. 구석기나 신석기시대에 문자가 있었다고 주장하는 이는 극히 드물다. 설혹 약간의 표식이 있다 하더라도 그것을 (분절적인) 문자로 보기는 어렵다. 그런데 청동기시대는 다소 논란의 소지를 담고 있다. 뒤에서 좀 더 자세히 다루겠지만, 청동기시대의 한동안 중국 동북지방과 북한에는 고조선이 있었다. 어떤 형태이든 국가체제를 갖추었고, 문자사용의 흔적도 있다. 그러나 고조선에 대해 알 수 있는 것은 자체적인 문헌기록보다는 중국의 사서에 의해서다. 그조차 충분하지는 않다. 엄정한 의미의 역사시대라고 보기는 다소 어렵지만 선사시대라고 단정하기도 어렵다. 그런데 한반도 중부 이남에서는 그런 기미도 보이지 않는다. 따라서 과거 우리의 활동무대가 전적으로 역사시대에 속하기는 어렵다. 이런 이유로 청동기시대도 선사고고학의 범주에 포함하는 것이 남한 학계의 관행이 되어왔다. 북한에서는 고조선부터를 역사시대로서 고대古代에 넣은 것도 수십 년이 되었다.

청동기시대를 선사시대에 포함하는 입장을 따르자면, 우리 선사시대의 범위는 구석기시대의 개시에서부터 청동기시대의 종말까지가 된다. 구체적인 연대는 각 시대를 다루는 부분에서 좀 더 분명하게 언급하겠지만, 개념적으로는 한반도에 사람이 살기 시작한 때부터 철기문화가 등장하기 전까지가 된다. 전全지구의 수준에서 통용되는 지질시대로 보자면, 구석기시대는 플라이스토세Pleistocene까지이고, 신석기시대와 청동기시대는 홀로세Holocene에 속한다(그림 002).

김범철

고고학(자)에 대한 얘기

고고학자는 '고고학을 하는' 사람이다. 한 사람, 한 사람이 수행한 연구의 결과로 우리 선사시대에 대해 얘기할 수 있지만, 이 책에서는 그 하나하나를 좇아 기여를 따지고자 하지는 않는다. '고고학자가 얘기하는' 이란 말에는 개인으로서가 아니라, 한 학문집단으로서 그들이 수행하는 '고고학연구의 결과로 알 수 있는' 또는 '고고학연구 결과를 바탕으로 설명하는' 이라는 의미가 담겨 있다. "그럼, 그런 연구결과는 어떻게 나오게 되었을까?" 라는 질문이 나올 수밖에 없다. 그래서 다음에서는 우리의 선사시대에 대한 얘깃거리를 만든 고고학연구가 어떻게 이루어지고 있는지에 대해 얘기해보고자 한다.

그런데 고고학연구가 오늘과 같은 모습을 갖게 된 데는 적잖은 시간이 걸렸다. 어떤 이는 그리스 철학자로부터 시작하여 인간이 옛것에 가져온 관심에 대해 2,000년 정도의 역사를 얘기하기도 하지만, 현재 고고학자들이 연구를 수행하는 방법이나 체계와는 직접적인 관계가 거의 없다. 여기에서는 현대 (선사)고고학의 발달에 좀 더 직접적으로 영향을 미쳤던 때부터 얘기해 보기로 한다.

김범철

고고학의 발달   한국과 중국을 비롯한 동아시아에서도 오래전부터 과거 유물과 유적에 대한 관심이 있었다. 유적을 답사하고 기록을 남긴 사람도 있었다. 그러나 이 관심이 현재 학문을 하는 방법과 체계를 발달시키는 데 이르지는 못했다. 예컨대, 우리나라에서는 돌화살촉과 돌도끼 같은 선사시대 유물을 뇌부雷斧, 곧 벼락도끼라 불렀다. 벼락과 같은 하늘의 조화로 생긴

누대 Eon	대 Era	기 Period	세 Epoch	년 전
현생누대 Phanerozoic	신생대 Cenozoic	4기 Quaternary	홀로세 Holocene	11,700
			플라이스토세 Pleistocene	258만
		3기 Neogene	플라이오세 Pliocene	533만
			마이오세 Miocene	2,303만
		고3기 Paleogene	올리고세 Oligocene	3,370만
			에오세 Eocene	5,580만
			팔레오세 Paleocene	6,600만
	중생대 Mesozoic	백악기 Cretaceous		1억4,550만
		쥐라기 Jurassic		2억130만
		트라이어스기 Triassic		2억5,190만
	고생대 Paleozoic	페름기 Permian		2억9,890만
		석탄기 Carboniferous		3억5,890만
		데본기 Devonian		4억1,920만
		실루리아기 Silurian		4억4,380만
		오르도비스기 Ordovician		4억8,540만
		캄브리아기 Cambrian		5억4,100만
원생누대 Proterozoic				25억
시생누대 Archean				40억
명왕누대 Hadean				

002 지질시대

이상한 물건이라 여기고 심지어 몸에 좋은 것이라 생각하기도 했다.

(근대)학문으로서 고고학은 유럽에서 성장하여 동아시아로 들어왔다. 유럽에서는 크게 두 가지 흐름에서 고고학이 '학문'으로 성장하게 된다. 첫째, 성서를 비롯한 어느 문헌에도 기록되어 있지 않은 선사시대를 인지하고, 그 시대를 연구하는 학문으로 고고학이 태동한다. 둘째, 선사시대를 석기-청동기-철기시대라는 세 시대로 나눈 체계가 갖추어진다.

산업혁명이 한창이던 시절, 철도와 도로, 운하를 건설하면서 사람이 만들었음이 분명한 주먹도끼와 매머드 같은 멸종 동물의 뼈가 '함께' 발견되는 사례가 나타났다. 18세기 말부터 이런 발견이 이어졌지만, 성서 창조 신화를 극복하기에는 매우 오랜 시간이 걸렸다. 19세기 전반에는 여러 근대 학문도 성장했고, 특히 지질학에서는 침식이나 퇴적 같은 지질과정이 반복되어 오늘날의 모습을 갖추었다는 동일과정설이 확립되었다. 그리하여 서유럽 곳곳에서 멸종 동물과 사람이 같이 살았던 시기가 있었다는 물적 증거는 받아들이지 않을 수 없게 되었다. 이에 학계 권위자들이 모여 물적 자료를 관찰하고 토론하여 학회에 보고하기에 이르렀고, 1859년 다윈Charles Darwin은 『종의 기원On the Origin of Species』을 출간한다. 이로써 그 어느 문헌에도 나오지 않던 인간의 과거를 인정했으며, 이 시기 자료를 다루는 학문으로 고고학, 특히 선사고고학이 성립한다.

선사시대를 석기-청동기-철기시대의 세 시대로 나눈 체계는 북유럽에서 발달했다. 톰센Christian Thomsen은 덴마크 국립박물관의 운영을 맡아 선사시대 유물을 효과적으로 전시하는 방법을 골똘하다가 유구 출토품을 시간 별로 배열하면서 석기, 청동기, 철기시대를 나누었다. 톰센은 전문고고학자가 아니었지만, 1836년 간행한 전시안내서에 삼시대체계Three Age System를 기록했다(그림 003). 얼마 후 코펜하겐대학의 고고학교수로 임명된 보르소에Jens Worsaae는 그러한 체계를 층위 발굴로 입증하였다(그림 004). 삼시대체계가 유럽 전역으로 확산되고, 러복 John Lubbock은 1865년 『선사시대Prehistoric Times』에서 석기시대를 구석기와 신석기시대로 나누기에 이른다(그림 005).

19세기에 들어서며 이집트 상형문자가 해독되고, 아시리아유적이 발굴되었으며, 중앙아메리카의 밀림에서 마야문명이 드러났다. 그런데 그런 성과를 이루었던 사람 중에는 고고학자나 발굴가가 아니라, 보물사냥꾼이었던 사람들도 있었다. 수많은 이집트 무덤을 약탈하고 유물을 유럽 여러 나라에 빼돌리기도 하였다. 그렇지만 이런 경향을 비판하고 진지한 학문 자세를 강조한 학자들이 등장했다. 피트리버스Augustus Pitt-Rivers나 페트리Flinders Petrie 같은 연구자는 체계적 발굴조사법을 개척해 세밀한 층위도를 남겼으며 아주 작은 유물까지 수습하고 분석했다(그림 006). 몬텔리우스Oscar Montelius는 면밀하게 유럽 청동유물의 형식을 나눠 체계적인 편년 방법을 개발했다(그림 007). 이런 고고학만의 방법론을 토대로

003 1846년 관람객에게 삼시대체계를 설명하고 있는 크리스티안 톰센(1788~1865)

004 옌스 보르소에(1821~1885)

005 존 러복(1834~1913)

006 아우구스투스 피트리버스(1827~1900)와 플린더스 페트리(1853~1942)

007 오스카 몬텔리우스(1843~1921)

20세기로 넘어가면서 세계 각지에서 고고학은 상상할 수 없을 만큼의 깊이로 인류 역사를 끌어 올리고 인종주의적 편견을 몰아냈다.

이렇게 20세기 전반이 되면 수많은 선사시대와 초기 역사시대 유적과 유물을 발굴하고 연구하면서 세계 여러 곳에서 새로운 역사의 흐름, 곧 문화사culture history의 체계가 갖추어졌다. 고고학자는 유물의 형식을 설정하여 분류하고 시간 순서로 배열하는 형식편년과 순서배열법을 개발했고 이것은 아직도 중요한 고고학 연구법이다. 이런 경향을 '문화사고고학culture historical archaeology'이라 부르는데, 연구자들은 가능하면 세밀한 편년을 세우고, 드러나는 변화를 주로 외부로부터 문화 전파와 이주의 결과로 설명했다. 이런 맥락에서 여전히 우리나라에서도 대부분 중요한 문화 변화는 북에서 남으로 내려온 전파와 이주의 물결로 설명하고 있다.

20세기 후반이 되면서 이런 전통 문화사고고학의 방법과 시각을 비판하고 고고학을 더 과학적인 학문으로 정립하려는 흐름이 등장했다. 이미 방사성탄소연대법이 개발되어 편년에 대한 수고로움이 덜어지던 때이기도 했다. 빈포드Lewis Binford를 비롯한 당시 젊은 고고학자들은 가설을 제시하고 자료를 바탕으로 검증하는 방법이 더 과학적이라 주장했다(그림 008). 그리하여 문화(역)사가 아닌 문화과정을 중시하여 인류문화의 변화를 인과관계의 측면에서 설명하고자 했다. 이렇게 발전한 과정고고학processual archaeology은 인간행위와 그 결과물—곧 물질문화— 사이에 법칙적 일반화를 추구하였다. 이로써 민족지고고학ethnoarchaeology 같은 분야가 발달했으며, 수많은 과학적 방법도 고고학의 일부가 되었다.

008 루이스 빈포드(1931~2011)

미국의 주도권과 근대성을 비판하는 포스트모더니즘의 흐름 속에 고고학에서도 객관적이고 과학적 시각을 강조하는 과정고고학에 대한 비판과 대안을 모색하는 움직임이 일어났다. 20세기 말 호더Ian Hodder를 비롯한 일군의 고고학—흔히, 탈과정고고학postprocessual archaeology이라 함— 연구자들은 실증주의적 접근을 비판하고, 물질문화는 맥락에 따라 인간행위와 사회관계에 적극적 역할을 한다고 주장했다(그림 009). 이렇게 현대 고고학은 이론과 방법론에 대한 날선 논쟁을 바탕으로 발달해왔다.

과정고고학의 틀 안에서도 연구자들은 대안을 찾기 시작했다. 이 가운데 다윈이 제시한 진화이론과 개념이 실제 인문사회과학에서 적용되지 못했음을 비판하는 연구자들도 있었다. 그리하여 유물 분석을 바탕으로 마치 생물진화에서와 같이 계통과 계보를 찾는 노력을 중시하면서 문화사고고학의 개념과 방법의 가치를 재발견하기도 한다. 이처럼 현대 고고학에서는 이론적 입장의 차이보다는 실용적인 측면에서 여러 접근과 시각, 분석기법이 포괄적으로 적용되는 흐름을 보인다.

009 이안 호더(1948~)

한국에서 고고학은 학문으로 자생했다고 할 수 없다. 추사 김정희처럼 비문은 물론 고대 유적과 유물에 관심을 가진 학자도 있었지만, 이런 관심과 연구는 이어지지 못했다. 일제강점기 수많은 일인日人학자와

010 『한국 고고학의 첫 세대 하담 도유호』(한창균 2017, 혜안) 북한 고고학의 기틀을 마련한 도유호의 생애와 학문을 다루고 있다.

011 김원용(1922~1993) 1961년 서울대학교 고고인류학과를 창립하고, 남한 최초의 고고개설서인 『韓國考古學槪說』(1973·1977·1986, 一志社)을 저술하는 등 우리 고고학의 기틀을 마련했다.

관료는 한국에 들어와 고구려·백제·신라, 그리고 가야의 고분뿐 아니라, 구석기시대에서 역사시대까지 수많은 유적을 조사하고 발굴했다. 그러면서도 제대로 된 조사보고서를 남긴 사례는 거의 없었다. 국토는 파헤쳐졌고, 귀중한 유물이 반출되었고, 아직도 행방을 모르는 것도 부지기수다. 그렇게 많은 유적을 발굴하면서도 한국인 학자의 참여를 제한했다.

일제강점기 도유호都宥浩와 한흥수韓興洙는 유럽에서 공부하여 박사학위까지 받았지만, 월북하여 북한의 유적조사와 고고학을 이끌었다. 특히 도유호는 여러 선사 유적을 발굴하여 일인학자들이 설정한 금석병용기金石倂用期―석기와 금속기가 같이 쓰인 시기―를 고고학적으로 비판하였다(그림 010). 직접 발굴한 자료를 바탕으로 유적과 유물을 편년하여 구석기시대, 신석기시대, 청동기시대라는 선사시대의 흐름을 제시했다.

남한에서는 초창기 국립박물관이 주도하여 여러 유적을 조사했다. 1961년 서울대학교에 고고인류학과가 설치되어 고고학자를 양성하기 시작했다(그림 011). 이즈음 공주 석장리, 서울 암사동 같은 중요한 유적이 조사되었다. 1970년대에는 정부의 체계적 관리와 지원 아래 여러 유적을 조사하고 복원하기도 했다. 이렇게 새로운 선사·역사시대 자료가 쌓이면서 한국고고학은 성장했다.

1980년대 말부터 전국의 여러 대학에 고고학을 전공하는 학과가 만들어지고 학문 인력이 급격히 늘어났다. 특히 1990년대 중·후반에 이르러서는 매장문화재의 조사수요가 급증하면서 이를 전문으로 담당하는 기관도 여기저기 생겨났다. 이제 전국적으로 해마다 수백 개―많은 해에는 천 개가 넘는― 지점에서 발굴조사가 이루어진다. 또한 여러 국립·공립·사설 박물관이 생겨 누구나 선사시대와 역사시대 유적과 유물을 향유하고 지식을 배운다.

성춘택

고고학의 연구 절차

이러한 발달과정을 거쳐 온 현재 고고학의 연구절차와 방법, 그 이면의 전제나 원리를 한두 마디로 요약하기는 거의 불가능하다. 실제로, 대학 교재로 쓰는 개론서에서만도 여러 개의 장을 차지하는 것은 물론, 더 나아가서는 여러 권의 책으로 소개되는 경우도 적지 않다. 물론 상세한 지식을 가지고 있다면 더할 나위 없이 좋겠지만, 그런 것들을 다 알아야만 뒤의 내용을 이해할 수 있는 것은 아니다. 우리 선사시대에 대한 얘기의 소재를 어떤 과정을 거쳐 얻고, 어떻게 분류하며, 어떻게 그 나이[연대年代]를 결정하는지 등 긴요한 것만 간략하게 다루어도 큰 무리는 없을 듯하다.

앞서도 언뜻 비추었지만 고고학의 연구대상은 인간이 남긴 물질자료다. 물질자료는 넓은 의미의 유물遺物로 불리기도 하지만, 돌칼, 토기, 곱은옥 등 움직일 수 있는 좁은 의미의 유물, 집자리나 무덤 등 땅에 고착되어 쉽게 움직일 수 없는 유구遺構, 그런 유물과 유구가 발견되는 일정한 넓이의 장소인 유적遺蹟으로 나누는 것이 더 일반적이다.

누구나 예상할 수 있는 얘기인데, 이런 유물·유구·유적에는 그것을 만들고 사용한 사람들의 행위나 관념이 반영되어있다. 어떤 장인匠人이 여기저기서 재료를 모아 그릇을 만들고, 시장에 그것을 팔고, 필요로 하는 사람이 그것을 사고, 집으로 돌아와 필요에 따라 쓰다가 못 쓰게 되면 버린다. 단순하게 서술했지만 한 그릇의 일생에는 원료취득이나 제작과 관련된 생산행위, 매매를 둘러싼 경제행위, 조리나 배식을 위한 사용행위 등이 관련된다. 뿐만 아니라, 왜 그런 모양으로 그릇을 만들고, 왜 그 그릇을 선택했는지 등에는 의도되거나 무의식에 가깝더라도 교육된 행위양식이 결부되어있다. 마지막으로 그 끝에는 폐기의 행위가 관련된다. 의도적으로 버릴 수도 있지만 우연히 잃어버릴 수도 있고 귀중하다고 여겨 별도로 보관할 수도 있다.

그 어떤 경우든, 더 이상 쓰이지 않고 폐기된 일부는 땅에 묻히게 된다. 그중 썩어 없어지지 않고 '화석화'한 일부가 고고학자에 의해 발견되고, 고고자료로서 유물이 된다. 그런 유물을 분석해서 의미 있는 고고학 정보를 취득하여 그 유물을 남긴 과거에 대해 설명하게 된다. 결국, 고고학자는 그 유물의 일생을 거꾸로 좇아가며, 그것을 만들고 사용한 사람의 행위, 그런 행위의 배경, 그 배경을 제공했던 사회와 문화에 대해 밝힌다.

그럼 고고학자는 어떻게 그런 물질자료가 거기에 묻혀 있는지 알까? 사실, 고고학자들이 자주 듣는 질문 중 하나가 "그곳에 유적 혹은 유물이 있는지 어떻게 아느냐?"하는 것이다. 뭔가 신비스런 기술을 기대하는지 모르겠지만, 그보다는 좀 더 보편과학적인 방법과 절차가 있다. 어디에 있는지 알았다고 아무렇게나 땅을 파서 유물·유구·유적을 노출하는 것은 아니다. 만약 그러하다면, 도굴과 다를 바가 없다. 도굴과 전문가에 의한 발굴의 가장 큰 차이는 뒤의 경우가 유물의 출토맥락 또는 출토정황을 파악하는 데에 훨씬 더 많은 노력을 기울인다는 점이다. 출토맥락의 핵심은 3차원적 위치와 공반관계—어떤 유물과 함께 출토되느냐—이다. 도굴과 발굴의 또 다른 차이는 발굴에서는 인공물artifacts—또는 매우 좁은 의미의 유물—만이 아니라, 동물뼈, 꽃가루 등 자연유물—또는 생태물ecofacts—도 적극적으로 수집한다는 것이다. 생태물은 당시 환경, 시간적 배경 등에 대한 정보를 제공한다.

고고자료로서 (넓은 의미의) 유물의 획득은 그 위치를 확인·노출하는 작업으로, 고고학 조사절차에서는 지표조사, 시굴조사, 발굴조사로 표현된다. '지표地表조사'는 유적의 존재를 확인하기 위해 지표 위의 정보를 체계적으로 수집하는 작업이다. 땅속에 묻힌 유물은 오랜 기간 그대로 보존되는 경우도 있지만, 토양의 침식작용, 경작 등으로 인해 땅 위에 노출되기도 한다. 조사자들은 주로 걸어 다니면서 그 흔적을 찾게 된다. 물론 무작정 아무 곳이나 걷지는 않는다. 지도나 항공·위성사진으로 지형을 분석하거나 이미 발견된 다른 유적의 분포를 고려하면서 조사범위를 선택하게 된다. 물론, 법적인 절차에 따라, 토목·건설계획이 있는 범위를 모두 조사해야 하는 경우는 앞선 분석이 필요 없을 수도 있다. 어떤 경우라도, 고고학자들은 지표조사과정에서 유적의 위치는 물론, 지표에 분포하는 유물의 밀도와 양상, 주변 자연환경을 면밀히 관찰하고 기록한다.

지표조사를 통해 유적이 입지할 가능성이 높은 지역을 대상으로 (유구의 종류와 시대, 범위, 지층의 흐름 등에 대한) 좀 더 정확한 정보를 확인하여 발굴조사를 위한 전략을 세우기 위해 '시굴試掘조사'가 이루어진다. 말 그대로 시험적으로 해보는 발굴인데, 관행상 전제면적의 10% 이하에 대해 시굴갱trench으로 불리는 도랑을 파가면서 수행한다. 무턱대고 바로 발굴을 하면서 놓치게 될 수도 있는 정보를 최소화하되, 유적의 전반적인 양상을 정확히 파악하는 것이 적절한 시굴조사이다. 사실, 땅 속의 상황은 천차만별이어서 아무리 숙련된 조사자라 하더라도 다 알 수는 없기 때문에 시굴이 발굴의 성패에 중요한 역할을 한다.

시굴로 유적의 양상이 어느 정도 드러나면, 본격적인 발굴發掘조사에 들어간다. 발굴은 원리상 퇴적과정의 역순으로 진행된다. 상식적으로도 예상이 가능할 것이다. 폐기된 유물 위로 토양이 한 층, 한 층 쌓이게 되고 맨 위에는 현재 우리가 딛고 있는 지표—토양의 층으로는, 현재 경작과 생활이 이루어지고 있는 표토表土층—가 형성된다. 발굴조사에서 굴착은 표토층부터 아래로 가면서 한 층씩 제거하는 것이다. 그런 과정에서 유물·유구·유적은 물론, 그 출토정황과 관련된 다양한 정보가 함께 기록된다. 유적과 주변의 측량에서부터 층위조사, 내부조사, 도면작성, 사진촬영, 자연과학분석을 위한 시료채취, 3D 스캔 등을 통해 방대한 기록을 남긴다. 기록은 간단한 계측과 수기를 통해서 이루어지기도 하지만, 다양한 첨단 측량기구나 촬영장비들이 활용된다. 그런데 고고학자들은 왜 이렇게 기록에 골몰하는 것일까? 사실 발굴은 첫 삽을 뜨는 순간부터 유적이 가지고 있던 다양한 정보를 하나씩 파괴(?)하는 일이기도 하다. 달리 말하자면, 원래 유적이 형성된 상황은 다시 돌아오지 않는다는 것이다. 그런 탓에 최대한 유적과 관련된 정보를 상세히 남겨야만 한다. 한편, 제대로 된 기록을 남기기 위해서는 그 자체에 대한 세심한 주의도 필요하겠지만, 적절한 발굴전략이 더 중요할 수도 있다. 유적이 입지한 환경, 유적의 성격, 발굴 목적과 예산이 다른 만큼, 실제 발굴과정에도 다양한 방법과 원리가 동원될 수밖에 없다. 유적의 성격에 따라 달라지는 발굴 방법을 예로 들어보자. 봉분이 있는 무덤은 사분법, 팔분법 등의 방법으로, 이미 구조에 대한 정보가 상당히 축적된 건물터 등은 도랑파기법이나 격자법을 통해 이루어지는 경우가 많다(그림 012).

발굴이 완료된 후 또는 발굴 중에도, 나름의 질서를 파악하기 위해 고고자료를 분류하고 재구성하는 과정을 거치게 된다. 그중 가장 첫머리에 오는 것이 유물의 형태에 따라 분류·분석하는 작업이다. 이 작업을 위해 고고학자들은 속성attribute, 형식type, 유형 또는 유물조합assemblage 같은 단위 또는 개념을 활용한다. 속성이란 집자리 한 변의 길이, 질그릇[토기土器]의 입술모양 또는 색상 등 더이상 분해할 수 없는 유물 형태의 최소단위이다. 형식은 속성들의 조합으로, 의미를 가지는 유물

012 4분법과 격자법 발굴 격자법은 정사각형의 형태로 굴착하는 방법으로 남기는 네 벽을 비교하며, 입체적으로 퇴적양상을 파악하게 된다.

분류의 기본단위이다. 목단지 중 목에 선이 없는 것, 직선이 있는 것, 물결무늬가 있는 것이 있다면, 목단지와 관련하여 세 가지 형식을 설정할 수 있다. 다른 한편으로 무늬가 있는 것과 없는 것의 두 형식을 설정할 수도 있다. 형식을 어떻게 이해하고, 특정 형식에 어떤 의미를 부여하는 지에 따라 형식분류classification의 결과는 달라질 수 있다. 같은 시기에 제작·사용된 특정 형식의 유물 및 유구들—예를 들어, 특정 형식의 토기, 특정 형식의 집자리, 특정 형식의 돌 도구 등—을 모두 합쳐 유물조합이라고 한다. 고고학자들은 해석 및 설명과정에서 이 유물조합을 해당 시기, 해당 지역 물질문화의 총합, 더 나아가서는 주변 지역이나 앞뒤 시기와 구별되는 '고고학적 문화'로 간주한다. 뒤에서 종종 등장하는 '~유형', '~문화'는 이 개념이 적용된 것이다.

　　형태분석과 아울러, 우리 선사문화를 다룸에 있어 직접적으로 관련되는 분석은 고고자료의 시간성 파악이다. 동서양을 막론하고 일반대중은 어떻게 고고학자가 유물과 유적의 시간 순서를 알 수 있는지 궁금해 한다. 고고학 나름으로 발전시켜온 원리와 방법은 물론, 다른 학문분야—특히 물리학이나 화학—에서 빌려온 원리와 방법을 활용하여 알게 된다. 일반적으로 상대적인 시간과 절대적인 시간이 있듯, 고고학에서 흔히 편년編年이라고 하는 작업에도 고고자료의 선후관계를 정하는 상대연대(결정)법relative dating과 실제 나이를 부여하는 절대연대(결정)법absolute dating이 있다.

상대연대법은 유물의 실제 나이를 판정할 수 없는 대부분의 고고자료에 적용되는데, 층서법, 형식학적 연구법, 순서배열법, 교차편년이 있다. 층서법은 지질학의 다양한 토층土層의 형성원리 중, 개별 층의 역전이나 교란이 없는 한 아래쪽으로 갈수록 오래되었다는 '지층누중地層累重의 원리'를 이용하여, 층 사이 더 나아가 거기에 포함된 자료의 선후관계를 파악하는 것이다.

형식학적 방법은 몬텔리우스에 의해 체계화된 방법으로 형식배열과 검증의 과정을 거친다. 형식배열은 진화론의 관점에서 '간단한 원형proto-type에서 복잡한 형태로의 점진적인 변화'를 전제하면서 유물의 형태적 변이에 순서를 매기는 것이다. 이런 과정에서 중요한 정보를 주는 것이 흔적기관이다. 생물과 마찬가지로 흔적기관은 원래 기능이 상실되면 축소된 모양으로 남게 되는 것이다. 결국 흔적만 남은 것보다는 기능이 있는 것이 오래된 것이 되는 셈이다. 일단 매겨진 순서는 이미 선후관계가 알려진 유물과의 공반共伴관계로 검증되기도 한다. 곧, 이른 형식의 유물은 이른 형식의 유물과 함께, 늦은 형식의 유물은 늦은 형식의 유물과 함께 나온다는 것이다.

순서배열법seriation은 '특정 속성의 존재여부나 특정 형식의 상대빈도 또는 비율에 따라 배열함으로써 그 속성이나 형식이 포함된 유물군

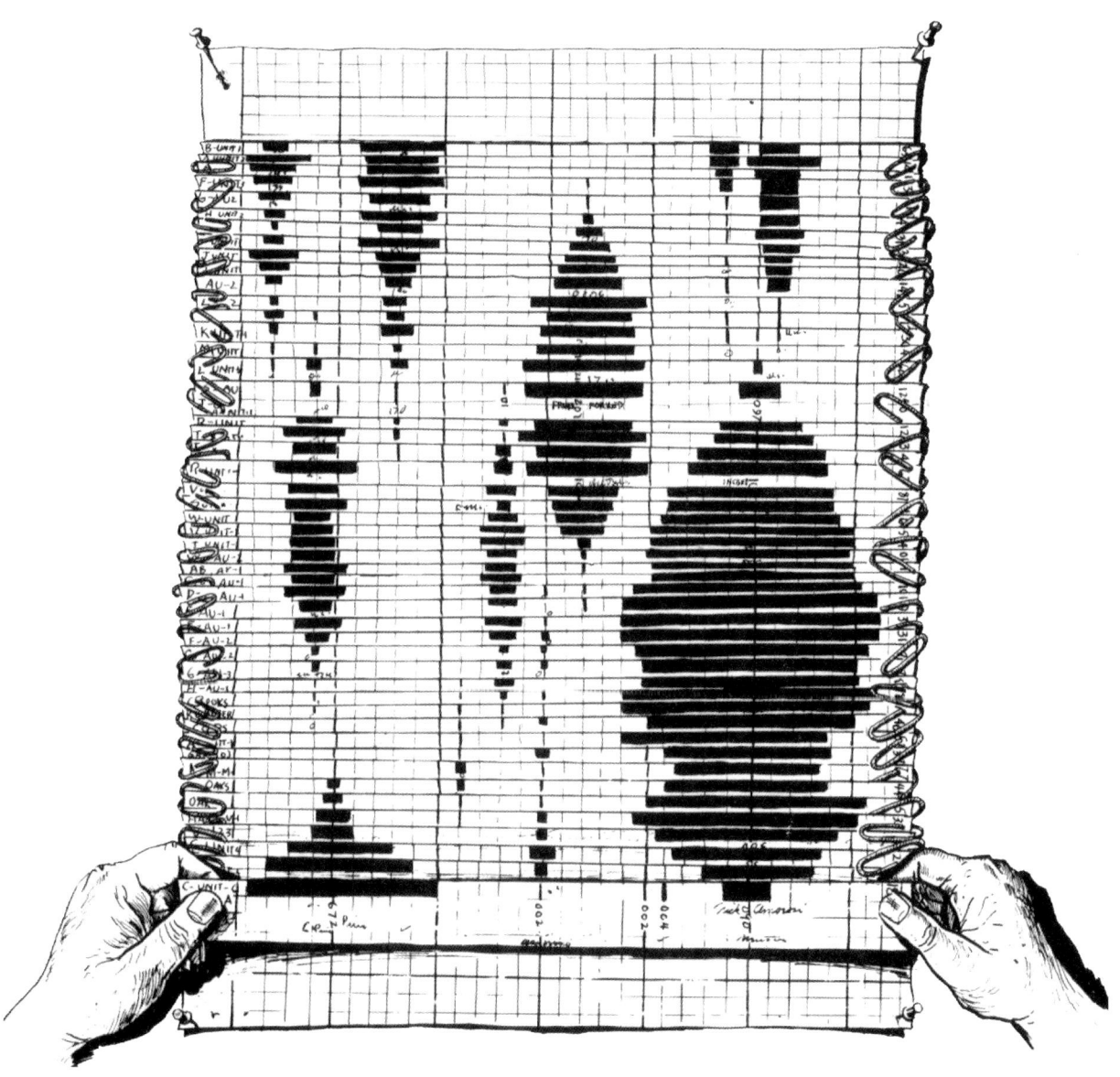

013 수기로 빈도순서배열법을 수행하는 장면 유물군 내의 특정 형식들이나 속성들의 비율이 볼록렌즈의 자른 면 형태를 띠도록 배열한다. 이는 특정 속성이나 형식의 유행과정, 곧 등장, 증가, 정점, 감소, 소멸하는 상식적인 과정을 전제한다.

의 시간적 순서를 구하는 방법'인데, 발생순서배열법과 빈도순서배열법이 있다. 앞 것은 (시간성을 잘 반영하는) 특정 속성이 있고 없음이 연속하도록, 뒤 것은 개별 속성이나 형식의 비율이 일정한 양상을 띠되 연속하도록 배열하는 것이다(그림 013). 예전에 순서배열법은 수기로 만들어진 띠지를 이용했으나 현재에는 컴퓨터 프로그램이 활용된다.

교차편년cross-dating은 서로 다른 지역의 유물을 비교하여 해당 지역들 간의 관계, 곧 동시성을 확인하는 방법이다. 이 방법은 동일한 형식의 유물이 포함되어 있다면 같은 시기를 반영한다는 간단한 논리를 전제로 한다. 이 방법의 실행을 위해서는 광범위한 지역에서 출토되는 '동일한 형식의 유물', 곧 표지유물이 있어야 하는데, 다른 지점의 층들 사이의 동시성을 확인할 때 지질학에서 활용되는 표준화석index fossil의 개념을 차용한 것이다.

여기까지 소개한 상대연대법들은 강점과 함께 치명적일 수도 있는 논리적 단점을 가지고 있다. 형식학적 연구법이 검증수단으로 당초 형식을 배열할 때 참고했던 흔적기관을 이용하는 것은 순환논리라는 비판을 피할 수 없다는 점, 순서배열법의 경우, 연속된 배열의 어느 쪽 끝이 이르고 늦은지를 알 수 없다는 점, 교차편년의 경우, 전세품—흔히 가보家寶가 그렇듯, 수십·수백 년을 전달되어 온 물건—처럼 표지標識유물이라도 사용과 폐기의 시점이 현격하게 다를 수 있다는 점 등이 한계로 지적될 수 있다. 그렇다고 상대연대법을 전적으로 폐기해야 한다는 것은 어불성설이다. 오히려, 다른 방법과의 연계를 통해 단점을 보완함으로써, 그것이 가지는 강점을 십분 활용하는 방향으로 발전해가고 있다. 사실 절대연대법으로 연대를 파악할 수 있는 고고자료는 매우 한정적이다.

절대연대법은 유적·유구·유물에 대한 역법曆法상의 나이, 또는 역

層연대를 부여하기 위한 물리·화학적 방법이다. 절대연대법은 원리와 종류가 매우 다양한데, 크게 년 단위 주기를 이용하는 방법, 특정 원소의 양이 반으로 줄어드는 기간을 역으로 계산하는—달리 표현하자면 방사성 시계를 이용하는— 방법, 전자電子가 축적되는 양을 측정·환산하는 방법 등이 있다. 적용할 수 있는 시료가 다르고 각각이 장점과 단점을 함께 가지고 있어 연구대상이나 목적에 따라 선택된다.

나이테연대측정법은 년 단위 주기를 이용하는 가장 대표적인 예이다. 한 지역에서 성장한 같은 종류의 나무나이테 성장과정을 복원하고 이를 특정 유적에서 발견된 목재와 비교함으로써 그 목재는 물론, 유적의 나이를 알게 된다. 이 방법은 매우 정확하지만 오래 사는 종류의 나무가 드물고 인간이 사용한 종류도 한정되기 때문에 현재까지는 서기전 8500년 정도가 한계이다. 상대적으로 적용할 수 있는 시간 폭이 짧고, 직접 적용할 만한 지역도 제한적이다. 그럼에도 불구하고 이 방법은 뒤에 다룰 방사성탄소연대를 보정하는 데 활용되면서 그 중요성이 부각되기도 한다.

방사성탄소연대측정법은 특정 원소의 양이 반으로 줄어드는 기간을 활용하는 가장 대표적인 방법이면서 고고학에서 가장 많이 이용하는 방법이다. 대기 중에는 탄소(^{12}C)와 그 동위원소인 ^{14}C가 일정한 비율로 존재하며, 생물의 생전에는 체내 비율과 대기 중 비율이 같지만 사후 ^{14}C는 붕괴, 좀 더 정확히 말하면 질소(^{14}N)로 변한다. 따라서 (식물이든 동물이든) 유기물로 남은 사체에서 두 원소의 비율을 측정하면 그 생물체가 죽은 이후 경과한 시간을 알 수 있게 된다. 대기 중의 방사성탄소량이 일정하다면 유기물 내의 ^{14}C 농도가 절반으로 줄어드는 데 걸리는 시간, 곧 반감기는 5,730±30년이다. 그런데 실제로는 대기 중의 방사성

014 가속기질량분석기

탄소량이 시간에 따라 다소 차이가 있어, 원래 측정값은 나이테측정법 등을 통해 보정하여 활용한다. 최근에는 가속기질량분석accelerator mass spectrometry, AMS을 통해 탄소량을 측정하면서 매우 적은 양의 시료—예를 들어, 목탄 0.1g—로부터도 연대를 측정할 수 있게 되었고 그 한도도 5만 년 전까지로 늘어나게 되었다(그림 014).

원소의 반감기를 이용하는 방법 중 제법 널리 활용되는 것을 하나 더 살펴보자. 포타슘 또는 칼륨(^{40}K)은 붕괴되면서 칼슘(^{40}Ca)과 아르곤(^{40}Ar)으로 분리되는데, 뒤 것은 비활성기체로 암석에 잔존한다. 따라서 포타슘과 아르곤의 양을 측정하여 비율을 비교하면 암석의 생성연대를 알 수 있다. 포타슘의 반감기는 12억 5천만 년으로 포타슘이 풍부하게 함유된 암석—현무암, 흑요석, 장석, 운모, 화산재—에 유리하다. 흔히 포타슘-아르곤연대측정법potassium-argon dating 또는 K-Ar dating으로 불리는 이 방법은 유물 자체보다는 유물이 포함된 토양—암석의 풍화물—의 연대를 측정하게 된다. 포타슘-아르곤연대측정법은 특정 원소의 반감기를 이용한다는 측면에서는 방사성탄소연대측정법과 원리가 일맥상통하지만, 유기물을 다루지 않는다는 점이나 원소가 다르다는 점에서 차이가 있다.

열형광연대측정법은 토기와 같이 불을 맞은 무기물질을 대상으로 한다. 암석에 포함된 알파석영은 에너지 또는 열형광thermo-luminescence, TL을 흡수하지만 강한 열을 받으면 그 에너지를 방출하게 된다. 따라서 가열된 토양이나 암석은 그때부터 다시 TL을 축적하게 된다. TL의 양을 측정하면 (한번 가열된 이후의) 연대를 추정할 수 있다. 50만 년 전까지 측정할 수 있다. 이 방법은 전자가 축적되는 양을 측정하여 환산하는 것으로 구석기시대 퇴적층 연대측정에 널리 쓰인다. 그런데 고고자료 중 가장 흔한 토기에 적용할 수 있다는 가능성에도 불구하고, 오래 노출되거나 재차 열을 받으면 시료가 오염되어 신뢰도에 문제가 생기는 탓에 우리나라에서는 실용단계에 이르지 못하고 있다.

앞서 살핀 세 부류에는 속하지 않지만, 고지자기연대측정법도 우리 고고학계에서 적잖게 활용되는 절대연대법이다. 자북磁北은 고정된 것이 아니라 변하며, 토양 속의 철분은 열을 받으면 당시의 자북과 같은 방향을 가리키게 된다. 이 방법은 자북의 궤적을 복원하고 토기나 화덕처럼 열을 받은 토양 내 철분의 방향을 비교하면, 그것들을 제작·사용했던 때를 알 수 있게 된다는 원리에 기초한다. 물론, 시행착오적으로 자북의 변화궤적을 복원하는 장기적 투자가 있어야 함은 더 강조하지 않겠다. 이점은 나무나이테를 이용할 때에도 마찬가지이다.

지금까지 살펴본 방법 외에도 다양한 절대연대법이 있지만 우리 고고학계에서 적극적으로 활용되지는 않아 (복잡함을 피하기 위해) 이 정도만 소개하지만, 측정값을 이용함에 있어 주의해야 할 점은 분명히 해야 할 듯하다. 절대연대법의 분석결과가 구체적인 수치로 나오기 때문에, 측정값이 고고학적 사건 또는 유물의 연대를 직접 나타낸다고 착각하기 쉽다. 그러나 방사성탄소연대는 생명체―유기물로 남음―가 죽은 연대를 지시하고, 포타슘-아르곤연대측정법은 암석의 생성연대를 나타낼 뿐, 고고자료의 연대를 직접 나타내는 것이 아니라는 점을 고려하여 측정값을 이용할 필요가 있다.

형태적 특성, 시간성과 아울러 고고자료에서 파악해야 할 정보는 '공간성' 또는 '분포상'이다. 우선, 발굴과정에서 특정 유물이 어디에서 출토되는지는 가장 미세한 수준의 공간성이다. 예를 들어, 어떤 유물보다 어떤 유물이 지표로부터 가까운 층에서 출토되는데 지층의 역전이 없다면 앞의 유물의 나이가 어리다고 할 수 있다. 또한 화덕 근처에서 토기가 나오는데 별다른 이동의 흔적이 보이지 않는다면, 그것은 음식을 끓이는 용도의 그릇이었을 것이라 하겠다. 고고학에서의 공간성 파악은 이런 유구 내 분석이나 유적 내 유구들 간의 관계 분석은 물론, 유적 간 또는 유적과 자연환경이나 자원분포 간 관계를 분석하는 작업, 더 나아가서는 훨씬 광활한 지역에서 문화요소들의 분포를 분석하기도 한다. 이렇게 광활한 공간범위를 포괄하고 섭렵해야 할 정보들이 많아지면서 현재 고고학에서는 지리정보체계geographical information system, GIS의 기법이 폭넓게 활용되고 있다.

'지표-시굴-발굴조사' 과정을 거쳐 수집된 고고자료의 형태적 특성, 시·공간성을 파악하는 것만으로 고고학 연구가 종료되지는 않는다. 이는 과거 사회와 문화의 다양한 측면을 이해하고자 하는 과정의 시작일 뿐이다. 앞서 주로 시, 공, 형태에 관련된 고고학의 기초적이고 필수적인 분석에 대해서만 서술했지만, 실제로 발굴현장과 실험실에서 벌어지는 분석은 그보다는 훨씬 다양하고 복잡하다. 다만 그런 것들은 고고학자가 직접 하기보다는 해당분야 전문가에게 의뢰하는 경우가 대부분이다. 예를 들어, 인골이 발견되는 경우, 체질인류학자나 의학자, 분자생물학자에게 의뢰하여, 그 생전의 영양이나 보건상태, 사망원인, 더 나아가서는 직업 등을 추론할 만한 정보를 얻게 된다. 물론 이 또한 고고학자가 궁극적으로 이해하고자 하는 것에 비하면 시작 단계의 정보 축적이라고 하겠다. 시작 단계의 여러 자료 분석과 정보 수집을 바탕으로, 고고학자는 다른 지역의 고고학적 성과는 물론 (문화)인류학, 사회학, 정치학, 경제학, 역사학 이론을 두루 흡수하면서, 과거 사회의 총체적 모습을 그려내고자 한다. 그래서 흔히 고고학을 인류 과거에 대한 가장 포괄적인 학문이라고 한다. 주로 문자가 없거나 부족한 시대의 모습을 물질자료에 의거하여 밝히고자 하니 어쩔 수 없이 그러하게 된 것이다.

천선행

읽어 볼만한 글

- 렌프류, 콜린 · 반, 폴 (이희준 옮김), 2006, 『현대 고고학의 이해』, 영남문화재연구원 학술총서 1, 사회평론.
- 중앙문화재연구원 편, 2012, 『움직이는 세상, 움직여야 하는 고고학: 고고학의 변모를 강요하는 것들』, 중앙문화재연구원 학술총서 7, 서경문화사.
- 중앙문화재연구원 엮음, 2015, 『한국 청동기문화 개론』, 중앙문화재연구원 학술총서 26, 진인진.
- 중앙문화재연구원 엮음, 2016, 『時, 空, 形態 그리고 量: 한국고고학 연구방법론에 대한 비판적 검토』, 중앙문화재연구원 학술총서 26, 진인진.
- 트리거, 브루스 (성춘택 옮김), 2019, 『고고학사(개정 2판)』, 영남문화재연구원 학술총서 7, 사회평론.
- 페이건, 브라이언 (성춘택 옮김), 2019, 『고고학의 역사: 인류 역사의 발자취를 찾다』, 소소의 책.
- 프라이스, T. 더글러스 (이희준 옮김), 2013, 『고고학의 방법과 실제』, 한강문화재연구원 학술총서 1, 사회평론.

KOREA IN THE PALAEOLITHIC

고고학자가 얘기하는 우리의 선사시대

구석기시대에는…

돌을 깨서 도구를 만들다 | 한반도에 사람이 살기 시작하다
주먹도끼와 슴베찌르개를 만들어 사용하다
사냥과 채집으로 살다 | 넓은 사회연결망 속에 살다
이렇게 막을 내리다

구석기시대란 인류 문화의 흔적이 나오는 시점부터 약 12,000년 전까지를 일컫는 말이다. 인류가 돌을 깨어 만든 석기는 약 250만 년 전까지 올라간다. 최근에는 330만 년 전의 석기를 찾았다는 보고도 있는데, 앞으로 더 분명해질 것이다. 어쨌든 구석기시대는 인류 역사에서 99% 넘는 시간을 차지하는 셈이다. 지질학적으로는 대체로 플라이스토세Pleistocene—갱신세 또는 홍적세로 불려왔다—와 겹치는데, 일반 대중에게는 빙하시대란 친근한 이름으로 알려져 있기도 하다.

그렇다면 구석기시대 우리 인간은 어떠한 모습으로 살았을까? 인류는 두발로 걷는 유일한 포유동물이다. 아프리카의 수백만 년 전 유적에서 인류 조상의 흔적을 찾을 때 가장 중요한 속성은 바로 두발걷기[직립보행]다. 약 600만 년 전 인류의 조상은 침팬지와 갈라져 진화한다. 당시 춥고 건조해진 기후 조건에서 숲이 사라지고 사바나 초원이 넓어지면서 침팬지와 고릴라 등 우리와 가까운 유인원은 숲에 남았지만, 인류는 초원으로 나와 곧추서서 두발로 걷기 시작했다.

'250만 년 전'은 플라이스토세에 접어들고, 석기가 만들어지기 시작하고, 호모Homo속genus이 등장한 때이다. 아르디피테쿠스Ardipithecus와 오스트랄로피테쿠스Australopithecus를 거쳐 호모 하빌리스Homo habilis로 진화한 것이다. 오스트랄로피테쿠스는 두발로 걸었지만, 머리뼈 크기는

1. 나선 굴포리 2. 온성 동관진 3. 화대 장덕리 4. 평양 검은모루 5. 평양 대현동 6. 평양 만달리 7. 남양주 호평동 8. 연천 삼거리 9. 연천 원당리 10. 연천 전곡리 11. 용인 평창리 12. 파주 가월·주월리 13. 파주 금파리 14. 파주 장산리 15. 포천 늘거리 16. 포천 용수재울 17. 포천 화대리 18. 하남 미사동 19. 동해 기곡 20. 동해 월소 21. 양구 상무룡리 22. 인제 부평리 23. 철원 상사리 24. 철원 장흥리 25. 홍천 하화계리 26. 단양 구낭굴 27. 단양 금굴 28. 단양 상시 29. 단양 수양개 30. 단양 하진리 31. 청주 두루봉 32. 청주 만수리 33. 청주 율량동 34. 청주 재너머 35. 충주 송암리 36. 대전 용산동 37. 대전 용호동 38. 공주 석장리 39. 익산 서두리 40. 임실 하가 41. 진안 진그늘 42. 곡성 오지리 43. 곡성 옥과 44. 순천 월평 45. 순천 죽산 46. 장흥 신북 47. 화순 도산 48. 대구 월성동 49. 밀양 고례리 50. 진주 장흥리 51. 서귀포 강정동 52. 서귀포 생수궤   ■ 한데유적   ■ 동굴유적 (지도에 표기된 대다수 유적이 형성된 후기 구석기시대 대부분 시기 동안 서해는 육지로 노출되어 있었고, 제주도 역시 한반도와 연결되어 있었다. 지형과 자연환경이 지금과는 매우 달랐다.)

사실 침팬지와 큰 차이가 없었다. 호모 속으로 진화하면서 뇌용량은 비약적으로 증가하게 된다. 더구나 이제 인류의 조상은 자갈돌을 깨트려 날카로운 날을 가진 도구를 만들기 시작했다. 석기를 손에 들고 다른 육식동물이 먹다 남은 사체에서 살을 바르거나 뼈를 깨트려 영양분이 풍부한 골수를 먹었다. 또한 불을 사용하면서 추위와 다른 동물을 이기고, 구대륙 각지로 확산했다. 불에 구운 고기는 맛있고, 안전하며, 영양가가 풍부하여 뇌용량의 증대에 큰 역할을 했을 것이다. 호모 하빌리스에서 600cc에 불과하던 것이 호모 에렉투스Homo erectus에 와서는 1,100cc에, 그리고 호모 사피엔스에서는 1,400cc까지 는다.

호모 사피엔스Homo sapiens는 아프리카에서 약 20만 년 전—최근 30만 년 전 화석이 보고되기도 했지만— 처음 나타났다. 몇 차례 아프리카를 벗어나기도 했지만, 그리 성공적이진 못했던 것 같다. 그러다 약 5만 년 전, 전 세계로 확산한다. 한편으로 남아시아를 거쳐 오스트레일리아까지 들어가고, 다른 한편으로 서아시아를 거쳐 유럽 대륙 전역으로 퍼져갔다. 유럽과 서아시아에서는 네안데르탈인과도 만 년 이상 공존했지만, 경쟁에서 살아남은 것은 현생인류, 곧 사피엔스다. 동아시아에도 이즈음 새로운 인류가 들어왔다. 기존에 살고 있던 에렉투스와 만났을 것이지만, 그즈음 자료가 잘 남아 있지 않아 그 사정을 정확히 알 수는 없다.

현재까지 연구와 자료에 따르면, 지금의 한반도에 처음 발을 디딘 사람들은 북경원인과 비슷한 늦은 호모 에렉투스였다. 그러나 더 많은 구석기 유적은 후기 구석기시대의 호모 사피엔스가 남긴 것이다. 호모 사피엔스는 아프리카에서 기원하여 구대륙, 그리고 신대륙까지 세계 도처에 확산했다. 이 과정에서 기존에 살던 사람들이 밀려나기도 했고, 일부 교류하기도 했을 것이다. 다만, 우리나라에서 호모 에렉투스는 이른 구석기시대 사람들, 호모 사피엔스는 후기 구석기시대 사람들이라 나누는 것은 지나친 도식이며, 사실과도 부합하지 않을 것이다. 기나긴 구석기시대 동안 사람들은 진화했고, 기술적으로도 놀랄 만큼 진전을 이루어냈다. 이 사람들이 춥고 건조하고 혹심했던 빙하시대 환경을 이겨내면서 현재 지구에 살고 있는 인류가 공유하고 있는 생물학적이고 행위문화적인 토대를 놓았던 것이다.

돌을 깨서 도구를 만들다

구석기는 돌을 깨서 만들어진다. 언뜻 깨진 돌과 비슷해 보이지만 매우 다르다. 고고학자는 자연적으로 깨진 돌과 사람이 만들어 사용한 석기를 어떻게 구분할까? 일반인이 고고학자에게 하는 흔한 질문이지만, 사실 그리 어려운 일이 아니다.

구석기시대 뗀석기는 크게 두 가지 분명한 특징을 가진다. 첫째, 사람이 의도적으로 떼어낸 흔적이 있어야 하며, 둘째, 구석기시대 퇴적층에서 발견되어야 한다. 그럴듯하게 깨진 돌이 있더라도 출토 맥락이 구석기 퇴적층과 무관하다면 구석기 유물이라 인정할 수 없다. 한국의 구석기시대 퇴적층은 하안단구와 산기슭, 언덕에서 흔히 "토양쐐기"라 부르는 땅갈라짐 구조와 중금속이 침전된 검은 반점 같은 특성을 지니고 있다. 이런 맥락에서 자갈돌이 깨진 것은 (인공)유물일 개연성이 그만큼 높다.

거의 모든 석기는 아무런 돌로 만들지 않는다. 날카로운 날을 얻고

뗀석기 구분

자 하는 목적이라면 그만큼 단단한 재질의 돌을 골라야 한다. 우리나라에선 규암quartzite과 맥석영vein quartz이라는 돌이 이른 구석기시대부터 쓰였다. 후기 구석기시대에는 수억·수천만 년 전 바다나 호수에서 진흙이나 고운 화산재가 단단하게 굳은 규질셰일이나 응회암, 셰일이 변성된 혼펠스, 그리고 자연유리라 불릴 정도로 단단하고 치밀한 흑요석 같은 정질精質 암석이 작고 정교한 뗀석기를 만드는 데 쓰였다. 이런 좋은 재질의 암석은 드물어서 흔히 먼 곳에서 사회교류를 거쳐 확보한다.

사람이 의도적으로 깬 돌에는 나름의 패턴이 남는다. 몸돌[석핵core]의 한 점을 때려 돌 조각—격지[박편flake]—을 떼어내면, 해부학적 패턴이 보인다. 이 특징이야말로 자연의 힘으로 깨진 돌과 사람의 손으로 떼어낸 조각을 구분하는 기준이다. 가장 중요한 것은 때림면[타면platform]과 타격혹bulb이다. 물리학적 원리에 따라 때린 점 아래가 봉긋하거나 두툼한 모습이 나타난다(그림 016).

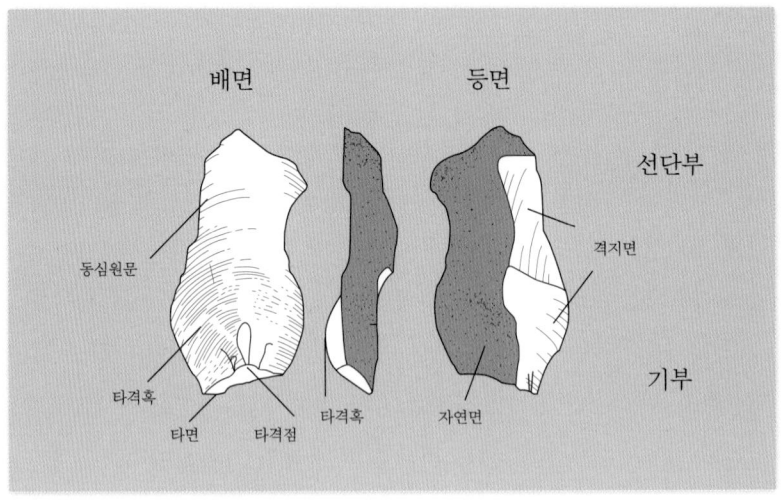

016 격지에서 보이는 해부학적 속성

돌을 떼어내는 방법은 크게 직접떼기와 간접떼기로 나눌 수 있다. 직접떼기란 돌이나 뿔을 망치로 직접 내리치는 것이며, 간접떼기란 몸돌에 뿔 같은 도구를 대고 망치로 때리는 것을 말한다(그림 017). 돌망치를 쓰는 방법은 가장 일반적이면서도 오래된 방법이다. 한 손에 자갈돌을 망칫돌 삼아 들고 몸돌을 내리치는 방법이다. 큰 자갈돌을 떼는 데는 던져떼기throwing method나 모루떼기[대고때리기]direct anvil method] 같은 방법도 쓰인다.

뿔망치soft-hammer를 쓰면 더 길고 얇은 격지를 얻을 수 있다. 그래서 석기기술이 발달한 늦은 시기 유적일수록 뿔망치떼기 유물이 많다. 또 단단한 뿔끝을 흑요석이나 규질셰일 같은 정질의 암석에서 떼어낸

격지떼기, 잔손질 방법

017 돌망치로 몸돌에서 격지를 떼어내는 모습 작용-반작용의 원리에 따라 고깔 모양의 조각이 떨어져 나온다. 격지의 배면에는 타격혹이 생기고, 반대로 몸돌에는 움푹 팬 흔적이 있다.

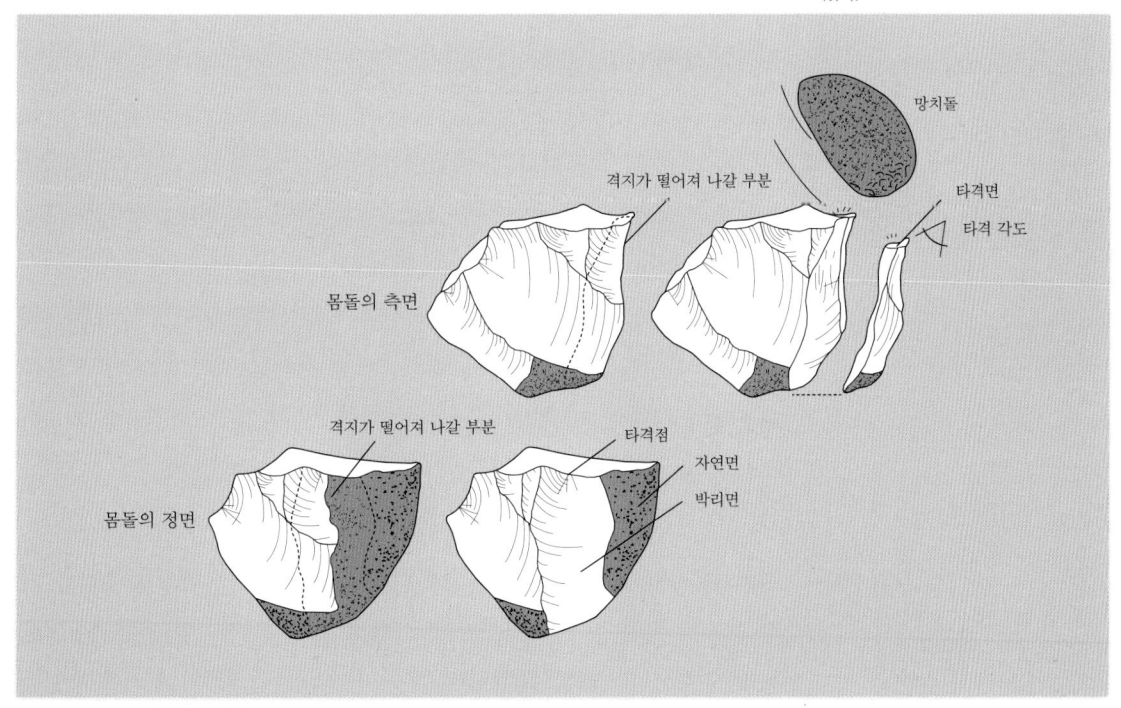

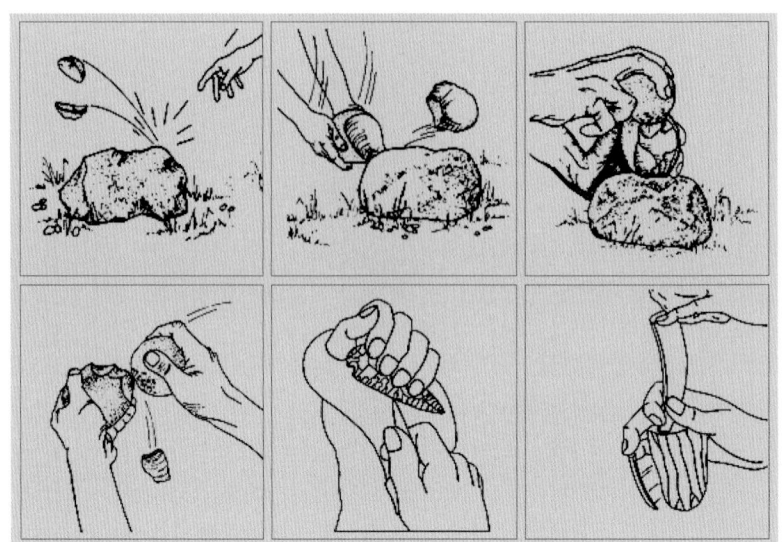

018 격지를 떼어내는 여러 방법 왼쪽 위부터 시계방향으로 던져떼기, 모루떼기, 양극떼기, 간접떼기, 눌러떼기, 돌망치 직접떼기.

격지의 날에 대고 누르면 아주 작은 격지가 떨어지기도 한다. 이것을 눌러뜯기, 또는 눌러떼기라 부른다. 나아가 몸돌을 잘 다듬어 한쪽에서 힘을 집중시켜 누르면 얇고 긴 돌날을 떼어낼 수 있다(그림 018). 아주 작은 돌날을 잔돌날[세석인細石刃, microblade]이라 하는데, 타면에 뿔끝을 고정하여 누르거나 뜯어내는 방법으로 만든다.

여러 방식의 격지와 돌날떼기 방법은 다양하게 혼합될 수 있다. 예컨대 큰 자갈돌을 던져떼기나 모루떼기로 격지를 떼어내고, 다시 돌망치를 이용해 작은 격지를 떼어내 소재를 다듬은 다음 뿔망치로 손질하여 도구를 완성할 수 있다.

뗀석기의 이름 먼저, 석기의 이름은 주로 전체 형태와 손질방식을 바탕으로 부르는 말일 뿐 기능과는 직결되지 않는다. 학문적 필요에 따라 형태와 제작기술을 바탕으로 석기를 분류한 것일 뿐이다(그림 019). 찍개나 주먹도끼 같은 성형도구를 포함해 돌을 떼어내 만든 석기의 형태는 고정되어 있지 않고 가변적인 경우가 많다. 격지를 떼어내는 데 쓰인 몸돌을 몇 차례 손질해 찍개를 만들 수도 있는 것이다. 특히 흑요석 같은 희소한 돌감(석

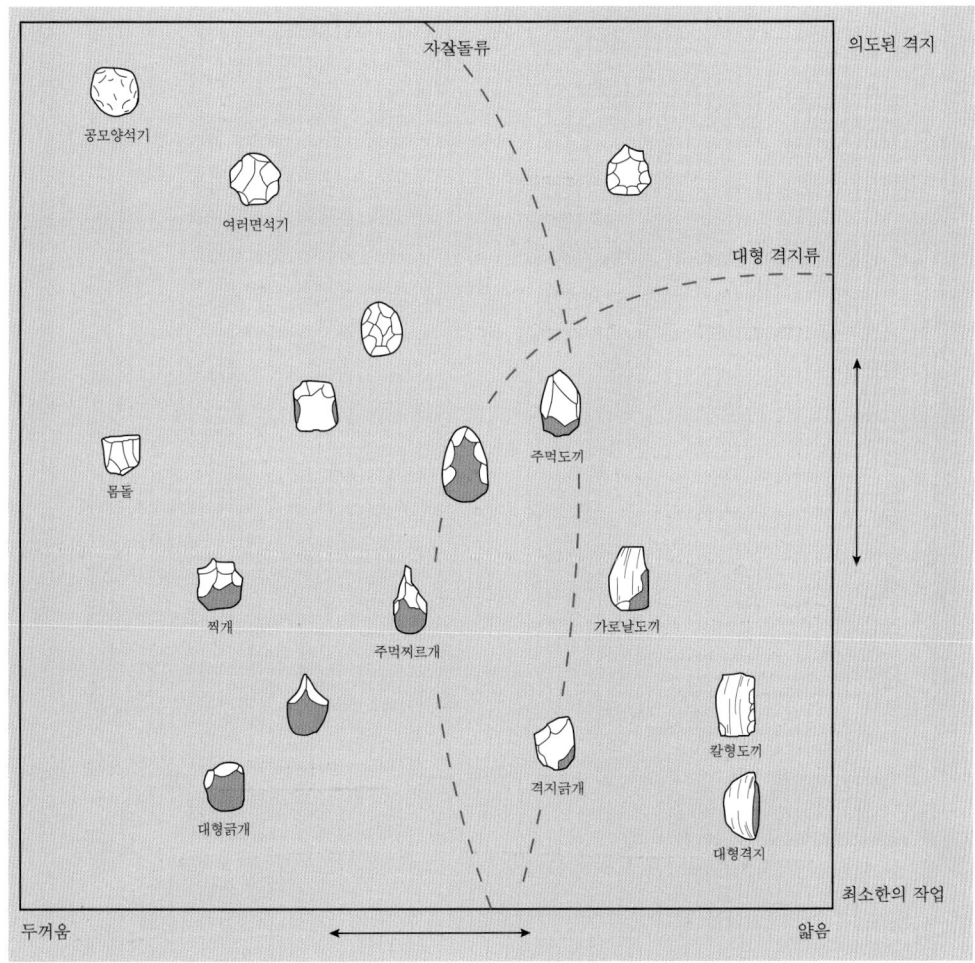

019 대형석기의 종류를 나누는 방법 석기 형태는 어느 정도 연속적인 성격이 있다. 그림의 y축은 손질의 정도를, x축은 두꺼운 정도를 반영하고 있다. 가운데에 편평한 자갈돌의 양면을 다듬은 주먹도끼가 있고, 오른쪽 아래는 대형격지가, 왼쪽 위에는 두껍고 표면에 많은 타격흔을 가진 공모양석기가 자리 잡고 있다.

재)으로 만든 석기는 아주 작아 못쓸 정도로 재사용·재가공될 수 있다.

주먹도끼hand axe는 이른 구석기시대의 중요한 석기형식이다. 양면에서 격지를 떼어내 긴 자르는 날을 가진 석기를 말하는데, 아프리카에서 무려 170만 년 전부터 만들어지기 시작했으며, 우리나라에서는 후기 구석기시대가 시작하기까지 쓰였다. 주먹도끼는 대체로 두 가지 방식으로 만들어진다. 첫째, 편평한 자갈돌(주로 규암)의 양면을 떼어내 측면에서 보아 비교적 직선의 날을 좌우에 세운다. 둘째, 떼어낸 커다란 격지를 측면 양쪽에서 손질해 날을 세운다. 주먹도끼와 유사하지만, 끝이 뾰족한 날을 가진 것을 주먹찌르개pick라 부르기도 한다. 대형격지를 소재로 손잡이 또는 측면을 손질하고 긴 가로날을 그대로 자르는 날로 이용한 것은 가로날도끼cleaver다. 아슐리안Acheulean전통의 석기는 이 가로날도끼와 주먹도끼가 가장 중요한 요소다. 다만, 한국의 이른 구석기시대 유물군에서는 가로날도끼는 드물다.

찍개chopper란 한쪽 면 또는 양면에서 큼직한 격지를 떼어내 한 측면에만 지그재그 날을 세운 도구를 가리킨다. 흔히 양쪽에 날을 가진 주먹도끼보다 더 두껍다. 찍개에서 떨어진 격지는 사용할 수도 있어 격지만을 떼어내는 용도로 쓰인 몸돌과 구분하기 힘든 경우도 있다. 몸돌 가운데 여러 방향에서 아주 많은 격지를 떼어낸 흔적을 가지고 있는 것을 다면구[여러면석기]polyhedral]라 부른다.

긁개는 보통 여러 형태와 크기의 격지를 소재로 한쪽 측면에 길게 잔손질한 성형도구를 말한다. 그래서인지 긁개는 길이가 10㎝가 넘는 대형긁개에서 아주 작은 격지를 소재로 한 것에 이르기까지 형태가 다양하다. 작업날이 톱니처럼 들쭉날쭉하게 생겼다면 톱니날denticulate이고, 오목한 날을 가진 것은 홈날notch이다.

020 제천 창내유적 출토 밀개

　길이 10cm 미만의 작은 석기는 날의 성격, 위치 등에 따라 부르는 명칭이 다르다. 긁개scraper는 보통 격지의 긴 측면을 잔손질하여 작업날로 삼은 것을 말한다. 반면 흔히 돌날의 한쪽 끝에 급한 각도의 집중적인 잔손질이 베풀어진 석기는 밀개endscraper다(그림 020). 밀개 가운데는 엄지손톱처럼 둥그런 모양으로 아주 작은 것도 있다. 새기개burin는 돌날을 한쪽 끝에서 빗각으로 조그만 격지burin spall를 떼어내 마치 조각도처럼 뾰족하게 만든 것이다. 잔손질하여 작업날을 뾰족하게 만들면 뚜르개[뚫개awl]이며, 격지의 뾰족한 부분을 도구로 쓰기 위해 주변을 조정하거나 잔손질한 석기는 찌르개point다. 찌르개는 보통 측면 한쪽이나 좌우에 간단한 잔손질이 되어 있거나 자루에 장착하는 부위, 곧 격지의 타면쪽에 집중적으로 잔손질하기도 한다. 이 가운데 장착 부위에 슴베를 만든 것이 슴베찌르개이다.

　찍개, 긁개 같은 말은 생김새를 바탕으로 하는 이름일 뿐이지 쓰임새를 말하는 것은 아니다. 사냥감을 해체하고 살을 발라낼 때는 사실 몸돌에서 떼어낸 날카로운 날을 가진 격지 만으로도 충분하다. 물론 쉽게 날이 무뎌지기 때문에 여러 격지가 필요하고, 잔손질하지 않은 격지로는 부족한 작업도 많다.

찍개는 사냥이 여의치 않아 다른 짐승이 남긴 뼈에서 고기를 뜯거나 뼈를 깨 골수라도 파먹는 데, 그리고 나무를 베고 자르고, 껍질을 벗기는 데도 쓰였을 것이다(그림 021). 주먹도끼 역시 비교적 얇고 주변에 긴 자르는 날을 가지고 있어 그만큼 훌륭한 도구였다. 사냥, 그리고 사냥감을 해체하고 도살하는 데에 효과적으로, 그리고 땅을 파고 나무를 베고 가공하는 데도 효율적이었다.

후기 구석기시대의 찌르개, 또는 슴베찌르개를 나무에 매달면 창이 되는데, 이것은 유용한 사냥도구였다. 사냥을 한 뒤 사냥감을 해체하는 데도 쓰였다. 더 뾰족하게 송곳처럼 가공한 뚜르개는 가죽 같은 데 구멍을 뚫는 데 쓰였을 것이며, 새기개는 나무나 뼈, 뿔에 홈을 파거나 가공

021 화순 도산유적 출토 찍개

> **곁들인 얘기 01**   한국 구석기고고학의 시작
>
> 1964년 봄, 부산 동삼동패총에서 발굴하던 미국인 모어Albert Mohr와 샘플Laetitia Sample은 공주 석장리를 찾아 뗀석기를 수습했다. 이를 계기로 그해 11월부터 정식 학술조사가 시작된다. 그전 1962년 북한에서는 나선 굴포리(서포항)의 신석기시대 퇴적층을 발굴하던 중 그 아래에서 구석기시대 뗀석기가 수습된 바 있었다.
>
> 이때 북한에서는 이미 여러 선사 유적을 발굴하고 일제강점기 석기와 금속기가 함께 사용되었던 시대라는 의미를 가진 '금석병용기金石竝用期'라는 개념을 거부하고 신석기시대와 청동기시대 개념을 쓰고 있었다. 이미 1920년대 중국과 러시아에서 여러 유적이 알려진 바 있기 때문에 우리나라에서도 구석기시대 유적에 대한 기대가 있었고 조사도 이루어졌다. 1930년대, 일인日人학자는 함경북도 온성 동관진의 하안단구 퇴적층에서 매머드(털코끼리)를 비롯한 멸종동물의 뼈와 흑요석제 석기를 조사하고 보고문까지 발표한 적이 있다. 해방 이후에도 구석기 유적을 찾기 위한 노력이 이어졌지만, 성공하지 못하고 있던 참에 굴포리와 석장리유적을 발굴한 것이다. 이처럼 남북한 모두 1960년대 초 구석기시대 유적이 확인되고 조사되었으며, 학계에 널리 소개되었다. 석장리에서는 지금까지 10차례 넘는 발굴조사가 이루어졌으며, 현재 선사박물관이 세워져 있다.

하는 도구였으며, 잔돌날을 떼어내는 몸돌의 역할도 했다. 남양주 호평동 같은 유적에서는 흑요석으로 만든 아주 작은 잔돌날의 한쪽 끝에 정교한 잔손질을 하여 아주 작은 송곳microdrill을 만든 사례도 있다.

석기에 남아 있는 사용흔을 분석한 연구에 따르면 돌날의 한쪽 끝을 급한 각도로 집중적으로 잔손질해서 만든 밀개는 주로 가죽을 다루는 데 쓰였다. 무두질이라고 불리는데, 동물의 털과 지방을 제거하고 가죽을 얇고 고르게 펴는 작업을 말한다. 가죽을 펴 말리고, 이것을 뚜르개나 새기개를 이용해 구멍을 뚫어 여러 용도로 썼을 것이다. 바느질까지 한다면 빙하시대라 알려져 있는 후기 구석기시대의 추운 겨울 매서운 바람에도 견딜 튼튼한 가죽옷과 모자, 가죽신을 만들 수 있을 것이다.

쓰임새를 정확히 모르는 경우도 많다. 사용흔, 또는 미세흔 분석을 해 보면 석기 명칭과 기능이 일치하지 않는 경우가 많다. 왜냐하면 한 석기로도 여러 작업에, 그리고 가죽이나 고기, 나무, 풀 등 다양한 물체에 썼을 수도 있기 때문이다. 그리하여 석기 이름이란 형태 속성에 바탕을 두고 학문적 이유에 따라 분류한 것일 뿐이다.

한반도에 사람이 살기 시작하다

구석기시대가 우리 역사의 시작인만큼, 구석기시대 사람은 한반도의 첫 주민인 셈이다. 이 첫 주민의 흔적은 크게 동굴, 또는 바위그늘[암음岩陰, rockshelter]과 한데(야외)유적에서 발견되어왔다(그림 015). 북한에서는 동물화석이 많이 확인된 평양 검은모루, 흑요석제 잔몸돌[세석핵細石核, microblade core]이 나온 평양 만달리 등 동굴유적을 많이 조사하였다. 남한에서 동굴유적은 주로 영월과 단양 등 석회암지대에 있다. 단양 금굴과 구낭굴, 그리고 동물화석이 많이 나온 청주 두루봉동굴이 알려져 있다. 제주도 생수궤 바위그늘유적에서도 많은 후기 구석기시대 석기가 수습되었다. 석회암은 알칼리성이기 때문에 한데유적에서는 기대할 수 없는 동물 뼈와 유기물이 나오는 경우가 많다. 그리하여 구석기시대 한반도가 어떤 환경이었는지에 대한 중요한 자료가 된다. 검은모루(동굴)와 두루봉(동굴) 등 중기 플라이스토세 유적에서는 큰쌍코뿔소와 큰원숭이 같은 주로 아열대기후의 더운 환경에 살았던 동물이 많이 보인다. 그러나 후기 구석기시대의 만달리(동굴)에서는 사슴과 노루, 동굴하이에나 화석이, 구낭굴에서는 사슴이 압도적으로 많다.

남한에서는 셀 수 없이 많은 구석기 유적이 알려지고 발굴되었는데, 대다수가 한데유적이다. 임진·한탄강 유역에선 전곡리를 비롯해 파주 장산리, 가월·주월리 등 유적에서 주먹도끼를 비롯한 규암과 맥석영으로 만든 석기가 출토되었으며, 최근 상류의 포천 화대리, (중리) 늘거리, (중리) 용수재울, 철원 장흥리, 상사리 등지에서 많은 후기 구석기시대 유물이 나왔다. 양구 상무룡리, 홍천 하화계리, 인제 부평리 같은 곳에서 흑요석제 유물이 출토되었다. 흑요석 유물은 남양주 호평동, 단양 (애곡리) 수양개, 대구 월성동에서도 상당수 확인된 바 있다. 주로 중부지역 유적에서 나오지만 멀리 장흥 (북교리) 신북에서도 보인다. 강원도 동해안에 발달한 해안단구층에서도 많은 유적이 알려졌으며, 호서지역에서는 대전 용호동, 용산동, 청주 율량동, 충주 송암리, 수양개 및 하진리 등 유적에서 후기 구석기시대의 다양한 유물이 확인되었다. 호남에서는 섬진·보성강 일대의 유적을 비롯하여 순천 (월암리) 월평, 화순 (모산리) 도산, 곡성 옥과 (주산리), 임실 (가덕리) 하가, 진안 (모정리) 진그늘 같은 곳에서 잔서기를 비롯한 후기 구석기 유물이 수습되었다. 이밖에도 밀양 고례리에서도 후기 구석기시대 슴베찌르개와 돌날이 나왔고, 제주도 생수궤(바위그늘)와 강정동에서도 구석기 유적을 발굴했다. 다수는 후기 구석기시대 유적이다.

　이처럼 구석기유적은 남한 전역에서 알려지고 있는데, 발굴된 유적만 300곳에 이르고, 구석기 유적일 만한 곳도 알려진 것만 1,000지점이 훨씬 넘는다. 그럼, 이렇게 한반도 곳곳에 살았던 첫 주민은 어떤 사람들이었을까?

곁들인 얘기 02 빙하시대 환경

구석기시대는 지질학적으로 플라이스토세인데, 흔히 '빙하시대'라고도 불린다. 그럼에도 구석기시대에는 지금보다 훨씬 춥고 건조했던 "빙하기"와 "간빙기"로 나뉘어 있으며, 지금 우리가 살고 있는 홀로세Holocene는 간빙기라 할 수 있다. 지구 공전궤도와 자전축의 변화가 기후변동의 근본 원인이며, 해류와 온실가스의 영향, 빙상의 성장과 해빙 같은 변화가 톱니바퀴처럼 얽혀 상당히 극적인 변동을 낳는다.

지금으로부터 125,000년 전에 해수면은 지금보다 높았다. 그 뒤 기후는 대체로 춥고 해수면도 낮아졌다. 우리나라의 거의 모든 구석기시대 유적은 10만 년 전 이후에 남겨진 것인데, 지금보다 춥고 건조한 조건이었다. 최근 연구에 따르면 북아메리카와 북유럽, 북아시아 등 고위도지방에서 빙상은 약 26,500년 전에 가장 성장했다고 한다. 건조하고, 찬바람이 불면서, 해수면은 지금보다 무려 130m 정도나 낮아진다(그림 022). 이때부터 빙상이 물러나기 시작하는 대략 19,000년 전까지를 최후빙하극성기Last Glacial Maximum, LGM라 부른다. 이 시기 캐나다와 스칸디나비아, 영국 등 거대한 땅이 빙상에 묻혀 있었다.

이즈음 우리나라도 지금보다 연평균기온이 대략 8℃ 정도 낮았는데, 이는 현재 남해안의 연평균기온과 함경북도 두만강 인근의 연평균 기온의 차이와 비슷하다. 최후빙하극성기 남해안이 현재 함경도 정도 기온이었다고 생각하면 그 차이를 실감할 수 있다. 현재 서해의 해심은 40~50m 정도에 불과하기 때문에, 후기 구석기시대 대부분 시기 동안 바다가 아니었다. 한강을 비롯해 황허와 양쯔장이 만나 거대한 강을 이루며 황량한 분지를 흘렀을지도 모른다. 구석기시대 사람들은 고황해(서해)분지의 강과 호수 주변에서 동식물 자원을 이용하며 이동하는 수렵채집 생활을 했을 것이다. 다만, 지금 그런 유적을 찾을 수 없다. 그러니 한반도는 반도가 아니었던 것이다. 그러나 역사교과서 같은 데서 지금의 한반도와 일본열도가 이어져 동해를 호수로 묘사한 경우가 있지만, 이는 잘못이다. 대한해협은 깊은 곳이 200m가 넘기에 최후빙하극성기에도 여전히 바다였다. 그럼에도 해수면이 가장 낮았던 때 해협은 너비가 20km가 채 안 될 정도로 좁았다. 빙하시대를 살던 수렵채집민은 고황해분지와 육지로 노출된 제주도 주변의 대륙붕을 활동무대로 삼았다. 흑요석이나 슴베찌르개 같은 유물을 보면, 일본열도와도 제한적이었겠지만 교류했음을 알 수 있다.

한반도에서 발견된 구석기시대 인골

1928년 발견된 북경원인은 오늘날까지도 호모 에렉투스의 대표 화석이다. 비교적 두꺼운 머리뼈에 이마가 뒤로 넘어지듯 비스듬하고 눈두덩이 뼈가 튀어나와 있는 모습을 가지고 있다. 랴오둥遼東반도 잉커우營口에서 발견된 진뉴산金牛山인 화석도 대략 25~20만 년 전으로 추정되는 호모 에렉투스 화석이다. 그럼에도 옛 호모 사피엔스의 특징도 가지고 있으며, 용량도 1,300 cc 에 이른다. 한반도와 인접한 곳에서 나온 화석이기에 아마도 이런 생김새의 고인류가 우리나라에 살면서 주먹도끼 같은 유물을 만들고 사용했으리라 생각된다(그림 022).

우리나라에서 구석기시대 인골이 발견된 사례는 드물다. 단양 상시바위그늘에서 후기 구석기시대 현생인류의 머리뼈가 나왔다고 하지만 작은 조각일 뿐이다. 두루봉동굴에서는 흥수아이라는 사람 뼈가 수습되었는데, 구석기시대 화석으로 역사교과서에도 실렸지만, 출토 맥락이 분명치 않고 상태와 연대측정 결과 근세의 유골일 가능성이 높다.

북한에서는 평양 주변 석회암 지대의 동굴에서 동물화석과 인골이 곧잘 나온다. 대현동에서는 머리뼈가 나온 바 있는데, 북한에서는 이를 "력포사람"이라 부르고 현생인

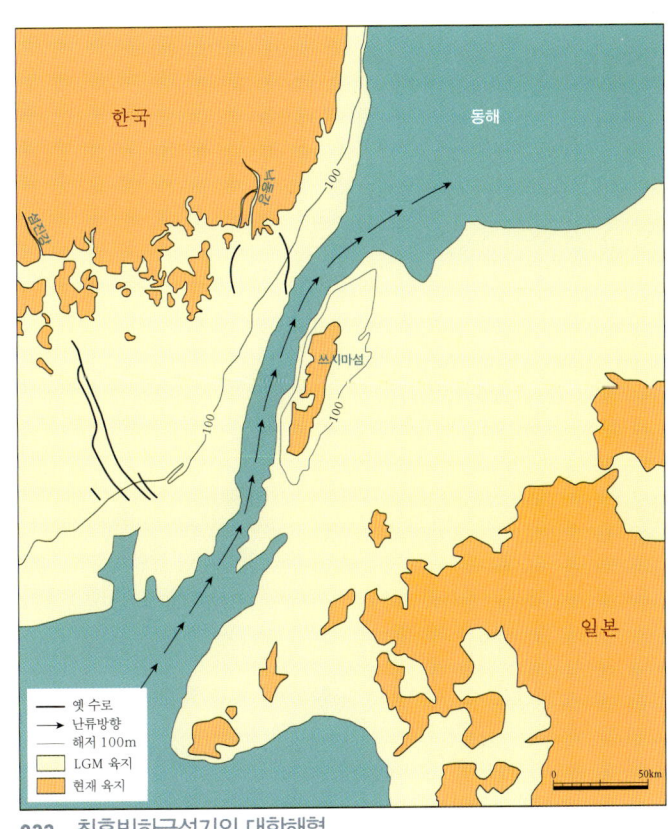

022 최후빙하극성기의 대한해협

023 평양 만달리 동굴유적 출토 머리뼈와 복원된 모습

류 이전의 약 10만 년 전 화석으로 판단한다. 룡곡동굴과 승리산동굴에서는 호모 사피엔스의 머리뼈가 나왔다. 만달리동굴에서도 흑요석제 잔몸돌과 함께 온전한 머리뼈가 나왔고, 북한 학자들은 이른바 "조선옛류형"사람의 원형으로 생각한다(그림 023). 이렇게 북한에서는 한반도에서 구석기시대부터 오랫동안 우리 민족이 형성되고 유지되어 왔음을 강조한다. 그러나 현생인류는 아프리카에서 기원하여 확산한 것이 이미 세계 학계의 일반 학설이다. 나아가 구석기 수렵채집민은 이동성이 높았음을 생각할 때 이렇게 단일한 혈통을 강조하는 것은 과학적 근거가 없다.

구석기시대의 문화변천

구석기시대는 현재 인류의 문화가 형성된 토대였다. 호모 속 인류가 진화했던 시대였으며, 현생인류가 전 세계로 확산하던 때였다. 구석기고고학은 전 세계적 규모에서 이루어진 문화진화를 강조하는 경향이 있다. 긴 연구사를 가진 아프리카와 유럽에서 구석기시대는 전기와 중기, 후기로 나누는데, 중기는 대략 30만 년 전부터 4만 년 전까지를 말한다.

전기 구석기시대는 주로 찍개와 자갈돌 석기로 이루어진 올도완Oldowan 전통과 주먹도끼가 중심인 아슐리안전통의 석기군으로 이루어진다.

구석기시대에도 지역에 따른 특징이 분명히 있다. 특히 중기 구석기시대 개념은 한국과 동아시아에 적용하는 데 문제가 많다. 유럽에서는 네안데르탈인의 문화인데, 몸돌 주변을 돌아가며 손질한 뒤 날카로운 격지를 떼어내는 르발루아Levallois기법이 발전한 시기였다. 그런데 이 르발루아기법의 준비된 몸돌이 특징인 무스테리안Mousterian 석기기술은 한국과 동아시아에서 찾아보기 어렵다. 주먹도끼 같은 유물도 유럽과 아프리카에서는 20만 년 전이면 사라지지만, 한국에서는 4만 년 전 후기 구석기시대의 시작 때까지 존속한다.

그렇기에 현실적으로, 그리고 엄밀히 자료에 근거한다면, 두 시기, 곧 이른—전·중기— 구석기시대와 늦은—후기— 구석기시대로 나누는 것이 맞다. 이른 구석기시대는 주먹도끼와 찍개, 다면구 같이 규암으로 만든 큼직한 석기가 특징이며, 후기 구석기시대는 정질의 암석으로 만든 슴베찌르개와 돌날, 잔석기[세석기細石器, microlithic]가 주도한다.

연천 전곡리를 비롯한 한국의 (대)다수 이른 구석기시대 유물군은 규암과 맥석영으로 큼직한 찍개와 다면구, 주먹도끼가 대표한다. 용인 평창리와 전곡리, 가월리 상층의 석기군에서는 기존의 규암과 맥석영을 효과적으로 이용하고, 더 작은 격지를 소재로 한 다양한 석기를 만드는 흐름이 보인다. 이를 소형석영석기군이라 부르는데, 몇몇 유적에서는 후기 구석기시대 늦게까지도 이어진다. 그만큼 맥석영과 규암은 주변에서 흔하게 얻을 수 있을 뿐 아니라 잘 떼어내면 날카로운 날을 얻을 수 있는 유용한 돌감이었던 것이다.

구석기시대 석기기술의 근본 변화는 후기 구석기시대로의 전이에서 볼 수 있다. 후기 구석기시대에 들어서면서 슴베찌르개와 돌날 같은 새로운 유물 형식이 등장했을 뿐 아니라 규질응회암과 혼펠스, 셰일 같은 정질의 암석을 이용했다. 이런 변화는 대략 4만 년 전부터 보인다. 뗀석기기술은 새끼손가락보다 작은 잔석기 제작으로 이어진다. 최후빙하극성기 동안 우리나라에서는 슴베찌르개와 잔석기가 공존하면서 다양한 후기 구석기 유물이 꽃을 피운다. 구석기시대에서도 이 시기에 해당하는 유적이 가장 많다.

이른 구석기시대 유적과 유물

그렇다면 오늘날의 한반도에는 언제부터 사람이 살기 시작했을까? 결론부터 말한다면, 사실 수십 년 동안 연구에도 불구하고 정확한 시점을 알지 못한다.

역사교과서에는 우리나라에 70만 년 전부터 구석기시대 사람이 살았다고 이야기하고 있지만, 고고학적으로 근거 있는 말은 아니다. 중국에서는 100만 년 전 즈음의 유적이 적지 않게 알려져 있다. 우리에게 친숙한 북경원인이 나온 저우커우뎬周口店도 70만 년 전까지 올라가기에 한반도에도 그렇게 오래된 유적이 있으리라 믿지만, 현재로선 확실한 물증이 없다.

평양 근처 검은모루동굴이 60만 년 전—최근 북한 학자들은 100만 년 전으로 올린다—의 유적이라는 오랜 주장도 비판적으로 검토해야 한다. 대중에게 널리 읽히는 책에도 마치 우리 역사의 막을 여는 유적인 듯 기록되어 있다. 1966년 발굴된 동굴에서는 큰코뿔소, 큰꽃사슴, 물소, 원숭이 같은 지금은 볼 수 없는 따뜻한 기후에 사는 동물의 뼈가 많이 나왔다. 사멸종의 비율이 60%가 넘어 플라이스토세의 중기(70~13만 년 전)

까지 올라갈 것이다. 그런데 동굴에서 나왔다는 '석기'에 인공의 흔적을 찾기 힘들다. 석회암으로 만든 석기도 드물고, 사람이 떼어내고 손질한 분명한 증거를 확인하기 어렵다. 이런 상황에서 검은모루(동굴)를 한반도에서 가장 오래된, 구석기시대 첫 주민이 남긴 유적이라 말할 수는 없다. 과학적 방법과 논증이 중요한 고고학에서 검증할 수 있는 분명한 물적 증거나 설득력 있는 고고학적 맥락 없이 가능성만으로 이야기를 펼칠 순 없다.

단양의 금굴 역시 검은모루(동굴)만큼 오래된 유적이라는 주장이 있고, 역사책에서 70만 년 전이라 쓰고 있다. 여기에서도 큰꽃사슴 같은 멸종 동물의 뼈, 그리고 찍개와 주먹찌르개 같은 인공의 흔적을 분명히 갖춘 유물도 나왔다. 그러나 알려진 연대는 제2층에서 측정된 절대연대인 185,870년 전 정도에 불과하다. 그러니 20만 년 전 정도의 절대연대보다 올리는 것은 근거가 없다고 해야겠다.

임진강 하류의 파주 장산리에서는 50~30만 년 전 용암대지 형성 이전에 형성된 것으로 보이는 하안단구 퇴적층에서 주먹찌르개와 찍개, 몸돌이 수습되었다. 그러나 실망스럽게도 발굴에서 보고된 광여기발광 optically stimulated luminescence, OSL 절대연대는 23만 년 전 정도였다.

1964년부터 조사된 석장리유적 역시 보고자는 최하층의 연대가 전기 구석기시대, 곧 45만 년 전까지 올라간다고 보았다. 그러면서 두께가 7m에 이르는 퇴적층에 전기에서 중기를 거쳐, 후기 구석기시대까지 10개가 넘는 "문화층"이 이어져 있다고 해석했다. 그러나 이른 구석기 유물이란 대부분 인공의 흔적이 뚜렷하지 않은 맥석영이 깨진 것들이다. 퇴적층의 연대 역시 전기 구석기시대까지 올라간다는 어떤 과학적 증거도 없다. 그리하여 남한에서 처음으로 발굴된 석장리유적은 후기 구석기시대의 것이라고 해야겠다.

　이밖에 청주 만수리에서도 두께만 10m에 이르는 하안단구 퇴적층의 하부에서 규암으로 만든 찍개와 다면구를 비롯한 여러 유물이 수습되었는데, 보고자는 50만 년 전까지 올라간다고 평가한다. 그러나 이는 추정일 뿐, 연대 측정에 쓰인 방법은 아직 학계에서 널리 인정되는 것이 아니다.

　이렇듯, 아프리카와 유럽에서 쓰이는 전기 구석기시대, 그러니까 30만 년 전 이전으로 올라가는 과학적 증거가 나온 유적은 아직 없다고 할 수밖에 없다. 대략 20~30만 년 전 위에 언급한 유적 등지에 고인류가 찾아와 자갈돌을 깨 석기를 만들고 버렸을 것이다. 그리고 또 연구자 일부가 그만큼 오래되었다고 주장하는 유적이 하나 더 있다. 바로 전곡리유적이다.

주먹도끼와 슴베찌르개를 만들어 사용하다

전곡리유적이 유명해진 것은 누가 보더라도 주먹도끼임이 분명한 석기가 나왔기 때문이다. 그때까지 주먹도끼는 동아시아에서 잘 알려져 있지 않았던 것이다. 미국 하버드대학의 모비우스Hallam Movius, Jr.(1907~1987)는 제2차 세계대전이 있기 전 중국과 동남아시아에서 구석기 유적을 조사한 바 있다. 그리곤 구대륙의 전기 구석기시대 문화를 비교하여 구대륙의 동쪽―동아시아와 동남아시아―과 서쪽―아프리카와 유럽, 서아시아, 인도―을 나누는 이른바 "모비우스 라인"을 제안한다.

모비우스는 구석기시대 문화를 특징적 유물에 의거하여 구대륙을 나눴다. 아프리카와 유럽, 인도에서는 아슐리안문화의 지표 유물인 주먹도끼가 눈에 띄지만, 이와 대조로 동아시아에는 여전히 찍개 중심의 문화가 자리 잡고 있다는 것이다(그림 024). 1948년 출간한 논문에서는 다음과 같이 주장한다.

주먹도끼는 얼마나 오래되었을까?

"고고 자료에 따르면 남아시아와 동아시아는 전기 구석기시대 동안 전체적으로 문화 지체의 지역이었다. 따라서 이 넓은 지역이 초기

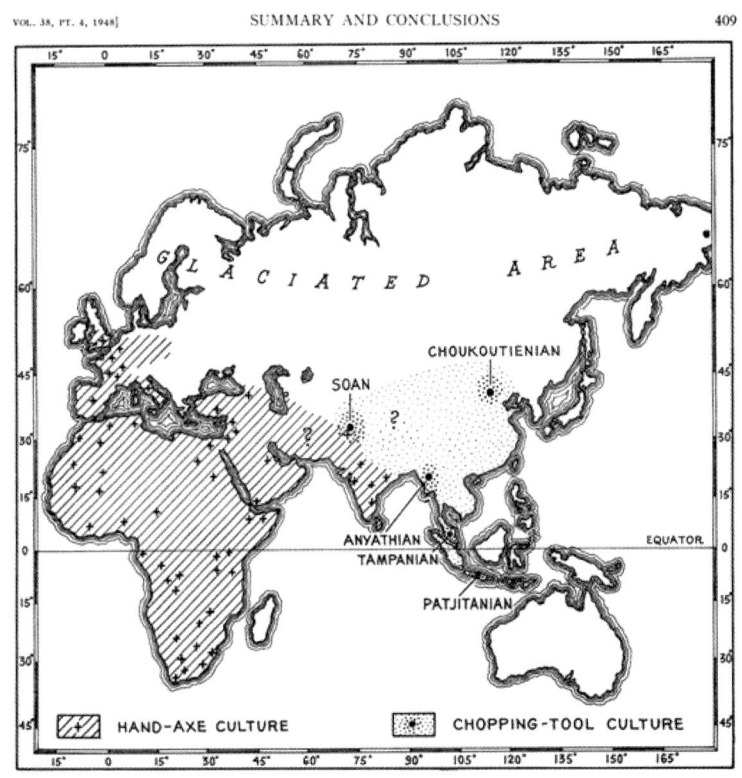

024 모비우스 라인

인류의 진화에서 중요하고 역동적인 역할을 하지는 않았을 것이다. 다른 곳에서 이미 절멸한, 형질의 아주 원시적인 형태의 초기인류가 [이곳에서는] 오랫동안 살고 있었다."(p. 411)

지금 같으면 문화적 편견에 사로잡혔다고 비판할 수도 있겠지만, 이 학설은 학계에 널리 받아들여졌다.

그러던 것이 1970년대 말 한국 전곡리에서 한눈에 '주먹도끼'임을 알 수 있는 유물이 나왔으니 국제 학계가 주목한 것은 당연한 일이었다. 이후 주먹도끼는 전곡리뿐 아니라 파주 금파리, 가월·주월리, 연천 원당리 등 임진·한탄강유역은 물론 전국적으로 발견되었다(그림 025). 그리고 중국에서도 과거 수습되었던 유물도 재해석되는 계기가 되었고, 이제 80만 년 전 유적에서 주먹도끼가 발굴되기도 한다.

엄밀한 의미에서 주먹도끼가 존재한다는 사실로도 모비우스 라인을 부정할 수 있다. 그럼에도 아프리카와 유럽의 자료와 비교하여 첫째, 여전히 동아시아에서 주먹도끼가 출토되는 유적의 수가 적으며, 둘째, 유적에서 나오는 주먹도끼의 빈도도 낮고, 셋째, 주먹도끼의 완성도와 정련도가 떨어지는 것도 사실이다.

또 하나 차이는 바로 연대다. 분명 한국의 주먹도끼 유적은 아프리카와 유럽의 아슐리안 유물군보다 늦다. 다만, 얼마나 늦은 것

025 파주 가월·주월리유적에서 찾은 주먹도끼 또는 주먹찌르개 규암 자갈돌의 양면을 손질하여 만들었으며, 길이는 23.5cm이다.

인지, 유물이 만들어지고 버려진 지 정확히 얼마나 세월이 흘렀는지는 아직도 추정할 뿐이다.

　1990년대 후반부터 전곡리를 비롯한 한국의 구석기 유적 상부 퇴적층 표본을 미세현미경으로 분석한 결과 AT라 불리는 화산재가 극미량이나마 검출되었다. 약 30,000년 전 일본 규슈 남쪽에서는 우리나라에까지 화산재가 날아올 만큼 커다란 분출이 있었다. 한국의 여러 구석기 유적에서는 흔히 "토양쐐기"라 불리는 땅갈라짐 현상이 보이는 암갈색층 상부에서 이 화산재 시료가 나온다. 그렇게 생각하면 전곡리 퇴적층 상부는 30,000년 전 이후까지 내려오는 것이 확실하다. 다시 말해 유적의 하한下限은 후기 구석기시대까지 떨어지는 것이다. 그런데 아래층의 연대, 곧 상한上限은 여전히 문제가 되고 있다.

　물론 지금도 30만 년 전의 인류가 남긴 유적이라고 믿는 연구자도 있다. 그러나 그동안 여러 연대측정 결과로는 주먹도끼가 나오는 층의 연대를 그렇게 올릴 순 없다. 그동안 퇴적층을 시료로 많은 절대연대가 나왔다. 30만 년에 가까운 것은 없고, 기껏해야 15만~10만 년 전 연대가 몇 개 있을 뿐이며, 늦게는 4만 년 전까지도 나온다. 그렇게 생각하면 전곡리의 주먹도끼를 포함한 규암과 맥석영제 석기군은 거의 모두 12만 8천 년 전 이후 후기 플라이스토세 유물일 것이다.

　퇴적층이 물에 의한 것—수성水成, fluvial—인지, 바람에 쌓인 것—풍성風成, aeolian—인지도 논란거리다. 땅갈라짐구조(토양쐐기soil cracks)가 있는 표토 아래의 암갈색층은 바람에 날려 쌓였을 가능성이 높다. 그러나 퇴적층의 하부에는 물의 흐름으로 쌓인 것이 분명한 모래층이 확인되고 있어 복합적 양상을 띠고 있다.

곁들인 얘기 03 연천 전곡리유적의 발견

약 50~30만 년 전, 그리고 15만 년 전 휴전선 너머 (북한의 강원도) 평강 오리산[압산鴨山]에서 화산이 터졌다. 엄청난 화산재가 치솟고, 용암이 쏟아져 추가령구조곡이라 불리는 곳을 따라 북쪽으로, 그리고 예전 한탄강을 따라 남쪽으로, 그런 다음 서쪽으로, 파주 임진강까지 흐른다. 용암이 식으면서 물길을 막아 호수도 생기고, 용암대지 위에 여러 작은 시냇물이 흐른다. 물의 흐름은 느려지고, 여기저기 모래와 점토 퇴적이 활발하게 일어난다. 한탄강은 길을 틀어 용암대지 가장자리를 따라 다시 흐르고, 동물도, 사람도 이곳을 찾는다. 새로이 만들어진 환경에서 옛 인류도 찾아와 크고 작은 동물을 사냥하고 열매를 따고 땅을 파 먹을 만한 뿌리를 캐기도 한다. 그리고 이 사람들이 떠나고 남긴 석기는 동물과 식물, 그리고 비바람에 흩어지다가 쓸려오거나 날아온 흙에 쌓인다.

강은 이곳저곳을 다시 흐르고, 세찬 물줄기가 용암과 퇴적토 사이의 흙을 깎고, 결국 용암대지도 수직으로 쪼개진다. 한탄강은 이제 주상절리를 이루는 용암대지 아래를 흐른다. 한탄강이 세차게 흐를 때도 주먹도끼와 찍개, 몸돌, 격지는 용암대지 위의 두꺼운 퇴적층에 묻혀 보존된다. 오랜 세월이 흐른 뒤 아름다운 한탄강가의 주상절리를 찾은 한 사람의 눈에 주먹도끼가 들어온다.

1978년 봄 동두천에 근무하던 미군 병사 보웬Greg Bowen은 여자 친구와 한탄강변을 산책하다가 낯익은 깨진 돌을 발견한다. 대학에서 고고학을 공부한 바 있기에 한 눈에 중요한 유물임을 알아보고 메모를 하고 사진을 찍었다. 그리곤 서울대학교에 유물을 들고 가 유적발견을 알린다. 김원용 교수는 "아슐리안" 주먹도끼 발견을 학계에 알리고 유적 발굴을 준비한다. 1979년 봄 김원용 교수가 단장을 맡아 서울대와 경희대, 건국대, 영남대로 구성된 대학연합조사단이 구성되어 전곡리유적 발굴에 들어갔다. 이로써 주먹도끼 발견은 세상에 알려진다 (그림 026). 미국의 구석기고고학자가 유적을 방문하고, 한국 학자는 유명 외국학술지에 논문을 발표하면서 유적은 더 유명해졌다.

전곡리유적은 사적史蹟으로 지정되었으며, 선사박물관이 세워져 많은 사람들이 찾는다. 또한 해마다 봄이면 구석기 축제도 성황이다. 이제 먼 선사시대 문화를 많은 사람이 향유하는 모범 사례가 되었다. 보웬은 2005년 한탄강을 같이 산책했던 부인과 한국을 찾아 선사문화축제에 참여해 자신의 사연을 여러 사람과 나눴다.

026 연천 전곡리유적에서 찾은 가로날도끼(왼쪽)와 주먹찌르개(오른쪽)

현생인류의 확산과 후기 구석기문화

1997년 에티오피아 헤르토Herto의 16만 년 전 층에서 현생인류와 비슷한 머리뼈가 발견되었다. 가장 온전한 뼈의 용량은 1,450cc로 우리와 거의 같다. 이보다 30년 전 오모키비시Omo-Kibish에서 나온 화석은 19만 5천 년 전인데, DNA 연구가 말하는 호모 사피엔스의 기원과 일치한다. 화석은 머리뼈의 생김새와 용량은 우리와 비슷한데, 눈두덩이뼈가 조금 돌출되었고, 아래턱chin이 완전하게 튀어나오지 않았다는 점에서는 차이가 있다. 최근에는 모로코 제벨이루드Jebel Irhoud에서 나온 약 30만 년 전 화석을 사피엔스로 분류하기도 한다. 하지만, 이런 여러 화석은 눈두덩이뼈가 돌출하고, 턱 끝이 튀어나와 있지 않는 등 해부학적으로 완벽한 현생인류와 차이가 있다.

그런데 고고자료에 따르면 이런 화석이 나온 시기는 아프리카의 중기 구석기시대다. 현생인류, 그리고 후기 구석기시대로 가는 변화는 7~8만 년 전 즈음 달팽이 종류로 만든 장식물, 뼈로 만든 도구, 찌르개, 선을 새긴 돌 유물에서 볼 수 있다. 고고학의 시각에서 후기 구석기 문화의 중요한 요소로는 바로 돌날이 특징인 발달된 석기기술, 장식품과 예술, 뼈와 뿔로 만든 골각기 등이다.

어쨌든 한국을 비롯한 동아시아에도 4만 년 전이면 후기 구석기 문화가 나타난다. 하진리, 용호동 등지에서 후기 구석기 유물과 함께 나온 방사성탄소연대가 4만 년 전 즈음이다. 자료의 희소함 때문인지 골각기骨角器는 중국 등 소수의 동굴유적에서만 보이고, 비너스 조각상 같은 예술품도 바이칼호 인근 말타Mal'ta 등 고위도지방에서만 확인된다. 서유럽의 후기 구석기시대에 볼 수 있는 동굴벽화도 최근 인도네시아에서 발견 보고가 있지만, 한국에서는 찾을 수 없다.

현실적으로 우리나라 후기 구석기문화를 특징짓는 것은 돌날과 슴

곁들인 얘기 04 　구석기시대 유적의 연대결정 방법

고고학에서 연대결정 방법은 19세기 말 고고학의 성립과 함께 개발되었다. 상대연대법(편년)이란 유적이나 유구, 유물의 상대적인 시간 순서를 정하는 방법으로서 층서법과 유물의 형태 분석을 들 수 있다. 고고학에서 쓰이는 가장 대표적인 절대연대결정법은 방사성탄소연대측정법이다. 이 방법은 유물과 유구와 같이 나오는 숯과 같은 유기물이 죽은 시점을 측정한다. 최근 기술이 발전해 질량가속기를 이용, 동굴벽화에서 아주 적은 양의 물감을 시료로도 연대측정한다. 대체로 5만 년 전까지 연대를 측정할 수 있으며, 우리나라에서도 구석기시대에만 300여 연대가 알려져 있을 정도로 널리 쓰인다.

방사성탄소연대는 대기 중의 방사성탄소^{14}C의 농도가 지난 몇 만 년 동안 완벽하게 일정하지는 않았기 때문에 나이테나 다른 연대측정법을 동원해 보정하여 더 정확한 연대를 얻는다. 광여기발광 연대측정법도 자주 쓰인다. 토양 시료를 채취해 미세한 석영 입자가 퇴적된 시점을 측정하는 방법이다. 다만, 이 방법은 토양이 퇴적된 시점을 측정하기 때문에 고고학에서 알고 싶어 하는 석기를 만들고 사용한 시점과는 어긋날 수 있음도 유념해야 한다.

포타슘-아르곤연대측정법은 현무암지대에서 시료를 채취하여 연대를 측정한다. 전곡리 등 임진한탄강 유역의 현무암대지가 형성된 시기를 측정하는 데 쓰였는데, 그 결과 용암은 한 번이 아니라 약 50만 년 전, 그리고 15만 년 전 전후 적어도 두 번 이상 분출했음을 알 수 있다. 인류의 요람이라 할 수 있는 동아프리카에서도 현무암 대지가 많기 때문에 올두바이Olduvai협곡 등 중요한 초기인류 유적의 연대를 측정하는 데 널리 쓰인다.

베찌르개 같은 석기다. 이 유물은 거의 모두 규질응회암과 셰일, 혼펠스, 그리고 흑요석 같이 주변에서 흔하게 얻을 수 없는 정질 암석으로 만들었다. 단순히 새로운 형식의 석기가 등장한 것이라기보다는 삶의 방식이 바뀌었다고 해야겠다. 그렇게 이동하는 수렵채집 무리는 주변 집단과 교류하며 환경을 효율적으로 이용했다.

슴베찌르개와 돌날 슴베찌르개는 정질의 암석으로 격지나 돌날을 소재를 준비하고 주로 타면 부위, 곧 기부를 잔손질하여 슴베를 만들고 끝은 뾰족하게 만든 유물을 말한다. 슴베란 석기의 꼬리 부분으로서 정교하게 잔손질하여 나무자루에 장착되는 부분을 말한다. 슴베 부위를 나무자루에 끼우거나 홈을 파서 아교칠을 한 다음 단단하게 묶어 고정시키면 던지거나 찌르는 창이 된다(그림 027). 창으로 쓰고, 사냥한 동물을 해체하는 데도 쓴다. 무거운 슴베찌르개를 매단 창은 아마도 가까운 거리에서 사냥감을 찌르는데, 이보다 가벼운 창은 더 멀리에서 던지는 용도로 쓰였을 것이다. 후기 구석기 유적에서 슴베찌르개가 흔하게 보이는 이유는 최후빙하극성기라는 용어가 말해주듯 매우 춥고 건조했던 시기를 살았던 수렵채집민이 그만큼 사냥을 많이 했기 때문이다.

충주댐 수몰지구조사(1983~1985년)의 일환으로 발굴된 수양개에서는 규질셰일로 만든 수많은 유물이 수습되었다. 50여 군데에서 석기를

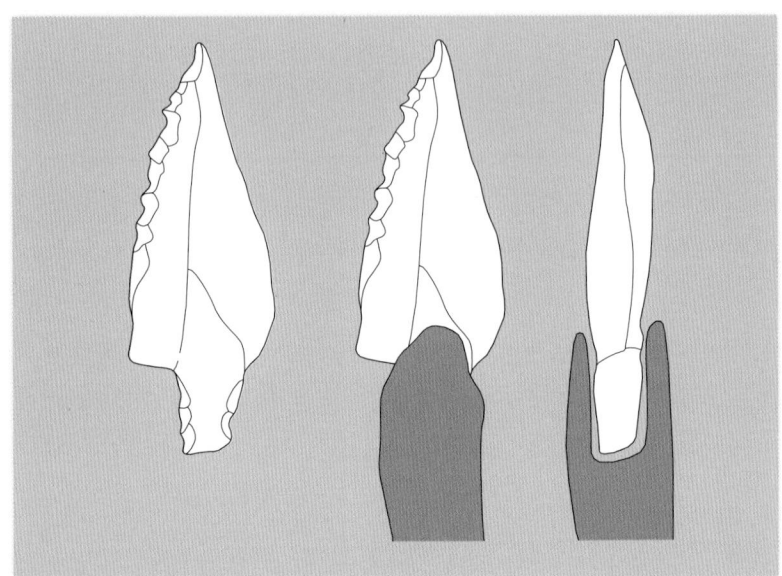

027 슴베찌르개 장착방법의 한 사례

만든 제작장이 드러났고, 몸돌과 돌날의 되맞춤[접합] 사례도 많았다. 잔돌날과 잔몸돌이 대세였지만, 유물 가운데는 찌르개의 형상을 하고 있으면서 꼬리—슴베—가 달린 유물, 곧 슴베찌르개도 13점이나 나왔다. 당시 알려진 16,400±600 BP, 그리고 18,630 BP라는 방사성탄소연대를 보정하면 대략 2만 년 전 최후빙하극성기 끝자락에 이곳을 찾았던 수렵민이 남긴 유적임을 알 수 있다.

슴베찌르개는 석장리, 순천 (덕산리) 죽산, 신북, 진그늘, 고례리, 용산동, 송암리, 호평동, 화대리, 늘거리 등 전국적으로 알려졌다.

최근 수양개에서 3.5km 정도 떨어진 하진리—수양개 Ⅵ지구—에서는 여러 층에서 슴베찌르개를 비롯해 한국 후기 구석기문화의 진화를 이해하는 중요한 자료가 수습되었다. 보고자는 하진리 퇴적층을 모두 네 개 문화층으로 나누고 있다.

1만 점 정도의 석기가 나온 가장 아래 4문화층에서는 슴베찌르개 73점, 돌날몸돌 148점, 돌날이 2,000점 넘게 수습되었다고 한다. 그 위 3문화층에서는 7,000점이 넘는 석기 가운데 슴베찌르개가 13점, 돌날몸돌은 53점, 돌날은 500점이 넘는다. 모두 2만 점이 넘는 유물이 나온 2문화층에서는 슴베찌르개는 없고, 잔석기와 밀개, 새기개 같은 유물만이 보인다. 가장 위층에서는 석기 680점만이 출토되었다. 4문화층의 6개 방사성탄소연대는 대략 40,000 BP 즈음이며, 그리고 3문화층에서 나온 14개 연대를 평가하고 보정한 연대 역시 비슷하다. 다시 말해 정질의 돌감을 이용한 슴베찌르개와 돌날이 등장하여 쓰인 우리나라 후기 구석기시대 문화는 4만 년 전 등장한 것이다. 슴베찌르개는 27,000~19,000년 전 최후빙하극성기에 잔석기와 함께 석기기술을 주도하다가 이후 사라진다.

앞서 슴베찌르개는 한국의 후기 구석기시대 유적에서 비교적 흔하게 볼 수 있는 유물이다. 그러나 지금까지 흑요석으로 만든 것은 없다. 그래서인지 흑요석 유물이 상대적으로 많은 중부지방보다 수양개 이남의 남쪽지방의 유적에서 더 많이 나온다.

슴베찌르개는 주로 돌날을 소재로 만든다. 돌날은 길이가 너비보다 두 배 이상인 격지를 말하는데, 아프리카에서 유럽, 아시아에 이르기까지 후기 구석기시대 석기기술의 발달을 잘 보여주는 유물이다. 정질의 암석을 확보해 잘 다듬어 타면을 준비하고, 거기에서 직접떼기나 간접떼기, 눌러떼기로 같은 생김새와 크기의 돌날을 떼어낸다. 얇은 돌날에는 양쪽으로 길고 나란한 날이 세워져 있기 마련이다. 이 돌날은 그대로 자르는 도구로 쓸 수 있으며, 손질하여 찌르개로, 한쪽을 급한 각도로 잔손질하여 밀개를 만들어 무두질에 쓰기도 한다. 한쪽에 빗각으로 내리쳐 만든 새기개도 있고, 끝을 뾰족하게 잔손질하여 뚜르개나 송곳 같은 도구로 만들기도 한다.

돌날은 길이 20cm가 넘는 아주 큰 것도 있다. 고례리에서 슴베찌르개와 함께 나온 돌날 가운데는 이렇게 큰 것이 많다. 늘거리, 용수재울, 용산동, 수양개 등지에서는 돌날몸돌이 많이 수습되었지만, 그렇게 크지는 않다. 대체로 길이(높이) 5cm가 넘는 정도이다(그림 028).

월성동에서는 흑요석 유물이 360점 나왔는데, 잔돌날만 143점이다. 흑요석 유물 100점을 분석한 결과 모두 백두산 산지일 것이라는 결론을 얻었다. 이런 연구결과는 사실 특별한 것이 아니다. 지금까지 우리나라에서 구석기시대 흑요석 유물은 하화계리, 상무룡리, 수양개, 장흥리, 부평리, 늘거리와 용수재울, 연천 삼거리, 동해 (망상동) 기곡, 석장리 및 평양 만달리(동굴) 등 유적에서 확인되었는데, 분석된 대부분 유물은 백

028 단양 수양개유적 출토 후기 구석기시대 돌날몸돌

두산이 원산지이다. 분석에서 화학조성의 다양함이 알려졌지만, 여전히 백두산이 산지라는 결론에 다다른 것이다. 중부지방뿐 아니라 신북유적의 유물에는 백두산 원산지와 함께 일본 규슈九州산 흑요석도 있다고 한다. 덧붙여 울산 신화리와 사천 이금동 구석기 유적, 그리고 신석기시대 부산 동삼동과 통영 연대도, 상노대도, 욕지도, 여수 (돌산) 송도, 안도, 완도 여서도 등지에서도 많은 흑요석 유물이 수습되었는데, 대부분 규슈에서 온 흑요석으로 만들어졌다.

잔석기 만들기와 쓰임새

후기 구석기시대 석기기술의 특징 가운데 하나는 소형화다. 극적인 사례는 잔석기일 것이다. 보통 돌날은 길이가 어른 손가락만하다. 그러던 것이 이제 너비가 1cm도 안 되는 아주 작은 돌날(잔돌날)로 변모한다(그림 029). 잔석기는 한국을 비롯한 동아시아 구석기시대의 마지막을 장식하는 석기기술 전통이다. 뗀석기 제작기술에서도 가장 높은 수준을 요하는 것임은 물론이다.

잔석기 기술의 시작은 그리 늦지는 않다. 장흥리나 신북, 그리고 호

029 곡성 옥과유적에서 찾은 잔몸돌과 밀개 잔몸돌(왼쪽)은 길이가 45㎜, 밀개(오른쪽)는 62㎜이다. 몸돌에 세로로 길고 나란하게 보이는 면에서 잔돌날이 떨어져 나왔다. 이렇게 작은 돌날을 나무나 뿔에 홈을 파서 끼워 넣고 칼이나 찌르개로 사용했다.

평동, 늘거리, 용수재울 등에서 나온 여러 (보정)방사성탄소연대에 따르면 30,000년 전 즈음까지 올라간다(그림 030). 그러니까 이미 최후빙하극성기 시작과 더불어 지금의 한반도 지역에는 잔돌날로 만든 도구와 무기를 사용한 구석기시대 집단이 살고 있었다.

잔돌날은 그 자체로 잔손질되어 아주 작은 송곳으로 쓰인 사례도 있지만, 거의 복합도구의 일부로 쓰였다. 잔돌날의 양쪽 끝을 부러뜨려 더 규격화시킨 다음 나무나 뿔에 홈을 파고 아교를 칠한 뒤 일렬로 박으면 창이 되기도, 칼이 되기도 한다. 몸돌을 정교하게 준비하여 잔돌날을 될 수 있는 대로 많이 떼어낸 다음 이것을 나무나 뿔에 홈을 파고 끼워 붙이면 훌륭한 칼과 찌르개 같은 도구가 된다. 규질셰일이나 응회암, 혼펠스, 특히 흑요석 돌날을 박은 도구는 외과 수술용 칼과 견줄 정도로 날카롭다. 이렇게 잔돌날과 새기개 등은 뗀석기 제작기술이 고도로 발전했음을 보여주는 증거다.

잔돌날을 장착한 창은 슴베찌르개보다 더 효율적이다. 슴베찌르개를 매단 창은 무겁고 만약 사냥감을 맞히지 못하고 나무나 바위에 떨어지면 조각나기 십상이다. 한 번 깨진 슴베찌르개는 자루에서 빼내 버리

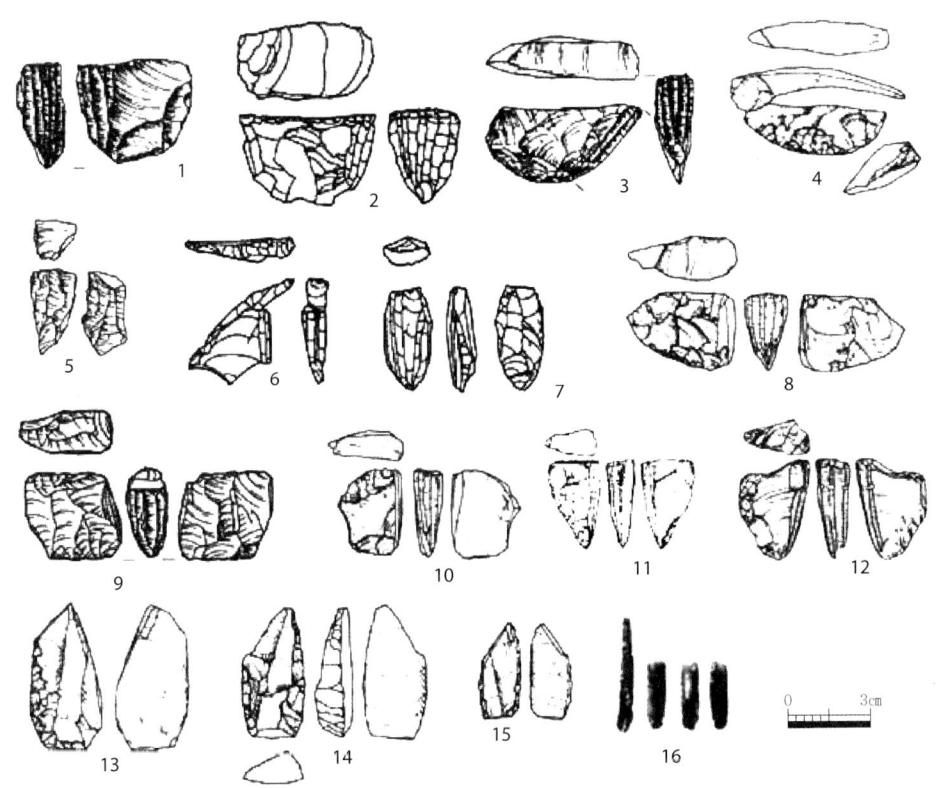

030 후기 구석기시대 유적 출토 잔몸돌(1~12), 새기개(13~15), 잔돌날(16) 1. 평양 만달리, 2·13~15. 양구 상무룡리, 3·4·8. 단양 수양개, 5. 용인 평창리, 6. 곡성 옥과(송전리), 7. 순천 금평, 9. 거창 임불리, 10. 화순 대전, 11·12. 순천 월평, 16. 남양주 호평동

고 다시 새로운 슴베찌르개를 끼우고 묶는 수고로움을 감수해야 한다. 하지만 무뎌진 잔돌날은 그것만 갈아 끼우면 그만이다. 더 가벼워 멀리 던질 수 있으며, 양쪽으로 세운 날 탓에 균형을 이루면 더 정확하게 발사할 수 있다. 이처럼 유지보수에서도 유리하고, 기능적으로도 더 신뢰할 만한 도구였던 것이다.

잔석기와 같이 나오는 유물로는 밀개와 새기개, 뚜르개를 들 수 있다. 후기 구석기시대 여러 유적에서 나오는 석기는 매우 작고 정교하다. 그만큼 세밀한 제작기법으로 만들고, 나무와 뿔에 장착하여 모양과 기능에서 손색이 없는 도구로 만든 다음 정밀한 작업에 사용했다. 새기개로 나무나 뿔을 자르고, 홈을 파 다듬는다. 사냥에 성공했다면 긁개와 격지로 가죽을 벗기고 밀개로 무두질한다. 밀개를 이용하여 가죽에 남은 털과 지방을 제거하고 곧게 편다. 그러면서 날카로운 날이 닳았을 경우 버리거나 다시 날 부분을 재가공하면서 빠르고 체계적으로 작업을 했을 것이다.

격지나 긁개로 가죽을 벗기고 밀개를 자루에 매달아 무두질한 다음 말린 가죽을 새기개로 자르고, 뚜르개로 구멍을 뚫어 그럴듯한 옷을 만

곁들인 얘기 05　최첨단 도구, 흑요석제 석기와 남양주 호평동

2015년 4월 2일 CNN방송에서는 석기시대 도구와 기술이 아직도 쓰이는 사례를 보도했다. 흑요석을 떼어내 정교하게 만든 칼을 현재 수술용으로 쓰고 있다는 것이다. 이에 따르면 수술용 메스는 금속이기에 현미경으로 확대하면 어느 정도 굴곡이 있지만, 흑요석을 떼어낸 돌날은 더 매끈하다. 또한 매우 날카로워 피부와 근육, 신경 조직에 손상을 최소한으로 줄여 빨리 아물게 한다. 자르는 날을 영어로 'cutting edge'라 하는데, 최첨단이란 뜻도 가지고 있다. 이미 구석기시대 말 수렵채집민은 뗀석기로는 최첨단 기술을 가졌던 것이다.

2000~2001년 남양주 호평동 택지 개발지구에서 기와가마터를 조사하던 중 흑요석을 비롯한 구석기시대 뗀석기가 수습되었다. 그 뒤 2004년까지 실시된 발굴에서는 10,000점이 넘는 석기가 나왔다. 유적은 표토 아래 각력과 점토, 사질이 혼재된 층과 땅갈라짐 구조가 있는 갈색사질점토층(3지층), 그리고 암쇄설물층으로 이루어져 있다. 유물은 3지층에서 나오는데, 이것도 위와 아래로 나눌 수 있다. 아래 유물층에서는 맥석영과 셰일, 규암 등으로 만든 다양한 석기가 나왔다. 이 가운데는 규질셰일로 만들어진 슴베찌르개도 있다.

위 2문화층에서는 역시 혼펠스와 규질셰일 유물과 함께 흑요석으로 만들어진 유물도 1,000점이 넘는다. 흑요석기가 집중된 곳에서 나온 숯을 분석한 결과 22,200±600 BP, 21,100±200 BP라는 방사성탄소연대를 얻었다. 표준오차가 적은 뒤엣것을 보정하면 25,000년 전, 곧 최후빙하극성기에 이곳을 찾았던 수렵민이 흑요석을 깨어 석기를 만들었음을 알 수 있다. 혼펠스와 규질셰일제 긁개와 밀개가 집중 출토된 곳에서 수습한 숯을 측정해 17,400±400 BP, 17,500±200 BP 연대를 얻었다.

또 흑요석 잔몸돌 2점이 수습되었고, 돌날도 모두 347점이나 나왔다. 길이가 3㎝도 되지 않은 이 작은 잔돌날을 정교하게 잔손질한 것도 있는데, 아마도 아주 작은 송곳으로 보인다. 이런 유물은 가죽을 다루고 옷을 만들거나 뼈나 뿔, 나무를 정교하게 가공할 때 쓰였을 것이다(그림 031). 이밖에도 새기개와 밀개 같은 유물도 확인되었다.

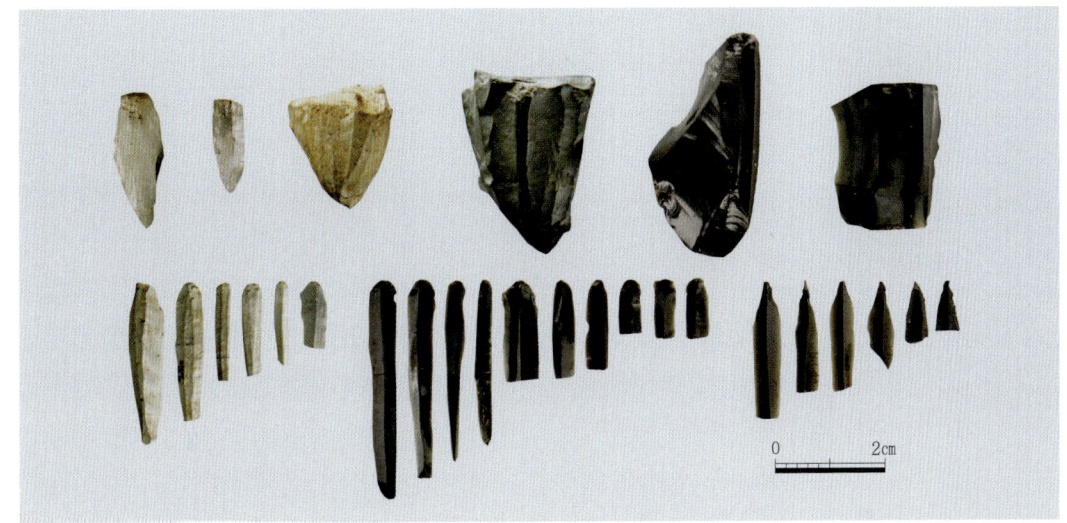

031 남양주 호평동유적 출토 석기 검은색 유물이 흑요석으로 만든 잔몸돌(위)과 잔돌날(아래)이다. 잔돌날은 너비가 1㎝가 안 되는 무척 작고 긴 돌날인데, 이를 다시 잔손질해 아주 작은 송곳을 만들기도 했다(오른쪽 아래). 잔몸돌의 세로 능선이 잔돌날을 떼어낸 흔적이다.

들었다. 이렇게 만든 옷은 추운 겨울 차가운 바람도 견딜 수 있다. 가죽신과 장갑, 모자도 이런 식으로 만들었을 것이다. 남은 가죽으로는 간단한 주머니를 만들어 돌날 같은 것을 넣고 다녔을 것이다. 수렵민은 붉은 돌을 빻아 물감을 만들어 얼굴에 칠도 했을 것이지만, 남아 있는 자료가 없어 알 수 없다.

흑요석 같은 귀한 암석으로 만든 석기의 날은 재가공하거나 재활용하여 쓰기 어려울 만큼 작아졌을 때에야 버린다. 고고학 유적에서 나온 석기는 그렇게 버려진 것들이다. 그렇게 많은 도구가 사용 중 닳고 깨지며, 돌날몸돌과 잔몸돌을 다듬고 도구를 만들고 날을 벼리다가 수많은 부산물이 떨어져 나와 유적에 흩어져 있는 것이다. 고고학자는 그런 물적 잔재를 확인하고, 다양한 종류의 석기가 어디에서 어떻게 나왔는지 기록하고 분석해 유적에서 어떤 일이 벌어졌는지를 면밀히 추정한다.

　　잔석기를 보면 뗀석기 기술이 더 이상 갈 곳이 없을 만큼 발전했다고 할 수 있다. 그런데 사실, 하남 미사동와 용호동, 신북, 진주 집현 (장흥리) 등, 몇몇 후기 구석기시대 유적에서처럼 간석기 또는 갈린 석기가 나오는 경우도 드물지 않다. 날 부분만을 정교하게 갈아 만든 도끼같이 생긴 유물도 있는데, 아마도 식물성 식량을 가공하거나 나무를 다루는 데 쓰였을 것이다.

사냥과 채집으로 살다

동물 사냥을 했던지, 식물성 식량자원을 채집했던지 구석기시대 사람들은 모두 이동 수렵채집민이었다. 이 사람들은 무리를 이루어 한 곳에 정착하지 않고 주기적으로 본거지를 옮기며, 그리고 한곳에 한동안 머물 때도 먼 곳까지 나가 식량을 얻었다. 구석기시대 사람들의 삶은 현존하는 민족지民族誌, ethnography에 기록된 수렵채집민의 생활을 토대로 미루어 짐작할 수 있다.

　　수렵채집민이란 식량의 전부, 또는 대부분을 수렵과 채집에 의존하여 얻는 사람들을 뜻한다. 식물을 재배하지 않았으며, 동물도 사육하지 않았다. 다만 사냥에 도움을 주는 개는 예외인데, 개 사육은 동유럽에서 나온 자료를 볼 때 후기 구석기시대 중반까지 올라가는 것으로 보인다. 다만, 우리나라에선 아직 구석기시대의 개 뼈가 발견된 바 없다. 한국 구석기시대 사람들이 주변 환경, 또는 동식물을 의도적으로 기르고 가꾸는 노력을 한 흔적도 알려지지 않았다.

우리나라는 꽃사슴과 노루, 고라니 같은 사슴과 동물의 서식지로, 이들은 예부터 멧돼지와 함께 사냥의 대상이었다. 백두대간에 서식하는 산양도 사냥의 목표물이었을 것이다. 다만, 이런 사냥감을 한국의 구석기시대 한데유적에서 확인하기란 쉽지 않다. (함경도를 제외한) 우리나라 한데유적은 거의 산성토양이어서 동물 뼈를 찾을 순 없다. 그래서 동굴에서만 그런 자료를 기대할 수 있을 뿐이다.

동굴유적은 평양 근처의 석회암지대와 영월, 단양 등 강원도 남부와 충청북도 동부, 그리고 청주(舊 청원)의 석회암지대에서 볼 수 있다. 검은모루(동굴)와 두루봉(동굴)의 하층에서는 큰꽃사슴, 큰쌍코뿔소, 물소, 동굴곰, 원숭이 같은 지금은 사라진 동물의 뼈가 나왔는데, 플라이스토세 중기(약 78만~12만 5천 년 전)의 동물상으로 보인다. 다만, 그렇다고 해서 이런 동물이 사냥되었다는 것은 아니다. 가령 두루봉동굴에서는 동굴곰 한 개체가 그대로 발견되어 발굴자는 의례행위가 있었다고 해석했지만, 겨울잠을 자는 곰이 동굴에서 자연사했다고 보는 것이 더 타당하다. 동굴에서 나온 수많은 동물의 뼈도 사람이 사냥한 것이 아니라 자연사했거나 하이에나나 다른 식육류 동물이 가져다 놓은 것으로 보인다.

동굴이든, 다른 야외의 유적에서든 동물 뼈나 유물이 어떤 과정을 거쳐 형성되어 오늘에 이르렀는지를 파악하는 일은 고고학에서 매우 중요하다. 동물 뼈가 나왔다고 모두 사람이 사냥한 것은 아니며, 석기가 나왔다고 바로 그곳에서 인간행위가 있었다는 것은 아니기 때문이다. 설사 사람이 머물다 떠났다 하더라도 그 흔적은 비나 바람뿐 아니라 늑대와 새, 들쥐 같은 수많은 동물, 그리고 풀과 나무가 흩어 놓으며, 흙에 묻힌 뒤에도 나무뿌리와 지하수, 지중동물의 영향을 받기 때문에 고고학자는 늘 신중해야 하고, 범죄 수사처럼 물증에 근거해야 한다.

어쨌든 여러 후기 구석기시대 동굴유적에서는 동물화석이 나왔는데 사람이 사냥한 것도 있다. 구낭굴 3층에서 나온 수많은 동물화석 가운데 종 동정이 가능한 72개체 가운데, 60개체가 사슴이었다. 만달리 동굴에서는 성인 남자의 머리뼈, 흑요석 잔몸돌 몇 점과 함께 노루 12개체 뼈도 수습되었다. 역시 사슴과 동물이 많지만, 오소리, 동굴하이에나, 여우처럼 식육류의 뼈도 있었다. 그리하여 동굴에서 나온 모든 뼈를 사람이 사냥한 것이라 볼 수는 없지만, 사향노루, 복작노루, 노루와 사슴, 산양의 뼈는 아마도 사람이 동굴에 들여놓았을 것이다.

매머드는 우리나라에 살았을까? 대체로 북위 40° 이상의 고위도 지방의 초원에서 긴 털을 휘날리며 풀을 뜯었을 것인데, 함경북도 화대군 장덕리 등에서 나온 바 있다. 그런데 최근 전북 부안의 섬 주변 바다 아래에서, 그곳에 살았는지, 아니면 떠내려왔는지, 매머드 어금니 두 점을 발견했다는 보고가 있어 앞으로 더 논의와 연구가 필요한 상황이다. 어쨌든 북한에서 나온 매머드 뼈에는 사람이 사냥을 했다는 흔적이 없다. 하지만, 세계 곳곳에서 그런 증거가 나온다. 우크라이나의 메지리치Mezhyrich와 러시아 코스텐키Kostenki 같은 곳에선 매머드 뼈를 이용해 집의 뼈대를 세우고, 그 위에 가죽을 씌운 흔적이 나오기도 했다(그림 032). 심지어 땔감이 부족해 매머드 뼈를 태우기도 했다. 이처럼 분명 후기 구석기시대 사람들은 대형동물을 적극 사냥했다. 미국 나코Naco유적에서

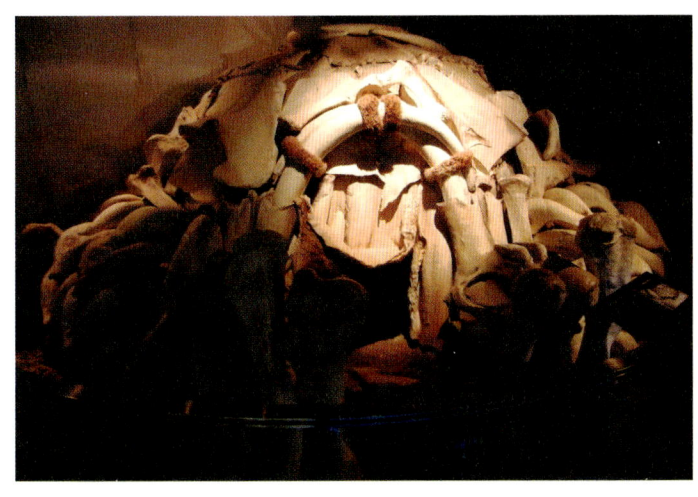

032 메지리치유적의 후기 구석기시대 막집

는 매머드 갈비뼈에 플라이스토세 최말기의 클로비스Clovis찌르개 8개가 박힌 채로 나왔다.

    매머드를 비롯한 대형동물의 다수는 빙하시대, 곧 플라이스토세가 끝나면서 절멸하고 만다(물론 지역에 따라 후빙기까지 존속한 사례도 있다). 그런데 과연 이런 대형동물이 사람의 사냥으로 멸종에 이르렀는지, 아니면 환경변화를 견디지 못하고 도태된 것인지는 불분명하다. 서기전 10800년부터 9600년까지 이어진 영거드라이어스Younger Dryas라는 냉한기가 끝나면서 엄청난 속도로 진행된 지구온난화는 수많은 동식물에게, 그리고 사람에게도 커다란 도전이었을 것이다. 매머드는 새로운 환경에 적응하지 못했을 것이며, 사람의 사냥도 멸종으로 가는 흐름을 채찍질했다고 할 수 있다.

    후기 구석기시대 수렵민은 협력하여 대형동물을 사냥했고, 낭떠러지나 바위 아래로 몰아 도륙하기도 했다. 민족지에 기록된 수렵채집민은 덫이나 활과 화살을 이용한다. 조심히 다가가거나 매복하고 있다가 동물에 창을 던지거나 화살을 쏘고, 피를 흘리는 동물을 오래도록 따라가며 지쳐 쓰러진 사냥감을 취하는 것이다. 이렇게 후기 구석기시대 동안 매복사냥과 추적사냥은 중요한 생업활동이었다.

거의 모든 수렵채집사회에서 사냥한 사람만이 고기를 독점하지 않는다. 서로 나눠 먹으며, 겸양을 강조하는 풍습도 있다. 이렇게 평등사회를 유지하는 관습이 자리잡는다. 사냥은 여러 사람의 협력이 필요한 일이기도 하다. 사슴이나 멧돼지 같은 동물, 그리고 고위도지방에서는 매머드나 들소, 순록, 산양 같은 큰 사냥감이 어디에 있는지 정보를 안정적으로 파악하는 일이 중요하다. 사냥은 위험한 일이기 때문에 조심스럽게 사냥감에 접근해야 하며, 어디로 도주할 것인지도 잘 알고 있어야 한다. 자칫 잘못하면 큰 짐승에게 거꾸로 공격을 당할 수도 있다. 용감해야 하기도, 또 지혜롭기도 해야 하는 일이다. 어른들은 젊은이와 아이들에게 사냥감의 모습과 서식지, 이동로, 그리고 어떻게 사냥해야 하는지를 이야기로 풀어내며 가르쳐야 했을 것이다. 프랑스나 스페인, 그리고 최근 전 세계적으로 등지에서 보이는 동굴벽화에는 수많은 사냥 동물을 그려놓았다. 아마도 그런 이야기와 전설을 들려주고, 사납고 고마운 짐승의 생김새와 행동을 가르치고, 용맹과 단합을 불어넣어 주는 주술과 춤이 벌어졌던 곳이었을 것이다.

그러나 사냥은 결코 쉬운 일이 아니다. 실제 사자와 호랑이 같은 맹수, 그리고 현존 수렵민을 포함해도 사냥의 성공률은 무척 낮다. 민족지 자료를 보면 사냥은 거의 남자들의 몫이다. 그렇지만 늘 사냥의 성공을 기대할 수는 없는 노릇이다. 그렇게 생각하면 남성이 사냥이라는 더 위험부담이 큰 행위를 하는 것은 과시를 통해 사회적 명성을 높이고 자신의 유전자를 물려줄 기회를 늘리기 때문이라 해석할 수 있다.

사냥의 성공률이 떨어지는 만큼 수렵채집민은 식량의 상당 부분, 경우에 따라서는 대부분을 채집에 의존한다. 아마도 지금 한반도에서 후기 구석기시대를 살았던 수렵채집민도 마찬가지였다. 여러 민족지 사례를 보면 채집은 주로 여성과 아이들이 담당한다. 계절에 따라 도토리와 밤, 그리고 각종 산딸기류 같은 열매를 따거나 줍고, 땅을 파서 마와 칡, 더덕 등 구근류 식물을 얻었다. 이런 식물자원 말고도 물새와 꿩 같은 새의 알을 채집한다. 이런 활동 도중에 토끼 같은 작은 동물을 사냥할 수도, 심지어 개구리나 메뚜기 같은 것을 잡기도 한다. 수렵채집민이 자연에서 얻는 식량은 계절에 따라 매우 다양했다. 이동하는 수렵채집민은 한 시간 정도 걸어갈 수 있는 곳에서 채집을 하며, 주변에서 얻을 수 있는 식량이 소진되기 전에 다른 본거지를 찾아 이동한다. 민족지 기록에 따르면 이동할 때와 장소를 결정하는 것은 주로 여성의 몫이라고 한다. 채집을 담당하기에 주변 식량 자원의 획득 가능성에 더 민감하고 자원의 분포에 대해서도 많은 정보를 가진 여성이 주도했을 것이다.

후기 구석기시대에는 갯벌에서 굴과 조개를 줍거나 강에서 물고기를 잡기도 하면서 환경에서 이용할 수 있는 다양한 자원을 얻었을 것이다. 연어와 같은 회귀성 물고기를 잡기도 했다. 유럽에서 조개류는 귀한 자원이자 상징물로 내륙 멀리까지 수백 킬로미터 운반되기도 했다. 이는 광역의 사회교류가 있었던 증거다. 그러나 이것은 현재로선 다른 나라의 사례이며, 아직 한국에서 구석기시대 조개 채집과 고기잡이의 증거는 나오지 않고 있다. 특히 물고기의 경우 낚시, 그리고 그물 같은 장비의 발달이 있어야 하는데, 아직 분명한 물적 증거가 확인된 바 없다.

곁들인 얘기 06 대전 용산동유적의 슴베찌르개와 사냥캠프

2004년 대전의 대덕연구단지와 신탄진 사이 용산동에서는 대덕테크노밸리 국가산업단지를 조성하면서 문화유적 조사가 이루어졌다. 발굴에서는 슴베찌르개가 무려 38점이나 나왔다. 그런데 완형은 8점뿐이었다. 나머지 30점 가운데 슴베 부분만이 남은 것이 11점, 뾰족한 찌르개의 끝이 깨진 것이 13점, 찌르개 중간이 깨진 것도 6점이다(그림 033). 완형은 몇 점 되지 않고 깨진 유물만 잔뜩 나온 것이다.

왜 깨진 슴베찌르개가 많이 나왔을까? 실험분석에 따르면, 돌로 만든 찌르개를 매단 창으로 사냥할 때 가장 많은 파손은 슴베와 찌르개의 몸체 사이에서, 그다음은 찌르개의 날카로운 끝에서 나타난다. 나무나 바위를 맞추거나 단단한 땅 위에 떨어졌을 때 찌르개가 파손되어 슴베 부위만이 남거나 선단부가 부러져 못쓰게 된다. 사냥감에 명중했다 하더라도 뼈에 부딪힌다면 선단부가 깨질 수 있다. 실험과 민족지 연구에 따르면 파손된 찌르개 조각이 몸에 박힌 짐승은 당장 죽지는 않더라도 피를 흘리며 도망을 치다가 결국 지쳐 쓰러진다. 다른 식육동물과는 달리 사냥감보다 느린 사람은 이런 상처 입은 짐승을 끈질기게 추적해 사냥한다. 남아프리카 칼라하리사막에서 부시맨으로 알려진 사냥꾼은 뜨거운 뙤약볕에서도 몇 시간이고 영양의 뒤를 쫓아 결국 잡는다. 추적사냥persistence hunting이야말로 호모 사피엔스 행위의 특징 가운데 하나이다.

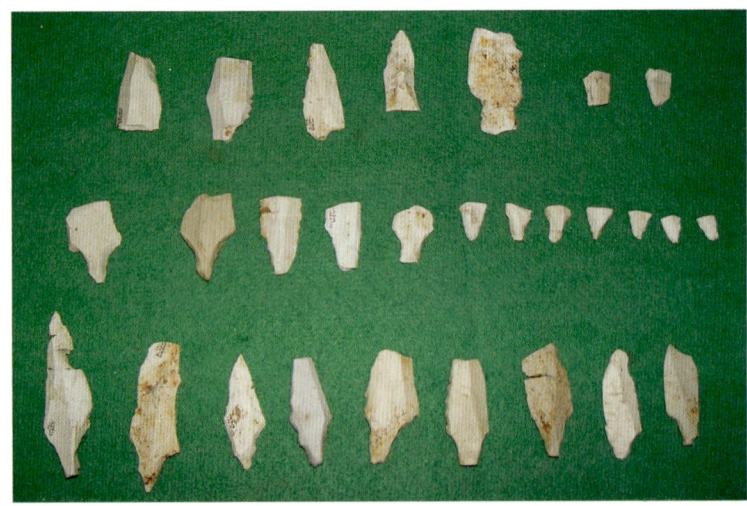

033 대전 용산동유적 출토 슴베찌르개 완전한 것도 있지만, 윗줄과 가운뎃줄 유물 가운데 날 끝이 깨진 것이 있으며, 아랫줄 유물은 몸체의 중간이 부러졌고, 오른쪽 유물 5점은 슴베만이 남아 있다.

그렇다면 용산동유적에서 발견된 깨진 찌르개는 그곳이 사냥터임을 말해주는 것일까? 완형만이 확인된 유적보다는 확실히 사냥과 직결된 행위가 있었을 것이다. 아래와 같은 일이 있었을 것이다.

"여러 사냥꾼이 매복하다가 신호에 따라 동시에 슴베찌르개를 매단 창을 던진다. 그 가운데 명중한 것도, 빗나간 것도 많다. 이제 상처 입은 짐승을 집중적으로 몰아 사냥한다. 사냥한 짐승 가운데 몸집이 작은 것은 묶어 어깨에 메고 본거지base camp에 돌아갈 것이고, 덩치가 큰 것은 그 자리에서 해체한다. 냄새가 퍼져 늑대 같은 다른 짐승이 오기 전에 빠르게 해체하여 사냥꾼들이 나눠 들고 본거지에 간다. 날이 어두워졌다면 불을 피우고 사냥한 고기를 구워먹으려 하룻밤을 지낼 수도 있다. 창은 다시 회수하여 본거지에 가지고 간다. 끈을 떼어내 깨진 부분만을 버리고 새로운 슴베찌르개를 매달 것이다."

용산동유적이 그렇게 사냥을 하고 동물을 해체했던 사냥캠프hunting camp였는지, 아니면 사냥감과 못쓰게 된 창을 들고 돌아와 나눠먹고 장비를 수선했던 본거지였는지는 분명하지 않다. 슴베찌르개 말고도 돌날과 돌날몸돌을 비롯해 2,200여 점의 석기가 출토되었음도 고려해야 한다. 보고에 따르면 대부분 유물은 대체로 땅갈라짐 구조가 보이는 갈색점토층에서 나온다. 방사성탄소연대는 24,430±870 BP인데, 이것을 보정하면 대체로 서기전 27000년 즈음이다. 토양을 시료로 측정한 것이기에 신뢰도가 높은 것은 아니지만, 기존의 구석기 퇴적층 편년관과 크게 벗어나지 않는 연대이다.

넓은 사회연결망 속에 살다

사람은 다른 사람과 연결되어 있기를 좋아한다. 그럴 때 심리적으로도 더 안정된다. 다양한 소셜미디어를 통해 자신, 그리고 친구들 사진을 올리고 서로 연결된다. 그리고 다른 사람들이 어떻게 지내고 있는지도 궁금해한다. 그렇게 다른 사람들을 부러워하기도 하고, 나와 똑같다는 데,

그리고 늘 접속되어 있다는 데 안심한다. 지금의 소셜미디어가 몇십 년 전 펜팔과도 같은 것인데, 외국에서 편지가 왔다고 하면 대단한 자랑거리였음은 물론이다. 사람이란 존재는 이처럼 마치 복잡한 신경조직과도 같이 얽혀 있다. 사람들은 이렇게 상시적으로 교류하면서도, 특히 먼 곳의 친구와 소식을 나누고 싶어 한다. 부시맨으로 알려져 있는 남아프리카 칼라하리사막의 수렵채집민 주호안시Ju/'hoansi족은 흑사로hxaro라는 연결망network이 있어 200km 밖에 있는 사람과 선물을 주고받는다고 한다. 그렇게 어려운 시기가 닥치면 멀리 있는 동료를 찾아 도움을 받는다.

그런데 이런 연결망은 놀랍게도 구석기시대까지 올라간다. 지금 우리가 가지고 있는 여러 심리적이고 행위적인 특성은 사실 빙하시대의 혹독한 환경 아래 서로 긴밀히 연결되어 있던 수렵채집민의 유산이다. 후기 구석기시대 석기기술은 놀라울 정도로 발달했다. 돌날, 그리고 더 작은 잔돌날은 집단 안에서도 장인만이 만들 수 있었다. 더구나 치밀한 재질의 암석을 써야 했는데, 이런 돌은 주변에서 구하기 힘들었다. 슴베찌르개와 밀개, 돌날 같은 정교한 석기를 만들기 위해서는 멀리서 정질의 암석을 구해 와야 했다. 그래도 이런 암석은 높은 이동성을 지닌 수렵채집민 무리가 사냥이나 식량자원을 조달하기 위해 멀리 나갔다가 가지고 돌아올 수 있었다. 그런데 흑요석은 그렇게 얻을 수 없는 암석이었다.

흑요석은 바로 후기 구석기시대 주민이 폭넓은 사회교류를 했음을 보여주는 사례다. 그동안 늘거리, 장흥리, 호평동, 부평리, 상무룡리(그림 034), 하화계리 같은 중북부 내륙의 유적에서 많이 나왔으며, 수양개, 석장리와 월성동, 그리고 서남부의 신북에서도 흑요석 유물이 나왔다. 이렇게 여러 유적에서 나왔음을 볼 때 흑요석이 그렇게 진귀한 물품은 아니었음을 알 수 있다. 현재 한반도 남쪽에서는 흑요석 산지가 알려져 있

034 양구 상무룡리유적 출토 흑요석제 새기개 왼쪽 것은 길이가 59㎜이다.

지 않으며, 그럴 가능성도 매우 낮다. 지금까지 성분분석에 따르면 남한에서 나온 흑요석의 대다수는 백두산이 원산지다. 그런데 중부지방에서 직선거리로만 500㎞, 그리고 서남쪽에서는 800㎞가 넘는데, 무슨 수로 백두산의 흑요석이 들어왔을까?

그 열쇠는 바로 수렵채집민의 사회연결망에서 찾아야 한다. 현존 수렵채집사회에 대한 사료, 그리고 지금까지 고고학 연구에 따르면, 이동하는 수렵채집 무리는 대체로 20명에서 30명으로 이루어지고 50명을 넘는 경우는 드물다. 이 정도 집단이 서로 협력하여 사냥하고 채집하여 음식을 나눠먹고 이동하며 생활한다. 이동의 빈도와 거리는 주변 환경에 얼마나 식용 가능한 식물성 식량과 사냥감이 분포하느냐에 따라 다르지만, 많으면 한 해에 50여 차례 본거지를 옮긴다.

무리의 일부는 멀리 사냥을 떠나 며칠을 지내고 본거지에 돌아오기도 한다. 예외도 있지만, 대체로 여성은 육아를 담당하면서 본거지에서 가까운 곳에서 과실을 따고, 먹을 만한 잎과 줄기, 그리고 덩이줄기와 뿌리식물을 캐는 채집활동에 나선다. 사냥과 채집으로 얻은 식량은 무리가 공평하게 나누는 것이 보통이다. 이로써 사냥을 잘하고 힘이 센 사람이라 하더라도 무리의 구성원으로서 특별히 높은 사회적 지위와 부를 누리지는 않으며, 사회는 대체로 평등하다.

주변 식물성 식량의 채집의 효율성이 떨어질 때 무리는 다른 곳으로 본거지를 옮긴다. 본거지는 두세 시간 걸어 채집할 식량자원이 많은 곳에 옮긴다. 채집할 자원의 밀도가 떨어지는 고위도지방일수록 조달이동의 거리는 크다. 이처럼 무리는 본거지를 옮기면서, 그리고 본거지를 근거로 멀리 조달이동을 하는 도중에 주변 무리와 접촉한다. 사람이든 동물이든 그 어떤 생물 집단도 고립되어 오랜 세월을 존속할 수는 없다. 수렵채집민도 이 사실을 잘 알고 있다. 이동하는 무리는 주변 집단과 만나 정보를 얻고, 물자를 교환하며, 사람을 보내고 얻기도(혼인) 한다. 관계는 마치 동맹과도 같아서 어려운 시기 서로를 돕는다. 이렇게 확립된 그물과도 같은 연결망은 집단이 생물학적이고도 사회적으로 장기존속하는 토대이다. 수렵채집 무리는 정기적으로 주변 집단을 만나 겨울 같은 계절을 같이 보낼 수도 있다.

이렇게 사회연결망을 이루고 사는 데는 생물학적인 이유도 있다. 연구에 따르면 집단이 도태되지 않고 장기존속하기 위해서는 무리를 둘러싼 이웃 무리가 10개 이상 있어야 한다. 나아가 사회연결망으로서 공간상 벌집 같은 육각형 모델을 상정하여 어떤 집단이 이웃 집단과 직접 접촉하는 것으로 추정하는데, 민족지로 알려진 수렵채집사회의 패턴과도 통한다. 진화심리학자 던바Robin Dunbar는 인간이 가까운 관계를 맺을 수 있는 사람의 최댓값은 150명이라고 보는데, 사람들은 던바의 수가 말하는 것처럼 150명 정도와 상시적으로 교류하면서 가까운 관계를 유지한다. 이 모델에서 한 집단은 이웃하는 여섯 집단, 그리고 그 바깥 테두리의 집단과도 직접 만나 교류한다. 그리하여 교류하는 무리의 규모는 500명 정도가 될 것이며, 이 사람들이 서로 만나 어려울 때 의지하는 관계를 맺는다. 집단이 사계절 이동하는 공간은 매우 크다. 연구에 따르면 고위도 지방에서는 대략 반지름 30km, 넓이로는 2,500km²에 이른다. 현재 서울시가 남북으로 30km 정도니, 구석기시대 수렵채집 무리는 서울보다 훨씬 큰 무대에서 이동생활을 했을 것이다.

    이 정도 무대에서 이동생활을 했던 무리가 주변 무리와 상시적으로 만나 교류했다고 생각하면, 그 교류권(또는 통혼권)의 규모는 무척 컸을 것임을 쉽게 짐작할 수 있다. 당시 수렵채집민은 일반인의 상상을 넘은 매우 광역의 교류연결망을 갖추고 있었다. 흑요석은 바로 그런 과정 속에서 무리와 무리를 연결하여 멀리까지 운반되었을 것이다. 모든 집단이 백두산 근처를 직접 찾아 돌감을 조달한 것이 아니라 사회연결망을 이용해 먼 곳에서 귀한 돌감을 얻었던 것이다. 백두산 흑요석은 북쪽으로 멀리 헤이룽장黑龍江성까지, 남으로 한반도 남부의 집단에까지 들어갔으며, 규슈의 흑요석도 후기 구석기시대 남부지방의 몇 유적, 그리고 신석기시대에는 바다를 건너 한국 남해안의 여러 유적에서 보인다. 이처럼 먼 거리의 사람들과 교류하는 것은 오늘날뿐 아니라 이미 후기 구석기시대에도 확인되는 것이다. 다만, 중부, 그리고 남부지방 유적에서 백두산까지 거리는 직접교류하기에는 너무 멀어서 간접교류의 맥락에서 흑요석이 운반되었을 것이다.

이렇게 막을 내리다

지금으로부터 2만 6천년 전 극에 이르렀던 빙하는 2만 년 전이면 물러나기 시작한다. 춥고 건조했던 기후는 점점 따뜻해졌다. 그러다가 서기전 10800년 즈음 영거드라이어스라 부르는 때가 닥치며 갑자기 기온이 떨어져 한랭건조한 조건이 1,000년 넘도록 이어졌다. 그러다가 서기전 9600년 지구온난화가 갑자기 시작한다. 이것이 바로 플라이스토세의 끝이고, 구석기시대의 마지막이다. 그린란드에서는 불과 50년 만에 무려 $10\pm4°C$가 올랐을 만큼 엄청난 온난화가 있었고, 이미 개체수가 크게 준 매머드를 비롯한 수많은 동물이 멸종을 맞았다. 고위도를 짓누르고 있던 빙상이 녹으면서 최후빙하극성기 동안 현재보다 $130m$ 정도 낮았던 해수면은 빠르게 상승해 드러나 있던 대륙붕을 집어삼켰다.

우리나라 주변에서 벌어진 변화도 극적이었다. 해수면 상승으로 한강과 황하 같은 큰 강이 굽이쳐 흐르고, 곳곳에 큰 호수가 있었을 고황해(서해)분지가 급속도로 물에 잠겼다. 지금의 한반도는 수만 년에 걸쳐 느리고도 지속적으로 형성된 것이 아니라 상당히 급격하게 만들어졌다. 지금도 서해의 조수간만 차는 매우 크다. $8~9m$에 이르는 조차는 세계적이어서 조력발전을 할 수 있을 정도. 해수면 상승과 조차를 생각하면 이미 14,500년 전 빙하가 급격히 녹으며 고황해분지에는 지금의 황해도 근처까지 깊이 바닷물이 들어왔을 것이다. 이렇게 빠른 밀물과 썰물이 오가면서 결국 노출된 대륙붕은 물에 잠기고 말았다. 이곳을 삶의 터전으로 삼았을 수렵채집민이 남긴 흔적도 바닷물이 삼켰다. 한반도보다 더 큰 면적이 바다에 잠긴 것이다. 이런 환경변화는 이곳에 살았던 동물도, 그리고 이동 수렵채집민도 커다란 도전이었다.

우리의 최후빙하극성기 이후, 그리고 플라이스토세가 끝난 뒤 후빙기의 고고자료는 매우 희소하다. 후기 구석기시대 유적은 1,000지점 넘게 알려졌지만, 동해 기곡 같은 플라이스토세 끝자락의 유적은 드문드문 있을 뿐이고, 후빙기 수렵채집민의 흔적은 거의 없다. 그렇기에 유럽에서 흔히 쓰는 "중석기시대"란 개념은 타당하지 않다. 지금의 한반도에서 주변 집단과 체계적인 교류망을 이루고 이동생활을 했던 수렵채집민은 어디로 갔을까? 서해바다에 몇 개 유적이 잠겨 있다고 해도 현재 한반도에서는 왜 그토록 드물까?

해수면 상승으로 유적이 바다에 잠겼을 수도 있다. 여러 연구자들은 아직도 그렇게 믿고 있다. 그러나 유적이 서해바다에 침수되어 있다는 것이 현재 한반도 땅에 후빙기 유적이 희소한 이유는 되지 못한다. 당시 수렵채집민은 노출되어 있던 대륙붕에만 살았고, 한반도에는 없었단 말인가? 그렇게 현재 유적의 수는 당대의 유적 점유의 밀도를 비추어 주고 있다고 볼 수밖에 없다. 다시 말해 최후빙하극성기가 끝난 뒤 수천 년 동안 수렵채집민의 점유밀도는 매우 떨어졌을 개연성이 높다.

고고학은 상상만으로 과거를 이야기할 수 없지만, 자료의 없음, 또는 희소 역시 흥미로운 고고학 현상이다. 최후빙하극성기가 끝나면서 가속된 기온상승과 환경변화로 이동하는 수렵채집민은 더 호의적이고 생산성 높은 곳에 모여들었다. 위에서 살펴보았듯이 그 어느 수렵채집민도 고립되어 살 수는 없고, 오히려 매우 먼 곳의 집단과도 연결망을 이루며 살았다. 이런 상황에서 급격한 환경변화로 기존 생계방식을 유지할 수 없게 된 수렵채집민은 매우 먼 곳으로 캠프 옮기기를 반복하며 결국 더 멀리까지 이동했을 것이다. 이동은 먼 거리까지 사회연결망을 유지하고 있던 권역의 집단에 도미노 같은 연쇄 반응을 일으켰을 것이다. 그런데 반도환경을 생각할 때 지금의 한반도에는 남쪽으로부터 새로운 집단의 유입이 없었음도 중요한 변수다. 이런 상황에서 한반도에 수렵민의 점유밀도는 현저히 떨어졌을 것이다. 그렇게 계절에 따른 생계활동을 위한 방문지의 역할을 했을 가능성이 크다. 소수의 집단만이 생계활

곁들인 얘기 07 화살촉의 등장

강원도 동해안에는 해발 50~60m 사이에 여러 해안단구가 있는데, 단구 위의 구석기시대 퇴적층에서 많은 유물이 나온다. 동해시 (망상동) 기곡유적의 퇴적층 중 가장 위에 놓인 명갈색층에서 석영으로 만든 여러 뗀석기유물과 함께 돌화살촉 3점이 나왔다. 모두 수정과 아주 정질의 석영의 소재를 정교하게 양면에서 손질하고 다듬은 것이다. 길이는 채 3cm도 되지 않고, 끝이 뾰족한 모양이어서 화살촉임을 알 수 있다(그림 035). 후기 구석기시대 몇만 년 동안 슴베찌르개와 잔돌날을 장착한 창을 무기로 사냥과 다른 용도로 쓰다가 드디어 화살이 등장한 것이다.

기곡의 화살촉은 모두 기부, 그러니까 화살대에 연결되는 부위가 오목하게 들어간 모습이다. 아마 화살대를 반으로 쪼개 아교칠을 하여 섬유질로 단단히 묶었을 것이다. 용산동의 슴베찌르개에서 보았듯이 화살촉의 뾰족한 끝 부분이 깨진 것 역시 아마도 사용으로 말미암은 파손일 것으로 보인다. 기곡에서 가까운 (묵호진동) 월소에서도 좋은 재질의 석영을 양면으로 정교하게 잔손질해 만든 화살촉이 나왔다. 이 유물은 기곡의 유물과는 달리 슴베가 달린 모습이다(그림 035). 다시 말해 화살대에 홈을 파고 장착했던 유물이다.

035 동해 기곡유적(왼쪽 3점)과 월소유적(오른쪽) 출토 돌화살촉 세 번째 화살촉은 길이가 23.1mm이다.

기곡과 월소에 나온 화살촉은 양면을 정교하게, 아마도 눌러떼기 방법으로 잔손질한 유물로 보인다. 비슷한 양면잔손질 찌르개는 청주 (사천동) 재너머들, 그리고 익산 서두리, 곡성 오지리 등지에서도 나왔다. 유적은 모두 플라이스토세 최말기, 또는 후빙기로 추정된다. 슴베찌르개는 최후빙하극성기가 끝나며 이미 사라졌다. 기곡유적은 (보정된) 방사성탄소연대로 11,870년 전, 곧 플라이스토세가 끝나는 시점이다. 이때가 되면 양면을 정교하게 잔손질해 만든 작은 찌르개, 곧 화살촉이 곳곳에서 쓰였던 것이다. 제주 고산리에서는 빙하시대가 끝난 후빙기, 그리고 신석기시대 이른 시기에 용결응회암을 소재를 정교하게 떼어내어 만든 다양한 형태의 화살촉이 1,000점 넘게 수습되었다. 이렇게 양면잔손질 찌르개와 화살촉을 보면 석기기술에서도 자연스럽게 신석기시대로 넘어가는 양상이 보인다.

동을 위해 짧게 방문했다면, 그만큼 오늘날까지 남을 유적을 남기기는 쉽지 않았을 것이다. 여기에 후빙기 유적이 희소한 이유를 찾을 수 있다.

플라이스토세가 끝나는 때, 그러니까 기곡과 같은 구석기시대 마지막의 몇 안 되는 유적에서는 잔석기와 함께 매우 정교한 양면찌르개(화살촉)가 특징이다(곁들인 얘기 07). 그런데 플라이스토세 말 한반도를 둘러싼 중국과 연해주, 일본열도에서는 토기가 나타난다. 수렵채집민의 맥락에서 토기를 만들고 사용했던 증거이다. 그러나 한반도 주변의 적지 않은 유적에서 세계에서 가장 빠른 토기가 등장하지만, 아직 우리나라에서는 플라이스토세 말의 토기 자료가 보이지 않는다. 이유는 아마도 이 시기 유적 자체가 희소한 때문일 것이다. 다시 말하면 이 시기 지금의 한반도에 수렵채집민의 점유밀도는 매우 낮았다. 이동하는 수렵채집민은 연해주 아무르강 연안 같은 몇몇 생태 적소에 모여들었을 것이고, 이곳에선 토기도 만들어 썼다. 한반도 남부에는 식량 확보를 위해 계절적 방문으로 짧은 시간 동안 머물렀을 것이기 때문에 토기를 내는 유적이 발견될 가능성은 매우 낮다.

현재 한국에서 가장 오랜 토기는 제주 고산리유적에서 나온 고산리식 토기와 덧무늬토기이다. 이 유적에서는 1,000점이 넘는 화살촉과 함께 바탕흙에 식물을 섞어 만든 토기가 발견되었는데, 신뢰할만한 방사성탄소연대를 보정하면 서기전 7600년 즈음까지 올라간다. 이동 수렵채집민의 맥락에서 토기를 만들어 썼던 것이다. 그런 다음 상당히 한랭한 기후가 찾아온 서기전 6500~6000년 즈음 동해안의 고성 문암리와 양양 오산리, 울산 세죽, 남해안의 동삼동, 창녕 비봉리, 안도 등지에서 신석기시대 유적이 크게 늘어난다. 바야흐로 해안을 중심으로 신석기시대 수렵채집 문화가 꽃을 피우는 것이다.

성춘택

읽어 볼만한 글

- 갬블, 클라이브(성춘택 옮김), 2013, 『기원과 혁명: 휴머니티형성의 고고학』, 영남문화재연구원 학술총서 10, 사회평론.
- 國立文化財研究所, 2013, 『韓國考古學專門事典: 舊石器時代篇』.
- 마이든, 스티븐(성춘택 옮김), 2019, 『빙하 이후: 수렵채집에서 농경으로 20,000-5,000 BC』, 한강문화재연구원 학술총서 7, 사회평론.
- 성춘택, 2017, 『석기고고학』, 사회평론.
- 손보기, 1988, 『한국 구석기학 연구의 길잡이』, 연세대학교 출판부.
- 이기길, 2018, 『호남 구석기문화의 탐구』, 혜안.
- 장용준, 2015, 『구석기시대 석기 생산』, 진인진.
- 켈리, 로버트(성춘택 옮김), 2014, 『수렵채집 사회: 고고학과 인류학』, 한국고고환경연구소 학술총서 16, 사회평론.
- 한국고고학회 편, 2010. 『한국고고학강의(개정 신판)』, 사회평론.

KOREA IN THE NEOLITHIC

고고학자가 얘기하는 우리의 선사시대

신석기시대에는…

한반도가 따뜻해지다 | 집을 짓고 마을을 이뤄 살기 시작하다
패총을 남기다 | 식물을 관찰하고 가꾸어 먹거리로 삼다
토기를 만들어 조리하고 저장하다 | 뗀석기와 간석기를 함께 쓰다
갖춰진 무덤을 쓰기 시작하다 | 바다를 건너 교역하다
농경사회로 발돋움하다

신석기시대는 삼시대체계가 처음 제안된 19세기에는 돌의 시대에 포함되었다. 그 후 석기제작기법의 차이를 인식하면서, 석기시대는 뗀석기를 만들어 사용하는 구석기舊石器시대PALAEOlithic, 간석기를 사용하는 신석기新石器시대NEOlithic로 나뉘게 되었다. 20세기 들어, 일부 고고학자들은 단순히 도구의 기술적 진보만을 중시하는 삼시대체계에 불편을 느끼는 동시에 좀 더 폭넓은 사회경제적 변화의 중요성을 깨닫게 된다. 그 선두에 섰던 차일드Gordon Childe는 '농경'이라는 새로운 식량생산방식이 유발한 사회변화에 주목하면서 신석기시대를 이해하고자 한다. 농경은 식량 생산의 한 방식이지만, 이를 통해 축적된 잉여의 불균등은 사회구성원 간 불평등의 씨앗이 된다. 이러한 사회변화를 유발한 '농경'의 역할을 강조하여 '신석기혁명' 또는 '농업혁명' 이라고 표현하기도 한다.

고전적 정의에 따르면, 신석기시대는 농경(+정주定住), 토기, 간석기를 특징으로 한다. 그러나 세계 모든 지역에서 위 요소들이 동시에 등장하는 것도 아니고, 동일한 과정으로 신석기시대로 진입하지 않는다는 점이 차츰 알려지게 되었다. 티그리스-유프라테스강유역 비옥한 초생달지역에서는 정주생활과 농경이 먼저 나타나지만, 동북아시아에서는 농경보다 토기가 먼저 등장한다. 일본의 경우, 우리 신석기시대에 해당하는 조몬繩文시대에는 토기가 출현한 한참 후까지도 수렵채집경제를 영위하였다. 중국의 상황은 좀 더 복잡하다. 동아시아 벼농사의 탄생지인 창장長江유역에서는 플라이스토세Pleistocene 말부터 잔석기[세석기細石

1. 온천 궁산   2. 나선 서포항   3. 무산 호곡동   4. 청진 농포동   5. 봉산 지탑리   6. 서울 암사동   7. 인천 까치산   8. 인천 남북동   9. 인천 모이도   10. 인천 용유도   11. 인천 운서동   12. 인천 중산동   13. 고양 성저·가와지   14. 김포 가현리   15. 고성 문암리   16. 동해 기곡   17. 동해 월소   18. 양양 오산리   19. 양양 지경리   20. 영월 피난굴   21. 춘천 교동   22. 단양 금굴   23. 단양 상시   24. 옥천 대천리   25. 충주 조동리   26. 서산 대죽리   27. 서산 휴암리   28. 태안 고남리   29. 군산 가도   30. 군산 내흥동   31. 군산 노래섬   32. 진안 갈머리   33. 광양 오사리   34. 나주 가흥리   35. 여수 송도   36. 여수 안도   37. 완도 여서도   38. 김천 송죽리   39. 김천 지좌리   40. 울진 죽변리   41. 울진 후포리   42. 청도 사촌리   43. 청도 오진리   44. 부산 가덕도 장항   45. 부산 동삼동   46. 부산 범방   47. 울산 반구대   48. 울산 세죽   49. 울산 신암리   50. 울산 처용리   51. 김해 농소리   52. 김해 수가리   53. 김해 율리   54. 사천 선진리   55. 의령 마쌍리   56. 진주 상촌리   57. 창녕 비봉리   58. 통영 상노대도   59. 통영 연대도   60. 통영 욕지도   61. 합천 봉계리   62. 제주 고산리   63. 제주 삼양동

器, microlithic], 토기, 볍씨가 함께 나오고, 황허黃河유역에서는 그보다 늦은 서기전 5000년경부터 마을[취락聚落], 토기, 농경 도구가 함께 나타나며, 중국 동북지방에서는 토기가 먼저 출현하고, 간석기가 뗀석기, 잔돌날[세석인細石刃, microblade]과 함께 나타난다.

이렇게 보면 신석기시대의 정의가 지역마다 달라져야 하지만, 정주 생활과 같은 (세계)보편의 특징도 있음을 간과해선 안 된다. 우리의 신석기시대가 어떠한가라는 질문에 대답하기 위해서는 신석기시대의 보편적인 특징과 변화, 지역적 특수성을 직시하는 비교론적 시각을 견지하는 것이 중요하다.

우리 신석기시대는 중국 동북지방, 일본열도와 마찬가지로 농경이라는 요소를 갖추고 시작되지는 않는다. 일부 작물이 (단순)재배되지만, 여러 식료食料 취득활동의 하나로 생계에서 차지하는 비중이 낮고 지속성도 떨어진다. 바꾸어 말하면, 생계자원의 생산이 농경에 집중되어 마을 구성원이 연중 농사에 참여하는 사회가 아니라, 수렵·채집·어로를 주축으로 하는 수렵채집사회이다. 따라서 농경을 제외한 정주, 토기, 간석기의 세 요소가 한반도 신석기시대 지표이다. 다만 각 요소의 출현 시점은 다른데, 일반적으로 동아시아에서는 토기의 출현을 신석기시대의 개시 시점으로 본다.

1960~70년대 부산 동삼동패총 발굴, 1980년대 양양 오산리유적 발굴을 통해, 빗살무늬토기에 앞서는 덧무늬[융기문隆起文]토기, 눌러찍은무늬[자돌·압날문刺突·押捺文]토기가 알려지게 되었다. 2000년대 이후 제주 고산리유적에서는 7,300년 전 일본 가고시마鹿兒島현 기카이鬼界칼데라의 분출로 쌓인 아카호야 화산재층 아래에서 식물성 섬유질이 혼입된 토기가 확인되면서 우리 신석기시대의 시작은 훨씬 올라가게 되었

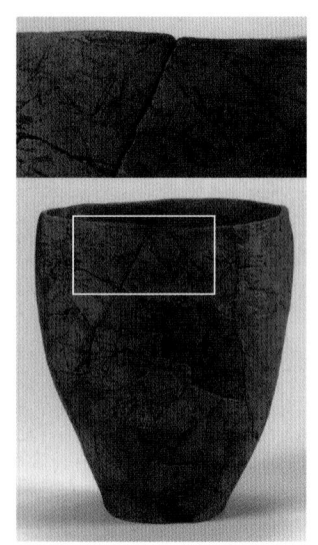

037 제주도 고산리유적 출토 토기 첨가된 식물줄기가 토기를 굽는 과정에서 타버리고 생긴 선들을 관찰 할 수 있다.

다. 이렇게 확인된 고산리식高山里式 토기의 연대는 12,000~8,000년 전으로 추정된다(그림 037). 다만 제주도 밖에서는 아직 이만큼 연대가 올라가는 유적이 발견되지 않아, 홀로세에 접어드는 12,000년 전부터 8,000년 전까지 한반도 대부분이 문화적 공백으로 남아 있다. 초창기—우리 신석기시대 세분기 중 가장 이른 시기(서기전 10000~6000년)—의 유적이 현재 바다 밑에 있을 가능성도 있지만, 아직 신빙할 만한 증거가 확보되지는 않았다. 지금까지의 자료로 보는 한, 신석기시대의 이른 모습은 구석기시대 잔돌날이 잔존하고, 새로이 돌화살촉[석촉石鏃] 및 찌르개[첨두기尖頭器] 등의 석기와 함께 토기가 출현하는 것이다

038 제주도 각지에서 출토된 신석기시대 이른 시기 돌화살촉 화살대와 결합되는 슴베가 있어, 다른 지역에서는 슴베가 없는 것이 대부분인 점과 차이가 있다.

곁들인 얘기 08   고산리식 토기는 어디서 왔을까?

과거에 한반도 신석기시대 이른 시기의 유적이 없고 구석기시대에서 신석기시대로의 연속성이 확인되지 않는 탓에, 홀로세 이후 한반도는 무인지대였다가 새로운 종족—'고고아시아족' 또는 '고고시베리아족'이라고 일컬어지기도 함—이 들어오면서 신석기시대 문화가 형성된 것으로 이해되었다. 그러나 구석기-신석기시대의 공백을 메우는 제주 고산리유적이 발견되면서 전기轉機를 맞이하게 되었다.

    이 유적은 1987년 알려진 이후 4차례에 걸쳐 발굴되었다. 거주시설이 확인되지 않아 주민들이 완전히 정착하였다고 보기 어렵지만, 한국에서 가장 이른 고산리식 토기와 함께, 뗀돌화살촉을 비롯하여 긁개, 찌르개, 돌날, 잔돌날 등이 출토되었다. 이러한 고산리식 토기가 어디에서 기원하였는지는 아직 분명히 알려져 있지 않

다. 아무르강 하류에서 발생한 오시포프카Osipovka문화가 사할린, 홋카이도, 일본열도로 유입되고 일부는 동해안을 따라 제주도까지 전해졌다고 보기도 하고, 오시포프카문화가 중국 동북지방을 가로질러 서해평원의 강줄기를 따라 제주도로 전파되었다고 보기도 한다. 그러나 모두 기원지와 제주도를 이어줄 한반도 본토 유적이 없다는 난관에 직면해 있다. 그런 한계를 인식하면서 아무르강 하류에서 일본을 거쳐 제주도로 유입되었을 가능성도 제기되기도 하지만 분명하지 않다.

(그림 038). 다른 한편으로 동해 (망상동) 기곡유적이나 (묵호진동) 월소유적 등에서는 토기 없이 뗀돌화살촉[타제석촉打製石鏃]이 출토되고 있어 신석기시대 초기 양상은 우리가 생각하는 것보다 다양할 듯하다.

한반도가 따뜻해지다

홀로세Holocene에 들면서 한반도는 현저한 기후변화를 경험하게 된다(그림 002). 플라이스토세 말의 최후빙하극성기Last Glacial Maximum, LGM(26,500~20,000년 전) 이후 지구 전체가 따뜻해진다. 그렇다고 순식간에 그리된 것은 아니며 국지적인 차이도 있었다. 또한 상대적으로 미세하지만 기온의 상승과 하강이 반복되기도 한다. 서해 수위가 120~135m나 낮아질 정도로 춥고 건조하던 최후빙하극성기를 지나, 서기전 16000년부터 서서히 빙하가 후퇴하며 온난해지지만, 지금보다는 서늘하였다. 서기전 12000년 무렵부터 1,000년 동안은 지속적으로 기온이 상승한다. 뒤이어 혹독하게 추운 영거드라이어스Younger Dryas(서기전 10800~9600년)에 들지만, 이후 계속 온난해지면서 서기전 6000~5000년에는 홀로세 들어

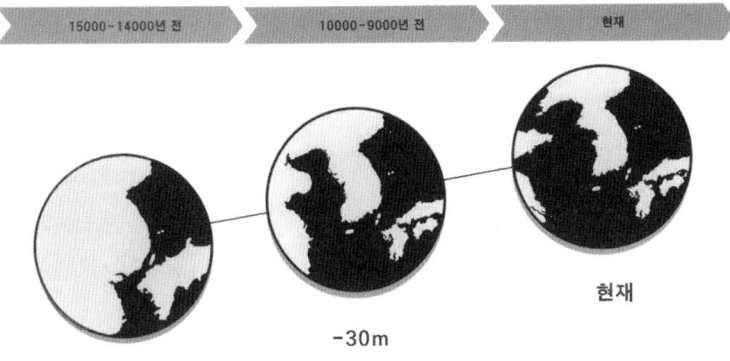

039 후기 플라이스토세~홀로세 해수면 변동

가장 따뜻해지고, 그에 따라 해수면도 상승하면서 현재와 비슷한 한반도 해안선이 갖춰진 것으로 보인다(그림 039).

그런데 서기전 6000년 이후, 기후가 일정했던 것은 아니다. 서기전 4450년, 서기전 3350년, 서기전 2250년 무렵 길지는 않지만 한랭기가 있었다고 한다. 이런 기후변화와 연동되어 해수면도 상승과 하강을 반복하면서 현재에 이른 것으로 보인다. 그런데 이러한 전全지구적이면서 장기적인 지표만으로 한반도 해안에서 신석기시대 사람들이 어떤 생태환경 속에 살았는지를 정밀하게 판단하기는 어렵다. 그런 측면에서 해안 유적에 대한 지질조사는 좀 더 직접적이고 국지적인 정보를 제공하는 장점이 있다. 신석기시대 이른 시기에는 현재보다 현저하게 해수면이 높았다는 일부 주장에도 불구하고, 부산 (범방동) 범방패총의 해빈海濱층이나 창녕 비봉리 및 울산 (황성동) 세죽유적의 저장구덩이 위치 등 해당 시기의 양상으로 보건대, 해수면이 2m보다 낮았던 것으로 추정되기도 한다.

플라이스토세보다 미약했다고는 하지만 홀로세의 기후변화도 신석기시대 사람들의 생활에 적지 않은 영향을 미쳤을 것이다. 오늘날에 비춰보자. 백 년이 되지도 않은 지구온난화로 꿀벌이 사라지고, 대구에서도 바나나가 재배되고, 동해에서는 명태를 찾아볼 수 없게 되었다. 축적된 기후변화가 환경을 변화시키고, 나아가 우리의 삶을 흔들고 있음을 목도하고 있다. 홀로세의 기후변화가 신석기시대의 먹거리, 인구증감, 이동 등에 미친 영향이 그보다 작지는 않았을 것이다.

온난해지면서 빙하기에 서식하던 털코끼리, 털코뿔소와 같은 대형동물은 사라지고 사슴, 멧돼지 같은 중소형 포유류가 주축을 이루게 되고 신석기시대 사람들은 활을 개발하여 그러한 동물을 사냥하게 된다. 견과류를 맺는 활엽수림이 펼쳐지면서 식물자원을 채집·저장하는 한편, 초보적이나마 조·기장과 같은 잡곡을 재배하는 등 식량을 지속적으로 획득할 수 있는 기술력도 축적하게 된다. 해수면이 상승하여 해양자원을 활용할 수 있는 자연환경이 갖추어지면서 낚싯바늘과 작살, 그물을 이용한 어로기술, 조개채취방식이 보급된다. 이러한 다양한 식량원들을 활용하여 한 자리에서 다양한 생계활동을 벌이면서, 신석기시대 사람들은 정주생활을 영위할 배경을 마련하게 된다.

현재까지, 우리나라의 가장 이른 신석기시대 유적은 육지가 아닌 제주도에 있다. 구석기시대 유적이 1,000여 곳 넘게 확인되는 점에 비춰, 육지에서 그만큼 이른 신석기시대 유적이 거의 발견되지 않는 점은 이상하다. 바다 속에 잠겨 있다고 볼 수도 있지만 실제 확인은 불가능하다. 또 우리나라는 퇴적작용보다 침식작용이 활발하여 유적이 남아 있지 않다는 주장도 있지만, 매년 전국에서 이루어지는 많은 수의 발굴에도 그런 초창기 유적이 확인되지 않는다.

뿐만 아니라, 기온 상승으로 인한 식생과 동물상의 변화만으로 한반도에 신석기시대 초창기 유적이 거의 없는 사실을 설명하기 어렵다. 사실, 후기구석기시대에 전형적인 매머드동물군(순록, 털코뿔소, 매머드 등)이 한반도에 깊숙이 들어오지 않았거나 분포가 제한되었고 주로 삼림에 적합한 동물들이 서식했던 점을 고려하면, 구석기에서 신석기시대의 인구변화가 따뜻해진 기후 때문에 추운 지역으로 북상한 대형동물군을 쫓았던 탓으로 돌릴 수만은 없다.

그렇다면, 환경변화가 촉발한 신석기시대 한반도의 변화도 좀 더 복잡하게 설명될 수밖에 없어 보인다. 해안선이 확연해지면서 삼면으로부터의 단절이 일어나 인구유입이 제한되는 상황이 도래한다. 당시 한반도에 있던 이동성 강한 수렵채집집단들은 기존의 생계자원을 이용하되, 이동범위를 확대하는 전략을 구사하게 된다. 그 결과 한반도 중남부의 여러 지점은 계절적 점유나 생계활동의 일시방문지의 역할을 하게 되었을 가능성이 높다. 결국 남한지역에서 (어느 정도 길게 머물러서 그 흔적이 남겨지는) '유적'의 수가 현저하게 줄어드는 결과를 초래했을 수 있다.

집을 짓고 마을을 이뤄 살기 시작하다

해수면이 상승하면서 현재와 비슷한 해안선이 형성되자, 신석기시대 사람들의 활동배경은 내륙은 물론 해변과 섬 등으로 좀 더 다양해진다. 강을 낀 충적지는 물론 바닷가의 야트막한 언덕 비탈 등 여기저기에 마을이 들어서게 된다.

마을과 정주생활 신석기시대 마을은 토기를 만들고, 식물성 식료나 조개와 같은 (해양)동물성 식료의 가공·저장을 위한 협업이 이루어진 공간이다. 이런 공간에는 구석기시대에 비해 훨씬 더 많은 노력과 기술을 투여하여 만든 주거, 곧 움집[수혈주거竪穴住居]이 들어선다. 그러한 움집 한 동으로, 때로는 수십 동이 한 마을을 이루기도 한다. 인천 영종도의 운서동유적—집자리 66동—이나 중산동유적—집자리 35동—은 대표적인 큰 마을의 사례이다(그림 040). 움집을 만드는 데에 투여된 노력이나 큰 마을유적의 존재는 신석기시대 정주생활의 정도를 가늠하게 해준다.

그런데 움집만이 마을의 전부는 아니었다. 움집은 춥고 건조한 겨울에는 안성맞춤이지만, 덥고 습한 여름철에도 그러했을지는 의문스럽

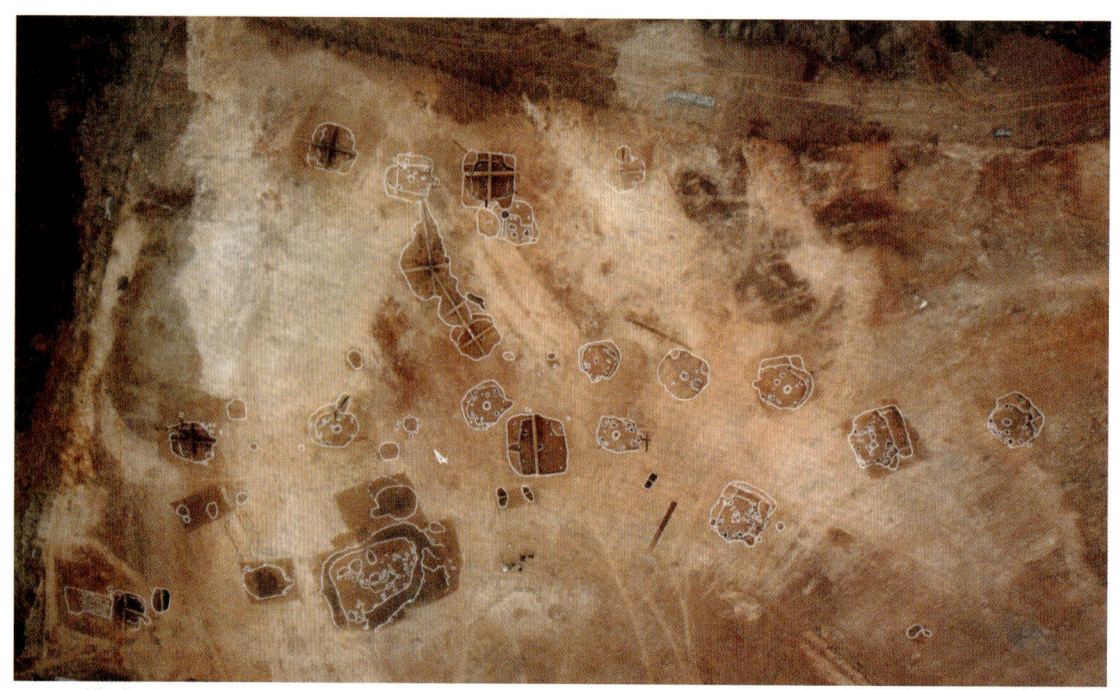

040 인천 운서동 I 유적 2지점 신석기시대 마을 일부

다. 여름에는 땅에서 올라오는 습기와 냄새, 곰팡이 번식으로 인해 통풍시설을 마련한다 해도 움집은 그다지 좋은 거주환경이 되지 못한다. 장마철에는 더욱 그러하다. 결국, 연중 거주공간이 되기는 어려웠을 것이다. 시기나 지역은 다르지만 일본 고훈시대古墳時代 주거양상을 살펴보면, 대안적 해석의 가능성이 엿보인다. 고훈시대 마을들에서는 움집이 모여 있는 주거구역 중심부로부터 조금 떨어져 고상가옥高床家屋들이 확인되는데, 계절별로 거주공간을 달리했을 가능성이 상정되고 있다. 우리나라 신석기시대 정주마을의 하나인 오산리유적에서도 계절별 순환거주의 가능성이 엿보인다. 출토된 유물의 종류가 단순하고 서로 덧놓인 움집 간에 뚜렷한 시기차가 확인되지 않는 것은 반복적으로 점유되었으되, 연중 거주보다는 계절별 거주를 시사하는 것으로 이해할 수 있다. 그런데 움집과 달리 고상가옥은 실제로 발견된다기보다 기둥구멍으로 추정할 수밖에 없어, 해석상의 어려움이 있을 수 있다.

마을 안에서의 순환거주와는 달리 계절에 따라 더 멀리 다른 곳으로 마을을 옮겼을 가능성도 있다. 신석기시대 정주생활에 대해서는 의심의 여지가 없는 정도이지만, 생계자원은 주로 채집과 수렵에 의해 획득되었다. 따라서 자연이 주는 혜택이 고갈되면 다른 곳으로 이동할 수밖에 없어 수십 또는 수년을 단위로, 더 짧게는 계절에 따라 이동했을 수 있다. 전라남도 여수 일대의 유물편년과 유적분포를 바탕으로 신석기시대 조기에서 전기로 넘어가는 과도기에 안도(패총)의 주민이 완도 여서도로, 여수 (돌산) 송도(패총)의 주민은 경도로 옮겨가며 거주했을 가능성이 제기되기도 한다.

곁들인 얘기 09 인천 운서동유적: 신석기시대 큰 마을의 사례

인천 영종도의 운서동에서는 몇 곳에서 신석기시대유적이 조사되었다. 이 중 운서동 I 유적은 신석기시대 전기에 해당하는 움집 66동으로 이루어진 대규모 마을이다. 1지점에서는 움집 8동, 패총, 옥외화덕 5기, 2지점에서는 움집 58동, 옥외화덕 7기, 구덩이가 확인되었다. 움집의 평면은 둥근꼴과 네모꼴로, 지름 또는 길이가 5~7m, 깊이 1m 정도이다. 움집 내부 화덕은 구덩식인데, 일부 점토를 바른 흔적도 있다. 일부 움집에서는 한 벽을 돌출시켜 출입구로 사용하고 있다. 기둥은 움집 안 모서리에 배치되는 경우가 많다. 움집은 내부가 활동 공간(중앙부), 보조 공간(침상시설), 부속 공간(단시설, 출입구)으로 분리되는 점이 특징적이다(그림 041). 옥외화덕은 구릉 정상부나 사면부에 조성되는데 대부분 원형이고 내부에 10㎝ 내외의 깬 돌이 채워져 있다. 패총은 1지점 북서사면 하단부에 있는데, 조개류는 굴을 위주로 백합 등도 확인된다.

운서동에서 출토된 토기는 바탕흙에 운모가 혼입된 것이 많고, 일부 석면이 다량 혼입된 것도 있다. 문양은 아가리에 짧은빗금무늬[단사선문短斜線文] 또는 찍은무늬[점열문点列文], 몸통에 가로방향[횡주橫走] 또는 세로방향[종주縱走]의 생선뼈무늬[어골문魚骨文], 바닥에 방사상 문양을 시문하는 구분문계가 대다수를 차지한다. 석기는 뒤지개[굴지구堀地具]와 갈돌이 많고 그 외 돌도끼, 돌화살촉, 찔개살, 그물추, 갈판, 장신구 등이 출토되었다. 운서동 I 유적은 서기전 3700년을 전후한 시기에 조성되기 시작한 것으로 추정된다.

041 인천 운서동 I 유적 2지점 3호 움집과 복원모습

다양한 주거양식

동굴, 바위그늘[암음岩陰, rockshelter], 한데주거 등 구석기시대의 주거양식은 신석기시대에도 어느 정도 이어진다. 다만, 한데주거는 구석기시대의 막집과는 달리 땅을 파서 벽체와 기둥을 세워 견고하게 만든 움집이다. 그러나 벽체, 기둥, 지붕 등 상부구조가 남아 있는 경우는 없고, 대부분 바닥이나 윤곽만 확인된다. 바닥의 평면은 네모꼴[방형方形], 둥근꼴[원형圓形], 모가 죽은 네모꼴[말각방형抹角方形], 긴네모꼴[장방형長方形], 타원모양 등 다양한 형태를 띤다. 움집 내부에는 화덕이 중앙이나 한쪽에 치우쳐 설치되고 지붕을 받치기 위한 기둥이 각 모서리나 벽을 따라 배치된다. 흔히 바닥은 그대로 사용하지만, 점토를 깔고 불로 다짐한 경우도 있다.

바닥의 평면 형태, 내부시설의 형태와 배치는 시·공에 따라 차이를 보인다. 동북한東北韓에서는 원형이 방형과 긴 방형으로 변하고 돌두름식[위석식圍石式]화덕자리와 구덩식[토광식土壙式]화덕자리가 모두 확인된다. 기둥은 움집이 원형과 방형인 경우 벽을 따라서, 긴 방형은 일정한 간격을 두고 배치된다. 서북한西北韓의 움집 구조와 변화도 동북한과 유사하나. 내동강유역 및 황해도는 원형 또는 방형이 주류를 이루다가 긴 방형이 등장한다. 역시 돌두름식이나 구덩식 화덕이 중앙 또는 한쪽에 치우쳐 설치된다. 이른 시기에 돌출된 출입구가 확인되는 경우도 있다. 원형의 움집은 기둥이 네모서리에, 긴 방형 움집은 기둥이 일정 간격으로 배치된다. 한편 벽이나 모서리 부근에 토기를 거꾸로 땅에 박아 만든 저장시설도 있다.

중부지역의 양상도 대동강 및 황해도지역과 매우 유사하다. 토기를 거꾸로 박아 만든 저장시설도 그러하다. 중부 서해안에는 지리적 특성으로 패총이 많이 분포하며, 최근에는 마을유적의 발견이 급증하고 있다. 운서동유적에서는 원형 내지 방형 움집의 네모서리에 기둥을 설치하고, 중앙에 화덕이 설치된다. 출입구가 있는 곳은 돌출되어 있다. 여기까지는 한강유역과 유사하다. 다만, 주거지 내부에 단시설이 확인되는 점이 특징적이다. 중부 동해안의 유적은 대부분 사구 위에 입지하는데, 원형 내지 방형 움집의 중앙에 돌두름식화덕이 설치되고, 네모서리 또는 벽을 따라 기둥이 배치된다. 충청내륙지역은 중기부터 마을유적이 확인되는데, 긴 방형에 한쪽 단벽이 돌출되고 네모서리에 기둥을 배치하고 중앙에 화덕이 설치된 '대천리식大川里式' 주거가 확인된다.

남부내륙에서도 중기부터 마을유적이 확인되는데, 긴 방형 움집이 성행하다 원형 움집으로 바뀌어 다른 지역과 상반된다. 기둥구멍은 확인되지 않거나 벽을 따라 설치된다. 남해안지역에서 조사된 신석기시대 움집은 많지 않으나, 대부분 평면이 원형이면서, 화덕은 중앙에, 기둥은 주로 벽을 따라 설치된다.

마을은 '거주'라는 일상생활의 공간, 생산구역, 생계활동구역, 제의祭儀를 위한 공간, 매장공간 등이 어우러져 구성된다. 마을 중앙이나 별도 지점의 공터는 종종 '광장廣場'으로 추정되는데, 대부분 별도의 시설이 발견되지 않는다. 다만 일본의 경우 그러한 공간에 돌더미[집석集石] 시설이나 돌을 세운 제의시설이 마련되기도 하는바, 우리나라에서도 발견될 가능성이 있다.

움집 주변에도 돌더미시설이 만들어진다. 돌을 모아 쌓았다고 '집석유구集石遺構', '적석유구積石遺構'라고도 하고, 불 맞은 흔적이 있는 경우가 많아 조리와 관련된 '야외노지野外爐址', '적석노지', '불 땐 자리'로 불리기도 한다. 인천 남북동유적에서 82기, 중산동유적에서 26기, 군산 노래섬패총에서 26기, 부산 가덕도 장항유적에서 75기(그림 042)의 집석유구가 확인되었다. 조리, 난방, 조명의 역할을 두루 수행했을 듯하지만, 주

042 부산 가덕도 장항유적의 집석유구 돌들을 둥글게 깔아 만든 집석유구 중 일부는 겹놓였는데, 내부에서 재와 불 맞은 흔적이 확인되기도 한다.

된 기능은 유적에 따라 차이가 있었을 수 있다. 패총에 인접하거나 단독으로 확인되는 경우는 식료를 1차 가공하기 위한 시설이었을 가능성이 크다. 예를 들어, 진안 (갈룡리) 갈머리유적과 인천 용유도유적의 집석유구에서는 각각 도토리껍질과 조개류의 지방산이 확인되어, 해당 식료를 가공처리한 곳으로 추정되고 있다.

토기 가마도 주목된다. 신석기시대 토기는 일반적으로 개별 마을단위에서 제작된 것으로 추정되지만, 정작 토기를 굽는 가마시설에 대한 연구는 민족지民族誌, ethnographic 자료를 제외하고 거의 없었다. 김천 송죽리유적에서 지름 3~5m의 둥근 구덩이 모양의 토기 가마가 확인되었는데, 구덩이 가장자리에 깨진 돌이 놓여 있고, 불 맞은 흔적과 토기편들이 확인되었다. 김천 지좌리유적의 도랑모양[구상溝狀]유구—폭 1m, 길이 5m—도 불 맞은 흔적 있어 토기 가마로 추정된다. 뿐만 아니라, 주거로부터 떨어져 있으면서 규모가 큰 집석유구에서도 토기가 구워졌을 것으로 보이기도 하지만 분명하지는 않다.

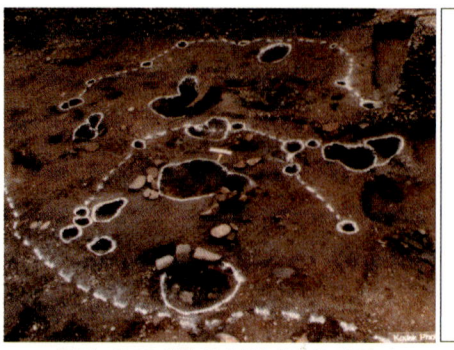
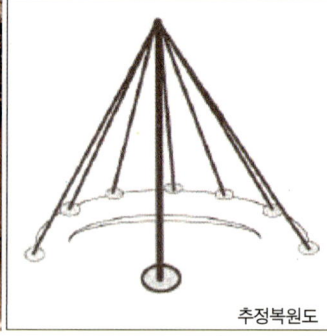

043 군산 가도A패총의 신석기시대 야영지

한편, 우리나라 신석기시대 유적 가운데는 장기거주를 위한 마을뿐만 아니라, 일시적으로 점유된 야영지 같은 단기 주거도 확인된다. 군산 가도·노래섬패총에서는 기둥을 박아 원추형으로 만든 간이 거주시설이 확인되었다(그림 043). 이곳 패총의 구성이 굴과 복어, 민어 등 몇 되지 않는 어종에 집중되어, 육지에 근거지를 두고 식량을 조달하기 위해 섬으로 와서 간이시설을 만들어 단기간 거주하다가 근거지로 돌아갔던 것으로 추정된다. 더구나 서해안의 패총은 층이 얇고, 여기저기 흩어져 있으며, 내륙의 근거지에서보다 다양한 토기문양이 확인되고, 식료를 가공했을 집석유구가 발견되는 점으로 미루어 볼 때, 그 지점 자체가 생계자원 취득을 위한 '한정행위장소'로서 장기거주를 전제하지 않았을 가능성이 다분하다.

패총을 남기다

최후빙하극성기에 동해는 대한해협을 통해 대양과 연결된 바다였으나 해안선이 현저하게 후퇴하였고 제주도와 남해안은 연결되었으며 서해는 대부분 육지여서 반도지형과는 현저한 차이가 있었다. 홀로세 이후 해수면이 상승하면서 현재처럼 세 면이 바다로 둘러싸이게 되었다. 동해안은 해안선이 단조롭고 수심이 깊으며 연안류의 흐름이 강하고, 남해안과 서해안은 복잡한 리아스식 해안을 이루며 한류와 난류, 담수와 해수가 만나 플랑크톤이 풍부하다. 따라서 동해안은 패류보다는 어류 특히 대형 어류가 서식하기에 적합하고, 서해안은 갯벌이라는 천해의 환경 덕분에 패류가 서식하기에 유리하다. 이렇듯 상이한 해안환경에 서식하는 생물종이 각각 달랐으며, 사람들은 기술과 방법을 달리하여 새로운 환경에 적응하였다.

신석기시대 사람들의 해양·해안활동에 관련된 흔적의 대부분은 패총[조개더미貝塚]에 남아 있다(그림 044). 여기에는 알맹이만 취하고 버려진 조개껍질 또는 조가비[패각貝殼], 어류 뼈, 동물 뼈, 도구를 제작할 때 생긴 부산물, 못쓰게 된 토기와 각종 도구 등이 쌓인다. 이처럼 다양하고 풍부한 정보를 담을 수 있는 것은 조가비에 포함된 석회성분 때문이

044 인천 (연평도) 모이도패총 하얀 점처럼 보이는 것이 조가비다. 패총의 면적과 두께는 인구규모나 거주기간과 상관성이 있는 것으로 추정된다.

다. 비나 지하수에 의해 녹은 석회성분이 뼈 등의 유기물에 침투되어 염기성 환경을 조성하여, 잘 썩지 않고 원형을 유지하게 도와준다. 더구나 패류와 어류는 물의 온도와 깊이, 해저 지형, 염분 농도, 해류에 따라 종류가 다르므로, 패총에 남겨진 조개와 물고기 종류를 분석하면, 주변 환경까지도 알 수 있다. 그런 이유로 패총은 당시 인간의 식생활과 생계환경을 엿볼 수 있는 보물창고와도 같다.

패총과 동물성 식료 패총에서 단연코 많은 양을 차지하는 것은 조개껍질인바, 먼저 알 수 있는 것은 패류 섭취에 관련된다. 신석기시대 사람들이 섭취했던 조개류는 굴, 홍합, 백합, 바지락, 피뿔고둥, 꼬막, 대수리, 떡조개, 소라 등 지금도 즐겨 먹거나 한번은 들어봄직한 것들이다. 그 중 굴이 차지하는 비율이 높은데, 태안 (안면도) 고남리패총 80%, 통영 연대도패총 85%, 가도 및 김해 수가리패총 98% 등이다. 그런데 해양조건에 따라 무시하기 어려운 차이도 있다. 조간대가 거의 없는 남해안 동삼동패총에서는 조개 채집보다 어로나 바다 포유류의 사냥이 활발하고, 조개류도 굴보다 홍합, 백합의 비중이 높다. 먼 바다에 있는 신안 가거도, 여서도패총에서는 상대적으로 깊은 바다에 서식하는 홍합·전복·소라의 비중이 높은 반면, 바닷물이 내륙 깊숙이 들어오는 곳의 양상은 다소 다르다. 비봉리패총—현재는 내륙임—은 바닷물과 민물이 섞이는 기수역汽水域에 서식하는 재첩류를 많이 포함하고 있다.

패총에서 확인되는 40여 종의 어류도 해양조건의 영향을 뚜렷하게 받았던 것으로 보인다. 동해안은 쓰시마난류와 북한한류가 교차하는 곳으로 해류를 타고 회유하는 어종이 풍부하다. 반면 서해안은 황해난류

> **곁들인 얘기 10 조개의 열량**
>
> 조개는 껍질을 제거하고 알맹이만 섭취하므로, 실제 육질 이용률은 10~25%에 지나지 않는다. 또한 조개 1*kg*당 열량이 822*kcal*로, 어류 평균의 2/3, 저지방 견과류의 1/4, 고지방 견과류의 1/8이다. 곧 최소의 노력으로 최대 효과를 이끌어낸다는 경제논리로 보면 조개는 그다지 매력적이지 않다. 그럼에도 불구하고, 선사시대사람들이 조개를 채취한 이유는 사냥보다 안전하고, 수시로 바닷가로 나가 채취할 수 있기 때문일 것으로 추정된다. 조개 채취의 안전성과 편리성과 더불어, 조개는 효율은 낮지만 식량 사정이 악화되는 춘궁기에 보조식량으로서도 매우 중요하게 여겨졌다.

가 올라오다가 가을에 북서계절풍으로 인해 남쪽으로 내려와 겨울에는 수온이 낮아 휴장하게 된다. 그런 영향인지 함경도 해안의 나선(굴포리) 서포항유적에서는 송어, 연어, 고등어, 명태, 임연수, 가자미 등 한류성 어류가, 서해안에서는 민어, 참돔, 복어류, 가오리류 등 난류성 어류의 유체遺體가 주로 출토된다. 남해안은 서식환경이 다양하여 상어류, 참돔, 다랑어, 쏨뱅이 등 더 다양한 어류가 확인된다.

    비율적으로 패각이 절대적이라고 해서 패총자료가 신석기시대 사람들이 해산물만 섭취하였다는 의미는 아니다. 패총에서는 바다 포유류, 육지 포유류, 조류 등의 뼈, 도토리를 저장한 저장구덩이, 조나 기장 등 곡류 및 각종 식물의 씨앗도 출토된다. 바다 포유류로는 고래, 돌고래, 강치, 물개, 물범 등이 있는데, 당시에 정말 포획하였을지 의문스러운 크기의 뼈도 있고 노래섬패총을 제외하고는 동·남해안에서만 출토된다. 동해안이 바다 포유류의 주요 서식처였음은 널리 알려져 있고, 울산 반구대 암각화의 일부가 신석기시대에도 새겨졌던 점을 감안하면, 신석기시대 사람들에게 고래를 포함한 바다 포유류의 사냥이 적잖은 의미를 가졌음을 짐작케 한다.

패총에서 확인되는 육지동물은 30여 종에 이른다. 호랑이, 표범, 살쾡이, 곰 등의 맹수류는 물론, 너구리, 수달, 오소리, 메토끼, 집쥐 등의 소형 동물도 있으나, 노루, 고라니 등 사슴과科 동물과 멧돼지가 가장 많다. 개 뼈도 주목된다. 개를 사냥뿐만 아니라, 사육하였음을 보여주는 증거로서, 동북한의 서포항, 청진 농포동, 무산 호곡동 등 유적에서 나온 바 있고, 남한에서도 옹진 (대연평도) 까치산, 고남리, 광양 오사리 (돈탁), 여서도, 수가리, 동삼동, 비봉리, 연대도 및 상노대도 등 패총에서도 출토 사례가 알려져 있다. 한편, 까치산패총에서 확인된 해체되지 않은 온전한 개 유체나 동삼동패총의 흐트러짐 없는 개 두개골 등은 개의 동물희생의례가 있었을 가능성을 보여주기도 한다. 어쨌든 신석기시대에 개가 인간들의 삶속에서 여러 목적으로 사육되었음은 분명하다. 돼지사육도 추정되고 있으나, 아직까지는 확실하지 않다. 조류는 주로 포획되었는데, 가마우지, 오리류, 기러기류 등 겨울 철새가 많고, 매와 슴새 등의 여름 철새나 텃새인 꿩도 있다. 이외에도 분명한 흔적이 잔존하지는 않지만, 새알의 섭취도 짐작할 수 있다.

채집과 사냥: 식료, 기름, 가죽, 도구재료의 획득

신석기시대에 동물성 식료를 얻는 방법으로 사냥과 채집이 있는데, 식료 외에도 기름, 가죽, 도구 등을 얻기 위해서도 매우 중요하다. 뼈는 돌보다 쉽게, 더 예리하고 다양한 형태로 가공되기 때문에 적극적으로 활용되었다. 패총에서는 사슴의 중수골이나 중족골의 관절부위만 확인되는 경우가 많다. 사슴의 중수골과 중족골의 경우, 직선적으로 뻗은 부분은 골각기骨角器 제작에 이용하고, 불필요한 관절 끝부분은 패총에 버렸을 가능성이 높다. 그밖에 멧돼지 송곳니는 주로 낚싯바늘이나 드리개[수식垂飾]로 제작되고, 견갑골 등 부위는 장신구 제작에 주로 사용된다. 조개를 가공한 제품도 많다. 팔찌를 비롯하여, 드리개, 칼, 낚싯바늘 등으로 제작되며, 동삼동유적의 예와 같이 얼굴모양[패면貝面]으로 제작되기도 한다. 뼈나 패각과는 달리, 가죽이나 털 등의 이용양상은 고고학적 자료가 남아 있지 않아 구체적으로 설명하기 어렵다. 그러나 고기와 기름은 물론, 털과 가죽 등도 적극적으로 활용하였을 것임은 그리 어렵지 않게 추정할 수 있다.

이렇게 대상이 다양한 만큼, 채집과 사냥의 방법도 그에 따라 다양할 수밖에 없다. 패류의 채취방법은 조개의 서식환경에 따라 달라진다. 소라, 피뿔고둥, 두드럭고둥은 맨손으로 채취할 수 있지만, 굴, 전복, 삿갓조개 등은 암초에 고착하여 손으로는 떼기 어려워 빗창이나 망치를 이용할 수밖에 없다. 패총에서 확인되는 패각은 파손된 것이 적어 망치로 깨어 내용물만 가져오기보다는 통째로 채취하였을 가능성이 높다. 한편, 조간대에 서식하는 백합, 꼬막 등은 갯벌을 파야한다. 가도패총, 노래섬패총, 송도패총 등에서 뒤지개로 보고된 돌도끼[타제석부打製石斧]들이 여기에 이용되었을 가능성이 크다. 전복과 소라 등은 심해에 서식하므로 잠수하여 채취해야 한다. 잠수를 오래하게 되면 고막에 지속적으로 압력이 가해져 외이도의 뼈가 변형되어 돌출되는 외이도골종이라는 병이 생긴다. 안도패총과 욕지도패총, 가덕도 장항유적에서 확인된 신석기시대 인골에서 외이도골종이 제법 빈도 높게 나타난다(그림 045). 작살로 물고기를 잡기 위해서 잠수

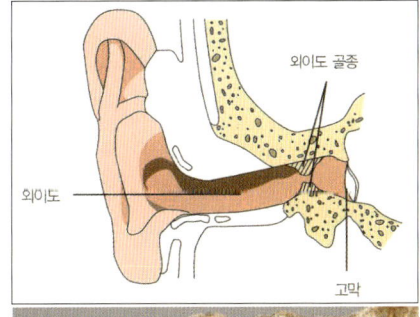

045 외이도골종 여수 안도패총 1호 무덤의 인골(아래)에서도 확인된다.

046 신석기시대 그물흔적 1. 부산 동삼동유적의 한 토기 표면에는 그물이 찍혀 있다. 2. 청도 오진리유적에서 출토된 그물추들로, 신석기시대의 일반적인 형태이다.

해야 하므로, 해안가 신석기시대 사람들에게 잠수는 일상화되었을 것으로 추정해 볼 수 있다.

어로방법은 포획대상에 따라 달라지는데, 그물어법, 작살[자돌刺突]어법, 낚시어법이 있다. 그물어법은 그물추[어망추漁網錘]를 이용하는 것이다. 내륙의 신석기시대 그물추는 100g 미만 정도이지만 해안에서는 훨씬 큰 점에 주목할 만하다. 특히 조차潮差가 큰 서해안지역에서는 400~500g 정도로, 1kg이 넘는 어망추도 출토된다(그림 046).

자돌어법은 작살이나 찔개살로 물고기를 잡는 방법이다. 작살과 찔개살은 미늘 유무로 구분된다. 작살은 자루에서 분리되는 회전식과 그렇지 않은 고정식으로 나뉘며, 뼈와 돌로 만들어진다. 뼈작살은 먼 바다의 섬에서 주로 출토되는데, 여서도패총에서는 160여 점이 출토된 바 있다. 돌작살은 결합식結合式과 단식單式, 두 종류가 있다(그림 047). 상대적

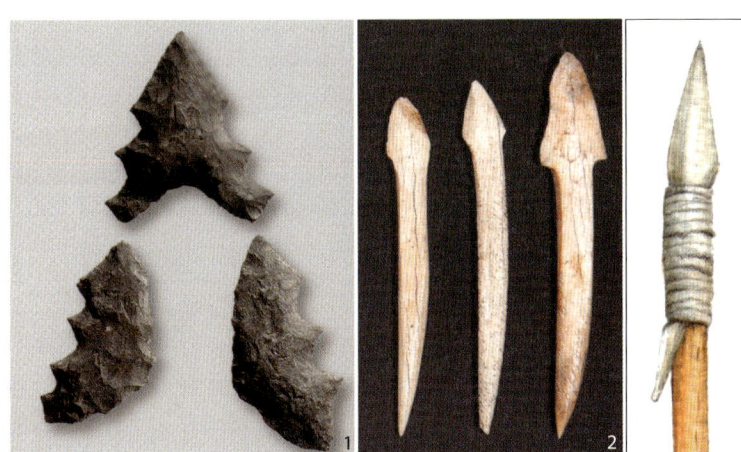

048 울산 세죽유적 출토 작살 박힌 고래뼈

047 신석기시대 작살 1. 고성 문암리유적 출토 결합식 작살의 날로 나무자루에 꽂아 사용한다, 2. 완도 여서도패총 출토 고정식 작살로 3의 복원도와 같이 사용한다.

으로 크기 때문에 주로 바다 포유류를 포획하는 데 사용되었을 것으로 추정되고, 동해안과 남해안에서의 출토 빈도가 높다(그림 048). 낚시어법은 외낚시와 이음낚시(또는 결합식낚시)로 나뉜다. 외낚시는 동북한 일부 지역에서만 보이고, 우리나라를 대표하는 것은 이음낚시이다. 고고학적 증거는 동해안에서 주로 나타나고 종종 남해안, 최근에는 서해안지역에서도 확인된다. 전형적인 이음

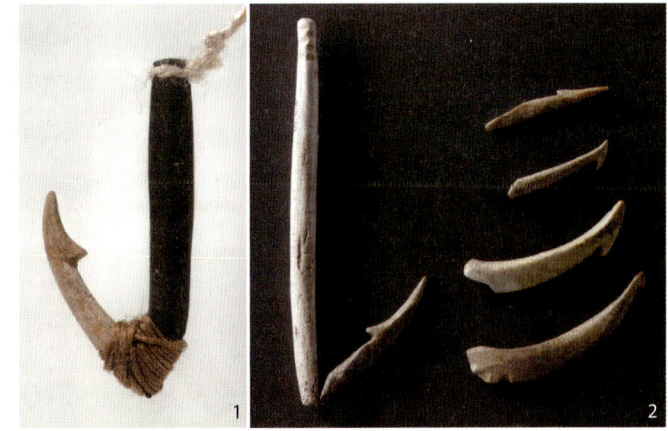

049 신석기시대 이음낚싯바늘 1. 돌로 만든 축부에 뼈바늘을 묶어 사용한다, 2. 축부도 뼈로 만드는 경우가 있다.

낚싯바늘은 축을 돌로, 바늘은 뼈로 만들어 결합하여 사용하는데, 축이 돌인 덕분에 따로 추가 필요하지 않다(그림 049). 다만 서해안과 남해안

곁들인 얘기 11 신석기시대 연어잡이

동해안의 대표 유적인 양양 오산리유적 주민들이 연어를 집중적으로 이용했을 것이라는 의견이 있다. 태평양에 서식하는 참연어는 10~12월에 동해안으로 들어오는데, 연어 외에도 회유성 어종인 은어, 황어, 숭어도 포획대상이었을 것으로 추정된다. 그러나 연어를 포획하였다는 확연한 증거는 없다.

다만 비슷한 논의가 일본에서도 이루어진 바 있어 참조할 만하다. 일명 '연어·숭어론'으로 일본 조몬시대에 회유하는 연어를 적극적으로 식량으로 활용하였다고 보는 몇몇 의견이다. 그러나 역시 고고학적 흔적이 남아 있지 않아 비판이 많았다. 이에 대해 연어를 활용하는 방식에서 실마리를 찾기도 하는데, 홋카이도北海道 아이누인들은 연어를 껍질부터 뼈까지 모두 섭취하는데, 신석기시대 사람들도 그런 소비행태를 가지고 있었다면 흔적이 남지 않을 수밖에 없다는 것이다. 가능성은 충분하다.

일부에서는 축과 침을 모두 뼈로 만들기도 하는데, 이때에는 봉돌이 필요하다. 한편, 사용 중에 부러지거나 손상되더라도 뼈 바늘부분만 교체하여 사용할 수 있어 경제적이다.

비봉리유적의 사례가 유일한 자료이긴 하지만 배도 신석기시대 사람들의 어로활동의 일면을 보여준다. 바닥이 평평한 배로 얕은 내수면이나 해안가에서 사용된 것으로 보인다. 실물 외에도 동삼동유적의 배모양토기나 반구대 암각화의 배를 타고 사냥하는 모습은 배를 이용한 해양활동이 활발했음을 짐작케 한다(그림 050).

육지동물의 사냥에서 일반적으로 떠오르는 모습은 창을 던지거나 활을 쏘는 것이다. 창을 이용한 사냥은 구석기시대부터 이어져 오고, 활은 구석기시대 말에 등장하여 신석기시대에 훨씬 유행하게 된다. 그밖에 구석기시대에도 있었던 사냥돌, 몰이, 함정, 덫을 이용한 방법이 지속되었을 것이다. 특히 멧돼지는 무리 지어 다니는 길로만 다니기 때문

곁들인 얘기 12 창녕 비봉리유적

비봉리유적은 현재는 내륙지역에 해당한다. 이곳에 해안가에 주로 조성되는 패총이 있다는 사실은 당시 바닷물이 낙동강을 따라 이곳까지 들어왔음을 알려준다. 이곳에서는 습지환경에 자라는 나무와 풀, 동물 뼈, 씨앗류, 도토리류의 저장구덩이, 망태기, 파충류, 배설물이 화석처럼 굳은 분석糞石 등이 확인되었다.

그런데 그런 자료보다 우리의 주목을 끄는 것은 우리나라 최초의 신석기시대 실물 (통나무)배 2척이다. 배의 재질은 소나무재로 잔존 길이 310㎝, 폭 62㎝, 두께 2~5㎝, 단면 'U'자형인데, 원래 길이는 약 4m 정도로 추정된다(그림 050). 삿대로 추정되는 178㎝ 길이의 목제품도 출토되었다. 배와 삿대는 약 8,000년 전에 제작되었다고 추정되는데, 일본 최고最古 사례보다 약 2,000년 이상 앞서는 자료이다. 한편, 전기에 해당하는 층에서는 탄화된 조가 확인되어 신석기시대 초기농경의 시작시점을 올려주는 계기가 되기도 하였다.

이로써 우리나라 신석기시대 환경, 생계와 생활상, 토기편년 등에 관련된 중요한 정보를 제공하는 귀중한 자료로 그 중요성이 인정되어, 비봉리유적은 사적 486호로 지정·관리되고 있다.

050 신석기시대 배 관련 자료 1·3. 창녕 비봉리패총 출토 배의 바닥과 삿대, 2. 부산 동삼동패총 출토 배모양토기, 4. 울산 반구대 암각화의 배를 탄 사람들이다.

에, 멧돼지가 다니는 골목에 함정을 설치하면 힘들지 않게 잡을 수 있다. 그러나 창과 활 외에 동물사냥 방법을 보여주는 증거가 남아 있지 않아 구체적으로 사냥법을 복원하기는 어렵다.

동물성 식료를 얻기 위한 신석기시대 사냥과 채집은 해당 자원에 따라 계절성을 띨 수밖에 없었을 것이다. 철새의 도래, 동물의 출산 및 생육 등이 계절에 따라 이루어지는 경우가 많기 때문이다. 주로 포획과 도살의 계절성에 주목하게 되는데, 동물의 치아나 나이테처럼 남아 있는 조개 성장선 등에 대한 분석을 통해 그 시기를 추정할 수 있다. 동삼동패총에서 출토된 사슴은 첫 번째 어금니가 나온 직후의 개체임이 확인되어 수렵시기가 겨울임을 알게 되었다. 성장선을 분석하여 노래섬패총에서는 겨울에 백합이 채취되었고, 서산 대죽리패총에서는 사계절에 걸쳐 조개가 채집되나 봄에 집중되었음이 밝혀졌다. 또한 연대도패총의 굴은 봄에 채취되었음도 알려졌다. 비브리오 패혈증의 염려로 봄과 여름 조개섭취를 꺼리는 현재의 모습과 다소 차이가 있는 결과로, 신석기시대의 먹거리 이용의 양상을 재조명하는 단서가 되기도 한다. 이러한 신석기시대 식생활 복원과 계절성 연구는 생계활동의 계절적 차이, 거주 패턴, 연안과 내륙 간의 식량을 둘러싼 협업·교류관계를 엿볼 수 있는 중요한 단서가 된다.

식물을 관찰하고 가꾸어 먹거리로 삼다

식물성 식료 채집과 저장 식물성 식료 채집이 확대되는 것은 기후의 호전과 관련이 깊다. 플라이스토세 말 한반도를 뒤덮고 있던 침엽수-낙엽활엽수 혼합림이 홀로세의 온난화를 거치면서 참나무 중심의 낙엽활엽수로 대체된다. 참나무속은 상수리나무, 떡갈나무, 졸참나무 등 도토리를 맺는 종이다. 도토리는 영양학적으로 탄수화물과 단백질 함유량이 높고, 개암이나 호두[가래]는 식물성 지방도 풍부하여 신석기시대 사람들의 식량원으로 각광받았다. 단백질은 동물성 자원에 비해 적지만, 열량은 조수류鳥獸類나 어패류가 1kg당 1,000kcal 내외인 것에 비해 가래나무 열매는 6,720kcal, 졸참나무 열매는 3,410kcal, 너도밤나무 열매는 5,240kcal로 높다. 마을 주변 낙엽활엽수림의 도토리를 열량공급원으로 적극 이용하였음을 짐작케 한다. 신석기시대 사람들이 도토리류를 이용했던 고고학적 증거는 많다. 비봉리, 세죽, 군산 내흥동유적의 저장구덩이에서 도토리, 가래 등이 출토(그림 051)되고, 도토리 가루를 낼 때 사용한 갈판[연석碾石]과 갈돌[마석磨石]이 유적 곳곳에서 발견된다. 더구나 도토리가 옥외화덕에서 가공되었음이 밝혀지기도 했다.

늦가을~초겨울에 수확하는 도토리에는 떫은맛을 내고 방부에 효과적인 탄닌tannin 성분이 함유되어 있다. 상록활엽수 도토리는 물에 우리는 깃민으로 탄닌을 제거할 수 있지만, 나엽활엽수 도토리는 물에 우

051 창녕 비봉리유적의 저장시설과 물에 잠긴 도토리

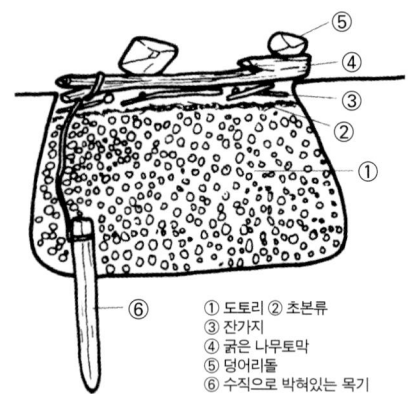

052 신석기시대 저장구덩이 복원 저장구덩이에 도토리 등을 넣고 그 위에 나뭇잎이나 잔가지를 덮은 뒤, 도토리가 물에 떠내려 가지 않도록 나무와 돌로 고정하였을 것으로 추정된다.

① 도토리 ② 초본류
③ 잔가지
④ 굵은 나무토막
⑤ 덩어리돌
⑥ 수직으로 박혀있는 목기

리고 끓여야만 탄닌을 제거할 수 있다. 이러한 사실을 알았던 신석기시대 사람들은 떫은맛을 제거하는 동시에 단기·장기 보존을 위한 수단으로 저장구덩이를 활용하였다. 내륙에서는 건식으로 저장하지만, 해안가에서는 바닷물이 드는 곳에 저장구덩이를 마련함으로써 바닷물을 이용하여 탄닌을 제거하고 오래 저장하는 일석이조의 효과를 누렸던 것이다(그림 052).

한편, 우리나라는 낙엽활엽수가 우세하기에, 도토리를 섭취하기 위해서는 삶기까지 해야 하는 수고로움이 요구된다. 김해 장유동유적에서 도토리껍질이 폐기된 곳이 확인되긴 하였지만, 아직 우리나라에서는 저장구덩이 외에 도토리 가공시설이 발견된 바 없다. 유사한 기후환경을 가진 일본열도의 사례를 하나 소개한다. 사이타마埼玉현 아카야마赤山 유적에서 칠엽수七葉樹 열매 처리시설로 추정되는 유구가 확인되었는데, "길이 4.5m 전후, 두께 45cm를 넘는 통나무를 2~2.4m 간격으로 10m 규모로 배치하고, 그 사이를 두께 30~40cm의 통나무로 구획하였다. … 그 외측에는 '칠엽수 열매 무더기'가 두 곳에 남아 있다. 여기에서 출토된 칠엽수 열매는 모두 껍질이 벗겨진 채로 부수어져 있다."라고 묘사하고 있다. 우리나라의 토양환경에서 유기물 자료가 남기 어렵지만, 장래 관련 유적들이 발견된다면, 당시 사람들의 활동 범위, 남녀 간 협업양상, 저장형태 등을 밝힐 수 있을 것이다.

그밖에 옥천 대천리유적에서 삼씨, 비봉리유적에서 탄화된 달래와 살구, 개산초 열매 등이 출토되었다. 제한된 분석을 통해서나마 확인된 야생식물은 40여 종이 식용가능하고 다른 용도로 쓰일 수 있는 식물은

30종에 이른다. 구근류球根類도 적극적으로 활용했을 것인데, 향후 잔존 전분분석 등을 통해 실상이 밝혀지리라 생각된다.

작물재배의 시작

신석기시대 작물재배의 가능성은 1957년 황해도 봉산군 지탑리유적에서 탄화된 조가 발견되면서 제기된다. 이후 동삼동, 진주 상촌리 등 몇몇 유적에서 농경도구(그림 053)나 작물재배에 동반하는 잡초류를 확인하면서 2000년대까지 신석기시대 중기를 재배작물의 시작으로 보았다. 2010년 이후, 새로운 증거가 나타나면서 조와 기장 재배가 융기문토기 단계에 이미 시작되었고, 조와 기장 외에 맥류(보리, 밀), 두류(팥, 콩), 벼가 재배되었음이 알려지게 되었다(그림 054). 콩과 팥은 청동기시대 이후에 일반화되는 작물로 알려져 있었다. 그러나 진주 평거동유적에서 연대가 확실한 콩과 팥이 출토되었음은 물론, 운서동유적의 전기 토기에서 팥 눌린 자국[압흔壓痕]이, 고성 문암리와 양양 지경리유적의 토기에서 콩 압흔이 확인되는 등 콩과 팥이 신석기시대부터 재배되었을 가능성이 제기되기도 한다. 다만, 콩과 팥은 한반도에도 야생종이 존재하고

053 농경도구 1. 뒤지개로 나무에 묶어 삽처럼 땅을 팔 때, 2. 곰배괭이로 파낸 흙을 잘게 부수거나 땅을 고를 때, 3. 갈돌과 갈판으로 식료를 가루를 내거나 껍질을 벗길 때 사용한다.

054 신석기시대 조의 흔적 1·2. 부산 동삼동유적 출토 탄화 조와 조 압흔이 있는 토기편, 3. 복제법을 통해 토기에 찍힌 곡물의 흔적을 현미경으로 관찰한다.

    재배종과 야생종이 동종이므로, 신석기시대 콩과 팥 자료가 실질적인 재배를 보여주는 것인지에 대해서 의문의 목소리도 있다. 한편, 대천리 유적의 사례를 들어, 보리와 밀도 신석기시대 중기부터 재배되었을 가능성이 제기되기도 한다. 그러나 근동이나 아프리카를 원산지로 하는 보리와 밀이 지리적으로 중국을 통해 전파될 수밖에 없는데, 중국보다 최소한 800년 앞선 자료를 받아들일 만큼 확실한 증거를 찾기는 다소 어렵다.

    벼는 김포 가현리, 고양(대화동) 성저와 가와지 등 유적의 토탄층에서는 볍씨가, 나주 가흥리유적에서는 꽃가루[화분花粉]가, 김해 농소리와 율리유적에서 벼의 식물규산체phytolith, plant-opal가 검출되었다. 더욱이 충주 조동리에서는 탄화미가 출토되었다. 개개 유적에 대해서는 몇 가지 의문이 제기되기도 하지만 전체적으로 신석기시대에 벼가 존재하였음은 분명하다. 그러나 벼의 비중이 매우 낮고, 재배방식이 불분명하며, 존재와 재배를 동일시할 수 없어 신석기시대 작물로서 벼의 위상은 그다지 높지 않다.

    신석기시대 동안은 벼보다 조와 기장을 위주로 한 잡곡재배가 우세한데, 당시 환경이나 다른 생계자원과의 병용에 적합하였기 때문이다. 기장의 경우, 비교적 척박한 곳에서도 잘 자라고 별다른 기술 없이도 재배할 수 있어서 다른 생계활동에 덜 지장을 주었기 때문에 먼저 식량원으로 자리매김할 수 있었던 것이다.

　재배종이 확인되더라도 유입의 가능성 때문에 신석기시대 작물재배에 여러 의문이 제기되었다. 그러나 밭과 같은 실제 생산유구가 발견된다면, 그런 의문은 상당부분 불식될 수 있다. 문암리유적에서 밭이 확인되면서 기대를 고조시켰으나 밭이 확인된 층에 대한 해석과 시기비정의 문제가 제기되어 여전히 확언하기는 쉽지 않다.

　앞에서 열거한 여러 증거는 신석기시대에 수렵, 채집, 어로와 더불어 작물재배가 생계의 한 수단으로 이용되었을 가능성을 높여준다. 그럼에도 완전한 농경의 단계에 이르렀다고 보기는 다소 어려운 측면이 없지 않다. 그런 상황을 고려하여 신석기시대 작물재배를 '저차원적 식량생산', '원시농경', '원경圍耕', '초기농경' 등으로 부르기도 한다.

토기를 만들어 조리하고 저장하다

토기가 신석기시대 사람들의 생활에 편입된 것은 식료 가공과 저장이라는 기능을 수행하기 위해서이다. 식료를 보존하는 방법으로는 저온저장, 상온건조, 가열—훈증과 끓이기—, 담그기(물, 기름, 소금물), 염장, 발효, 밀폐 등이 있는데, 기후나 필요한 도구에 차이가 있어 모두 사용되었다고 보기는 어렵다. 담그기, 염장, 발효, 밀폐 등은 방수성이 있는 용기들이 필요하므로 토기가 발명되기 전인 구석기시대에 사용되었다고 보기 어렵다. 또한 장기 저장을 위한 식료 가공 중 유력한 방법 중 하나인 끓이기는 토기가 필수적이다. 끓임으로써 자원에서 영양분을 추출하고, 지방이나 기름도 얻을 수 있다.

토기 문양과 형태의 지역전통 토기는 '원료채취 → 바탕흙 마련 → (모양)빚기[성형成形] → 겉면손질[정면整面] → 1차 말리기 → 문양 새기기[시문施文] → 2차 말리기 → 굽기[소성燒成]'의 공정을 거쳐 제작된다. 원료인 바탕흙[태토胎土]은 여러 광물이 섞인 점토가 이용되는데, 그 결합력을 높이기 위해 다양한 비짐[첨가물添加物]을 넣기도 한다.

바탕흙이 준비되면, 토기의 전체 형태를 빚는다. 토기를 성형하는 방법에는 손빚기[수날법手捏法], 테쌓기[윤적법輪積法], 서리기[권상법捲上法]가 있는데, 토기의 전체적인 모양에 따라 구체적인 방법도 달라진다. 둥근바닥[원저圓底 또는 환저丸底]이나 뾰족바닥[첨저尖底]의 토기는 아가리부터, 편평바닥[평저平底]의 것은 바닥부터 만들게 된다. 손질은 빚기와 함께 진행되는데, 윤적법과 권상법으로 제작할 경우 생기는 점토띠 사이 경계를 없애기 위해 손으로 누르거나 가죽에 물을 묻혀 문지르는 과정이다. 조가비나 나무칼을 근개로 활용하여 표면을 다듬기도 한다.

정면 후에는 약간 말리고 문양을 새기는데, 물감으로 그리거나 바르는 채색기법, 표면이 두드러지도록 만드는 양각기법, 찍거나 그어 새기는 음각기법의 3종류가 있다. 빗살무늬토기는 (그어) 새긴 무늬[침선문沈線文] 계통 토기를 대표한다. 이 용어는 일제강점기 후지타 료사쿠藤田亮策가 북유럽 신석기시대 토기인 '캄케라믹kamkeramik'과 유사하다고 보고 '즐목문토기櫛目文土器' 또는 '즐문토기櫛文土器'라고 번역한 데서 출발하여, 이를 한글로 풀어 써 빗살무늬토기에 이르게 되었다. 지금이야 북유럽 토기와 관련짓지 않으므로 이 용어가 적절하지 않을 수도 있지만, 여전히 빗살무늬토기는 넓은 의미에서 우리나라 신석기시대 토기 전체를, 좁은 의미에서는 침선문계 토기를 일컬을 때 흔히 사용된다. 새김무늬 외에 점토띠를 얇게 덧붙인 융기문, 시문도구로 꾹꾹 눌러 새긴 자돌문刺突文이나 압날문押捺文도 있다. 물론 우리나라 신석기시대 토기 중에는 아무런 무늬도 없는[무문양無紋樣] 토기도 있어, '없음'도 하나의 문양요소로 다뤄진다.

한편, 문양은 바닥형태와 더불어 신석기시대 토기제작 전통의 지역적 차이를 부각시킨다. 우리나라 동북부를 비롯한 동해안지역은 평저, 중서해안지역은 첨저, 남해안은 원저 또는 환저가 주를 이룬다. 문양을 보면, 동해안과 남해안에는 융기문과 자돌·압날계통 문양이 확인되나, 중서해안지역에는 어골문을 중심으로 한 빗살무늬가 주류를 이룬다(그림 055). 이러한 한반도 내 지역차이와 토기 변화는 동북아시아 신석기시대 토기문화와 연동되기도 한다.

문양까지 새기고 나면, 다시 말리고 소성에 들어간다. 토기를 말릴 때에는 그늘에서 천천히 말리는 것이 좋은데 보통 기온에서 7일 정도면 충분하다. 말린 후 신석기시대에는 덮개나 지붕이 없는 한데가마에서 토기가 구워지는데, 흔히 '야외소성' 또는 '노천露天소성' 등으로 부른다. 야외소성의 경우, 산소 공급이 원활하므로 바탕흙 속의 철성분과 결합하여 다 구워진 다음 토기가 적갈색을 띤다.

055 다양한 신석기시대 토기문양

토기와 문화변천

동아시아에서 토기는 저장과 조리라는 필요에 따라 구석기-신석기시대 전이과정에 등장하게 된다. 가장 이른 시기 동북아시아 토기는 몇 가지 공통점을 갖는다.

첫째, 바탕흙에 식물 비짐을 첨가하는 예가 많다. 선사시대 토기에는 석영, 장석, 운모, 석면, 조개가루 등이 비짐으로 첨가되는 경우가 많은 점을 감안하면 식물의 줄기 등 섬유질을 잘라 넣는 것은 신석기시대 초기의 중요한 특징이라 하겠다.

둘째, 저화도 소성이다. 대체로 초기 토기들은 450~600$℃$의 낮은 온도에서 구워졌다. 중국 광시성廣西省 구이린桂林 쩡피엔甑皮岩유적의 토기처럼 250$℃$ 이하에서 구워진 사례도 있다. 높은 화력 기술이 덜 발달했던 초기의 토기는 화덕에서 조리를 하듯 구워졌을 가능성이 많다. 굽는 온도가 낮기 때문에, 초기 토기들은 잘 부서지거나 화석화되어 흙과 구분이 되지 않는 경우를 적잖게 발견하기도 한다.

셋째, 평저보다 원저 또는 첨저가 많다. 동해안의 토기는 평저이지만, 남해안과 서해안에서는 원저나 환저를 고수한다. 일본에서도 원·첨저가 지속되다가 전기 후반에야 평저가 확산된다. 사용하기 불편할 수도 있는 바닥형태가 오래 지속되는 이유를 선뜻 이해할 수 없을 수도 있다. 분명하지는 않지만, 용기의 형태에 관련된 문화적 전통이나 쉽게 알 수 없는 기능적 효용—끓일 경우, 불에 닿는 면적을 넓히기 위한 시도 등—이 작동한 것으로 추정할 수는 있다.

조리와 저장이라는 필수의 역할에도 불구하고, '토기'가 신석기시대 생활로 흡수되는 과정은 그다지 즉각적이지 않다. 우리나라의 경우, 홀로세가 시작된 이후 덧무늬토기와 빗살무늬토기가 출현하기까지 5,000년의 시간이 필요했고, 일본열도 전역에서 토기가 제작되기까지도 비슷한 시간이 걸렸다. 그러한 오랜 토기 제작·사용보편화의 과정은 도토리, 수산물 등의 식료 이용의 증가와 밀접한 관련이 있는 듯하다. 패류는 끓여 조가비를 제거하고, 도토리는 끓여 탄닌을 제거하는 가공과정에 토기의 역할은 절대적이다.

그러한 필요가 널리 퍼져 우리나라 신석기시대에 토기가 본격적으로 사용되는 서기전 6000~5000년 이후의 양상은 서기전 3500년 무렵 큰 변화를 겪게 된다.

먼저, 전반기의 양상을 살펴보자. 동아시아 전체의 맥락에서는 동시베리아의 첨저·환저토기군, 일본의 조몬 환저토기군, 극동極東 평저토기군으로 나뉜다. 이때 두만강과 압록강유역은 각각 극동평저토기문화권의 한 갈래인 '보이스만Boisman문화'와 '지之자문 또는 연속호선문連續弧線文토기문화권'에 속하였던 반면, 한반도 동해안과 남해안에서는 평저의 오산리식鰲山里式 토기와 융기문토기가 성행한다.

융기문토기의 기원에 관해서는 이견이 분분하다. 일부는 일본에서 유입된 것으로, 일부는 아무르Amur강 중류역과 쑹넌松嫩평원의 토기에서 유래한 것으로 보는데, 대체로 후자의 가능성이 높다. 다만 이들 지역과 한반도 사이의 먼 거리와 문화적 공백이라는 문제가 있어, 최근에는 남해안에서 자체적으로 발생하였을 가능성이 제기되기도 한다. 오산리식 토기는 동북한의 자돌문토기의 영향으로 발생하였고, 융기문토기보다 늦다고 여겨져 왔다. 그러나 오산리식 토기를 사용했던 사람들이 연어와 같은 회유성 어종의 수렵채집집단과 관련이 있을 것으로 보고, 아무르강 하류의 편목문編目文토기와 관련짓거나, 어로 위주의 연해주沿海州 보이스만문화와 결부시키기도 한다. 그리고 오산리, 문암리, 울진 죽변리 등 유적의 발굴을 통해 오산리식 토기와 융기문토기가 공존했던 시

056 신석기시대 각지의 몇몇 토기 1. 부산 가덕도 장항유적의 융기문토기, 2. 함경북도 경성 원수대유적 출토 평저 뇌문(번개무늬)토기로, 동북한에서 유행한다.

기가 있었음이 확실해지고 있다. 오산리식 토기와 같은 시기에 남해안 일대에서는 영선동식瀛仙洞式 토기가 유행한다(그림 056).

    서기전 3500년을 전후하여 극동평저토기문화권에는 조와 기장 중심의 초기농경이 확산되고 토기문화에도 변화가 나타난다. 융기문 및 자돌·압날문 계통에서 침선문계 문양으로 변하는 것이다. 랴오시遼西지역에서는 앙싸오仰韶문화의 영향을 받은 채도彩陶 중심의 훙산紅山문화가 등장하게 되고, 랴오둥遼東지역에서는 침선문이 성행하게 된다. 연해주와 두만강 이북에는 '자이사노프카Zaisanovka문화', '씽청興城문화'가 등장한다. 한반도도 예외는 아니어서, 압록강과 두만강유역에서는 각각 랴오둥반도, 연해주 남부와 유사한 문화가 전개되고, 청천강 이남은 첨저의 빗살무늬토기가, 남부에서는 태선太線침선문 등 침선문계 토기가 발달한다.

    중부 서해안지역에서는 뾰족바닥에 포탄형을 이루고, 아가리, 몸통, 바닥에 각기 다른 문양을 시문한 구분문계區分文系 토기와 아가리에

057 중서부지역과 남해안지역의 빗살무늬토기   1. 서울 암사동유적 출토 토기로 중서부 지역의 전형적인 구분문계이다. 2. 부산 동삼동유적 출토 토기로, 중서부지역에 비해 키는 작고 아가리가 넓으며, 문양은 두껍다.

서 바닥까지 동일한 문양을 시문하는 동일문계同一文系 토기가 출현한다. 중서부지역 빗살무늬토기를 북한에서는 '궁산弓山문화'라고 일컫는데, 몸통에 어골문이 새겨지지만 시간이 흐르면서 바닥에서부터 문양이 사라져간다(그림 057).

중서부지역의 빗살무늬토기는 강원도 영서를 거쳐 영동지역으로, 남해안으로, 남부내륙으로 파급된다. 그 과정에서 남부지역에서는 '태선침선문토기문화'가 발생한다. 태선침선문토기는 수가리水佳里1식 토기로 대표되는데, 아가리에는 주로 각종 집선集線문을, 동체부에는 횡주어골문을, 저부에는 삼각집선三角集線문을 새긴다. 태선침선문토기가 남부내륙 지역에서는 봉계리식鳳溪里式 토기로 변한다. 중서부지역 빗살무늬토기문화의 파급이 주민이주에 수반된 것인지, 아니면 단순한 문화현상의 전파인지는 확실하지 않지만, 그러한 파급이 초기농경의 확산과 관련되었을 가능성은 적지 않다.

뗀석기와 간석기를 함께 쓰다

'구석기시대는 뗀석기[타제석기打製石器]', '신석기시대는 간석기[마제석기磨製石器]'라는 도식이 널리 알려져 있지만, 실제로는 신석기시대에도 여전히 뗀석기가 활발하게 제작되고 사용되었다. 뗀석기와 간석기를 함께 사용하는 양상은 청동기시대도 마찬가지이다. 생활 도구가 금속기로 대체되기 전까지 석기는 선사시대 사람들의 생활을 지탱하는 도구였다.

뗀석기가 여전히 많이 사용됨에도 불구하고 신석기시대 특징으로 간석기를 꼽는 이유는 석기를 간다는 기술적 진보와 그에 따른 기능별 도구의 분화 때문이다. 부수적으로는 재가공이 용이하여 석재 사용의 효율을 높일 수 있기 때문이기도 하다. 간석기의 제작은 뗀석기 제작 방법의 연장선에 있다. 먼저 직접떼기 또는 간접떼기, 눌러떼기 등의 방식으로 크고 거칠게 떼어내고, 다음으로 잘게 떼어내어 전체적인 형태를 만든다. 다음으로 거친 표면을 다듬는 '쪼기[고타拷打작업]'가 이루어지는데, 이 작업을 통해 마연이 쉽도록 한다. 마지막으로 숫돌[지석砥石]로 표면을 매끈하게 다듬어 석기를 완성한다. 마연기술과 더불어 등장하는 방법이 찰절擦切기법과 천공穿孔이다. 찰절기법은 석기 표면을 반복적으로 마찰시켜 홈을 내고 홈이 반쯤 생기면 쳐서 쪼개는 방법이다. 이 방법은 석재를 원하는 모양대로 절단할 수 있고 발생되는 부스러기가 적다. 천공은 말 그대로 구멍을 내는 것이다. 활비비와 같은 도구 끝에 뾰족한 천공구를 달고 가는 모래를 뿌려가며 마찰시키면서 구멍을 뚫는다.

신석기시대 석기의 발달은 생계활동과 관련 깊다. 물론 골각기, 목기도 활발히 사용되었을 듯하지만 우리나라 토양조건 때문에 잘 남아있지 않다. 석기는 기능에 따라 크게 생산과 관련된 도구, 식료를 가공할 때 사용하는 도구, 도구를 만들 때 사용되는 도구, 비실용적인 도구로 나누어진다.

생산도구는 생계활동에 따라 수렵구, 어로구, 채집 및 농경구로 나누어진다. 먼저 수렵구 가운데 가장 많은 것이 돌화살촉인데, 슴베가 있는 것[유경식有莖式]과 없는 것[무경식無莖式]이 있다. 제주도를 제외하고 우리나라 신석기시대 돌화살촉에는 슴베가 없다. 제작방식의 측면에서 볼 때, 남해안에는 뗀 돌화살촉이, 동해안과 서해안에는 간 돌화살촉이 많다. 돌창[석창石槍]은 모양이 석촉과 비슷하지만 커서 주로 대형 어류나 해수류를 포획하는 데 사용되었던 것으로 보인다. 돌창도 무경식과 유경식이 있으며, 타제와 마제가 모두 확인되지만, 마연기법은 세죽유적 출토품처럼 무경식에서만 확인된다.

어로도구는 앞서 설명한 바 있으므로, 여기서는 작살에 대해서만 좀 더 살펴보기로 한다. 석제 작살은 길이가 5cm정도로 결합식과 단식으로 구분되는데, 마연된 경우 돌화살촉이나 돌창과 구별하기 쉽지 않다. 동해안과 남해안에서 출토되는 결합식작살(그림 047)은 흑요석이나 혈암으로 제작되고 좀돌날처럼 나무 자루 측면에 홈을 내어 꽂아 쓰게 되는데, 크게 만들 수도 있기 때문에 대형 어종이나 해수海獸류 포획에 이용되었을 것으로 추정된다.

채집·농경구는 식물성 식료를 수확할 때 사용되는데, 땅을 파서 근경류나 구근류를 채집하거나 작물을 재배할 때 이용되었다. 따비, 괭이, 보습 등으로 불리기도 하는 뒤지개는 공통적으로 타제인데, 두께가 얇아 땅을 파기 용이한 형태여서 굴지구로 통칭하기도 하고 형태에 초점을 맞춰 타제석부打製石斧로 부르기도 한다(그림 053). 곰배괭이는 어깨부분이 약간 돌출된 형태로 뒤집은 흙을 잘게 부수거나 땅을 고르는 데 사용한 것으로 보인다(그림 053).

식료가공구는 견과류나 곡류의 껍질을 벗기고 가루를 내는 데, 생선을 장만하는 데, 나무 및 근경류 줄기의 껍질을 벗기는 데 사용되는 도구 등을 말한다. 식물성 식료를 가공할 때에는 갈돌, 갈판, 홈돌[요석凹石], 석시石匙(그림 067), 돌날[석인石刃] 등이, 동물성 식료를 가공할 때에는 돌날, 석시, 돌칼 등이 이용된다(그림 058). 신석기시대 대표적인 식료가공구는 갈돌과 갈판이다. 갈판은 형태가 다양하지만 일정한 면적을 가지며, 갈돌은 대체로 봉상인 것이 많다(그림 053).

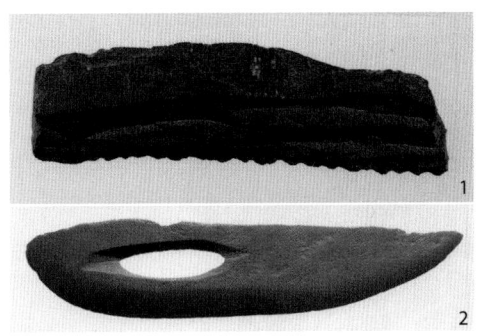

058 신석기시대 돌톱과 돌칼 1. 양양 오산리유적, 2. 고성 문암리유적

도구제작용 도구 중 목재가공구로는 간돌도끼[마제석부磨製石斧], 돌끌[석착石鑿], 뚜르개[석추石錐] 등이 있다. 마제석부는 벌목이나 목재 가공에 활용되는데, 두툼하고 양면에 날이 서 있다(그림 059). 석착은 폭이

059 창녕 비봉리유적 출토 신석기시대 돌도끼 떼어서 만든 뒤 날부분만 갈아서 사용하였다.

060 고성 문암리유적 출토 찰절구 찰절기법으로 홈을 내거나 석재를 절단할 때 사용하였다.

061 부산 동삼동유적 출토 석추 뾰족한 부분으로 가죽 등을 뚫을 때 사용했다.

좁고 긴데, 한쪽에만 날이 있어 목재를 세부적으로 가공할 때 적합하다. 석재가공구로는 숫돌, 홈내기[찰절구擦切具], 석추 등이 있다. 숫돌은 석기를 마연하는 도구로 주로 사암제이고, 찰절구는 석기나 골각기를 절단 및 홈을 낼 때 사용하는 도구로 역시 사암제이다(그림 060). 석추는 석기뿐만 아니라, 나무나 뼈, 가죽에 구멍을 뚫는 도구인데 경도가 높은 암석을 주로 활용하였다. 동삼동패총에서 흑요석으로 만든 석추가 출토되었다(그림 061).

비실용구로는 장신구와 의례구가 있다. 장신구로는 팔찌와 발찌, 귀걸이[이식耳飾]가 대표적이다(그림 062). 팔찌는 대부분 조가비로 만들어지지만, 드물게 가도패총의 것처럼 석제품도 있다. 귀걸이는 토제와 석제 모두 확인되는데 석제품은 대부분 옥기이다(그림 063). 대표적인 유물인 결상이식玦狀耳飾은 귓볼에 걸어 사용하는데 청도 사촌리, 동삼동, 사천 선진리, 안도, 문암리 등 유적에서 출토된다. 이들은 대부분 이른 시기에 속하고 있어, 일본열도 또는 중국 동북지방과의 교류를 통해 유입된 것으로 추정된다. 토제 귀걸이는 수량이 많지 않은데, 일본 조몬시대의 토제 삽입형 귀걸이인 이전耳栓과 유사한 형태를 띤다. 남해안에 집중되므로 역시 일본열도와의 교류를 통해 간헐적으로 유입된 것으로 추정된다. 그 밖에 드리개는 활석이나 연옥으로 만들어지며, 납작한 것과 대롱모양인 것이 있다.

의례구는 사람이나 동물을 본뜬 형태가 많아 인간과 자연에 대한

062 통영 연대도패총 출토 신석기시대 발찌

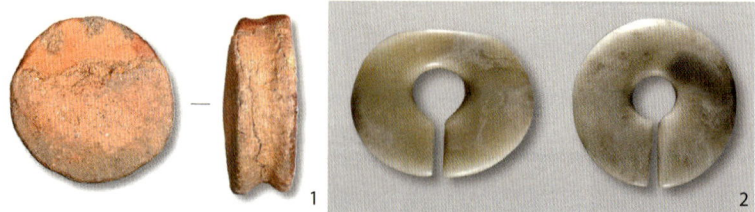

063 신석기시대 귀걸이 1. 경주 봉길리유적 출토 이전, 2. 고성 문암리유적 출토 결상이식

064 신석기시대 패면과 토우 1. 부산 동삼동유적 출토 패면, 2. 양양 오산리유적 출토 얼굴모양 토기, 3. 울산 신암리유적 출토 토우

관념을 반영하고 있는 것으로 보인다. 사람 모양 토제품은 울산 신암리 및 세죽, 농포동유적 등에서 확인되는데, 대부분 여성을 대상으로 삼고 있어 모신숭배母神崇拜 또는 다산의 상징으로 여겨진다(그림 064). 욕지도에서 멧돼지 모양, 동삼동에서 곰 모양, 세죽에서 강치 모양, 오산리에서 곰과 물개 모양, 서포항에서 망아지와 뱀 모양, 농포동에서는 개와 새 모양의 토제품이 출토되었는데, 동물모양제품 대부분이 몸통보다는 머리 부분을 묘사하고 있다.

한편, 울진 후포리유적이나 춘천 교동 동굴에서는 길쭉한 대형 간 돌도끼가 발견되었는데, 무덤과 연관되어 있어 실용구라기보다는 상징구나 의례구로 추정된다.

갖춰진 무덤을 쓰기 시작하다

매장행위의 일부로서 시신의 처리는 땅에 묻는 매장 외에도 수장水葬, 화장火葬, 풍장風葬 등 다양한 방식으로 행해진다. 우리나라 신석기시대에 주로 확인되는 방식은 매장이다. 매장의 방식은 시신을 처리하는 횟수, 주검의 자세, 무덤형태에 따라 세분된다. 사후 바로 매장하는 경우를 일차장一次葬, 다른 곳에서 육탈시킨 후 뼈를 추려 매장하는 경우를 이차장二次葬 또는 세골장洗骨葬이라고 한다. 주검이 곧바로 편 자세이면 펴묻기[신전장伸展葬], 다리를 구부린 형태이면 굽혀묻기[굴신장屈身葬], 엎드린 자세이면 부신장俯身葬이라고 한다. 무덤형태는 땅을 파서 묻는 움무덤[토광묘土壙墓]이나 토기 안에 넣는 독(널)무덤[옹관묘甕棺墓] 외에 몇 가지가 더 있어 다양하다.

무덤의 종류

우리나라 신석기시대 매장방식에는 세골장도 있지만 일차장이 많다. 무덤형태로는 움무덤이 가장 많고, 독무덤, 동굴무덤 등도 있다(그림 065). 연대도, 욕지도, 범방, 안도, 문암리 등 유적의 사례에서 보듯, 움무덤은 대체로 패총 또는 그 인근에 조성된다. 땅을 깊게 굴착하기보다 얕게 주검을 넣을 공간을 마련한 후에 흙을 덮은 정도이다. 인골이 있는 경우, 대부분은 신전장이지만, 연대도패총은 부신장, 범방패총은 바로 누운 채로 다리를 'X'자로 교차한 굴신장이다. 문암리유적에서는 인골이 출토되지는 않았지만, 구덩이의 크기가 작아, 굴신장일 가능성이 높다. 48구의 인골이 확인된 가덕도 장항유적에서도 (강한) 굴신장이 압도적으로 나타난다(그림 066). 울산 처용리유적에서는 인골은 없지만 움무덤 16기

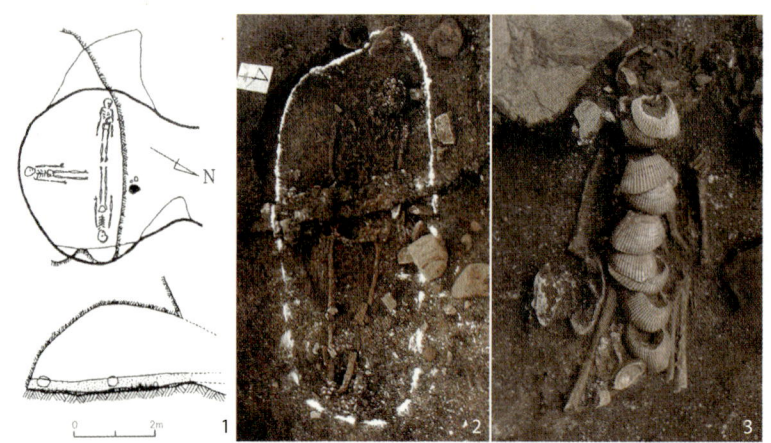

065 신석기시대의 여러 가지 무덤 1. 춘천 교동의 동굴무덤, 2. 통영 연대도패총의 무덤, 3. 부산 가덕도 장항유적의 1호 무덤

066 부산 가덕도 장항유적 무덤 전경

와 더불어 무덤일 가능성이 있는 구덩이 13기가 확인되었다. 신석기시대 무덤은 대부분 단독장이지만 연대도패총에서는 성인 2명과 신생아 1명, 욕지도패총에서는 남녀 2인, 안도패총에서는 여성 2명의 합장묘가 확인되었다. 침향枕向 또는 두향頭向은 특정 방위보다 바다에 면한 경우, 바다를 바라보도록 안치한 것이 특징이다.

　옹관묘는 동삼동패총과 상촌리유적에서 발굴되었다. 그런데 내부에서 발견되는 인골이 너무 적어, 세골장인지 어린아이를 묻은 소아묘小兒墓인지 분명하지 않다. 이 두 유적의 옹관묘는 토광묘와는 달리 별도의 매장공간이 아닌, 생활구역 안에 위치한다.

　토광묘와 옹관묘와는 달리 사례가 희소한 다른 무덤형태도 알려져 있다. 동굴무덤은 교동유적의 사례가 유일하다. 인위적인 굴착을 통해 길이 4m, 높이 2.1m 정도의 공간이 만들어졌다. 3구의 인골은 'Y' 또는 'T'자를 이루도록 발이 중앙을 향하도록 안치되었다. 인골 아래에서 간돌도끼, 돌끌, 돌화살촉, 낚싯바늘, 돌칼, 대롱옥, 수정 조각 등이 발견되었다. 천장에 그을음이 있어, 당초 주거로 사용되다가 무덤으로 재활용된 것으로 추정된다. 후포리유적과 같은 집단묘도 특이한 사례다. 바닷가 산꼭대기에 자연적으로 생긴 구덩이에 40여 명의 뼈를 추려서 매장한 이차장으로, 인골을 안치하고 위에 길쭉하고 잘 다듬어진 간돌도끼를 올렸는데, 인골이 서로 겹놓여 있다.

　이밖에 김해 예안리, 연대도, 욕지도, 안도, 율리, 의령 마쌍리 등 유적에서 확인된 집석유구, 서산 휴암리에서 확인된 돌 깐[부석敷石]시설 등도 매장시설일 가능성이 있으나 분명하지는 않다. 제주도 삼양동유적에서는 땅을 파지 않았으나 넓은 범위에 불을 맞은 흔적이 있고 인골과 함께, 결상이식 편, 간돌도끼, 토기 등이 출토되어 '화장묘火葬墓'로 추정하기도 한다.

껴묻거리와 사회상의 이해

무덤에는 토기, 돌도끼, 이음낚싯바늘, 숫돌 등 실생활도구를 비롯하여, 발찌, 조가비 팔찌, 귀걸이, 주칠朱漆토기, 옥기 등 장신·의례구들이 껴묻힌다.

껴묻거리[부장품副葬品]는 기본적으로 죽은 이의 사회적, 개인적 정체성을 표현하거나 살아있는 사람들이 죽은 이를 기억하고 싶은 방향으로 표현하는 것이다. 그러한 표현의 상당부분은 사회적 계층과 지위, 직능, 성별, 연령대, 병리 등과 연관되어 있고 이들의 상관성은 고고학에서 매우 중요하게 다루어지고 있다. 다만, 인골이 잘 남지 않는 우리나라의 토양성격상 온전한 분석이 가능한 사례가 매우 한정적이다. 사실, 피장자의 사회적 지위나 직능은 무덤과 부장품의 양·질적 편차로 복원된다. 따라서 그 복원에 인골이 필수적이지는 않은 반면, 성별 연령대, 병리현상에 관련된 정보는 인골 없이는 확보가 거의 불가능하다. 그런데 사회적 지위는, 우리나라 신석기시대와 같이 계층구분이 미약한 사회에서 연령이나 성별과 무관할 수 없는바, 매장행위를 통해 온전하게 사회상을 이해하기 위해서는 인골에 대한 분석이 수반되어야 한다.

이런 상황에서 가덕도 장항유적의 조사·분석결과는 매우 이례적이고 획기적이다. 이곳에서 확인된 48개 매장의 성별, 두향, 매장자세, 부장유물 등에 대한 다변량 계량분석 및 공간분석의 결과는, 이 공동묘지의 조성은 계층적 분화보다 성별, 직종, 거주역 등의 차이를 더 충실하게 반영할 가능성이 높음을 알려주고 있다.

부장품과는 별개로 신체적 변공이나 병리현상도 사회상의 또 다른

곁들인 얘기 13　부산 가덕도 장항유적

유적은 부산광역시 강서구 가덕도동에 속한 가덕도의 북서쪽 해안에 위치한다. 신석기시대 집석유구 86기, 인골 48개체, 구덩이 150여 기 등이 확인되었는데, 크게 신석기시대 전기(9~12층, 서기전 4340~4120년)와 중기~말기(2~8층, 서기전 3500~1500년) 등 세 시기에 속하는 것으로 보인다. 전기 층에서 확인된 인골 48개체의 매장구역은 현재까지 알려진 우리나라 신석기시대 최대 규모의 공동묘지이다.

인골은 등고선에 평행하게 안치되고, 두향이 북서쪽과 북동쪽이다. 매장자세를 알 수 있는 36개체 중 29개체는 굴신장, 7개체는 신전장이다. 연령은 10세 미만 9개체, 10대 1개체, 20대 4개체, 30대 8개체, 40대 8개체, 50대 3개체, 60대 2개체, 70대 1개체로 나머지는 불명이다. 성별은 남성 16개체, 여성 15개체이고, 남성 9개체의 평균 키는 158.4±4.25cm, 여성은 8개체 평균 키 146.7±6.46cm이다. 인골 주변으로 구덩이를 파거나 봉분이 확인되지는 않지만, 주변에 토기, 조가비 팔찌, 옥기, 뼈제품 등의 부장품이 놓여있다. 인골에서 추출된 콜라겐의 탄소-질소 안정동위원소 분석을 통해 당시 사람들이 해양성 어류, 포유류, 패류 등을 주로 섭취하였음이 밝혀졌다.

인골에 대한 형질인류학적 분석을 통해, 상대적으로 장두이고, 미상융기도 직선적이 아니며, 대퇴골의 주상구조가 확인되지 않는 점으로 보아 일본 조몬 사람과 형질적인 차이가 분명한 사실이 밝혀졌다. 차세대 염기서열분석Next Generation Sequencing, NGS 결과나 모계로 유전되는 미토콘드리아DNA 분석에서도 일본 조몬인과의 유전적인 연결은 확인되지 않았다. 다만, 핵게놈을 이용한 해석에서 2호와 8호 인골은 홋카이도 조몬인과의 유전적 친연성을 보였다.

측면을 보여준다. 앞서 살핀 것처럼, 가덕도 장항유적의 일부 인골에서는 장기간 물질을 했을 때 나타나는 외이도골종이 확인되어 직능분화가 어느 정도 있었음을 알 수 있다. 한편, 우리나라의 사례는 아니지만, 일본 조몬시대 발치拔齒풍습도 주목할 만하다. 당초 특정 계층의 전유물로 인식되었지만 발굴 자료의 증가로 대부분 인골에서 발치가 확인되면서, 이 풍습을 통과의례와 같은 공통적인 과정으로 이해하게 되었다. 다만,

치아를 부분적으로 가는 연치硏齒는 연장자에서 주로 나타나므로, 집단의 우두머리 또는 대표자에게 나타나는 예우로 추정되기도 한다.

바다를 건너 교역하다

개인 또는 집단 간 교류는 인간이 지구상에 출현하면서부터 시작되었다고 할 수 있고, 선사시대부터 교류의 지리적 범위는 상상이상으로 광범위했다. 사전적으로도 그러하듯, 고고학에서 교류는 문화요소의 전파, 근거리 또는 원거리의 이주 및 교역 등이 모두 교류의 범주에 포함된다. 그 지역에 존재하지 않던 풍습이나 나지 않는 물품들이 확인되면 교류를 쉽게 인지할 수 있다.

충청북도의 산지에 있는 단양 상시 3바위그늘 유적에서 종밋조개, 말조개와 같은 바다조개로 만든 드리개가 출토되고, 동삼동패총에서 보이는 투박조개제 팔찌가 내륙의 청도 오진리, 단양 금굴, 영월 쌍굴 등 유적에서 확인되며, 주변에는 없는 천매암제로 만들어진 작살과 미완성 돌화살촉이 처용리유적에서 발견되는 등은 그 대표적 사례라 하겠다. 또한 영월 피난굴에서는 바다조개인 방울고둥, 보리무륵, 홍합, 속갈색조개, 북방밤색무늬조개, 굴 등이 출토되었다. 특히 북방밤색무늬조개는 동해 북부 한랭한 곳에서 서식하고, 방울고둥과 보리무륵은 해조류에 딸려온 듯한데, 식용이 아니다. 이 사례는 내륙과 해안에 각각 거주하던 집단들 간에 교류가 이루어졌음을 말해준다.

내륙과 해안 간의 교류 외에도 연안을 통해 해안집단 간의 교류도 활발하였던 듯하다. 조·전기 유적이 해안가에 집중되는 점만 보더라도 어로활동의 연장선에서 해안집단 간의 조우 및 교류를 충분히 짐작할 수 있다. 그 결과인 듯, 동남해안의 융기문토기 및 영선동식 토기문화, 이음낚싯바늘, 조개팔찌 등이 해안을 따라 서해안의 노래섬, 대죽리, 고남리 등지의 패총에서 확인된다. 또한 동삼동패총에서 제주도산 경석이나 현무암이 출토되었고, 여서도패총에서는 제주도 현무암이 섞인 토기가 확인되었다. 이렇듯 우리나라 내에서도 해안과 해안, 해안과 내륙, 내륙과 내륙 간 부족한 필수식료, 좀 더 단단하고 도구로서 효율적인 석재, 낚싯바늘, 작살 등 일상생활용품들과 장신구 및 의례구가 교환되었다.

신석기시대 교류는 바다 너머 일본열도의 집단들과도 이루어진다. 우리나라에서는 일본제 흑요석, 사누카이트sanukite—일본 사누키讚岐지역에 분포하는 양질의 안산암—, 결상이식, 토기, 석시 등이, 일본에서는 투박조개제 팔찌, 이음낚싯바늘, 고라니 이빨 장신구, 토기 등이 출토된다. 물품의 장거리 교역에 따른 결과이다. 일본열도와의 교류 양상은 조·전기와 중기 이후가 서로 다르다. 조·전기에 흑요석제, 사누카이트, 돌톱[석기石鋸], 석시, 결상이시 등은 물론 토기도 확인된다(그림 067). 우리나라에서는 조몬토기가 온전한 개체로 출토되는 경우가 많은 반면, 일본에서는 융기문, 자돌·압날문, 삼각집선문 등 문양요소가 조몬토기에 흡수되는 차이가 있다(그림 068). 그런 점을 감안하면, 토기 자체가 교역의 주요 대상물이 되기보다는 희소한 석재나 특수한 도구를 교역하는 과정에서, 또는 공동어장인 대한해협에서 어로활동 및 어획물 교환을 수행하는 과정에서 핵심물품을 담는 용기로서 유입되었을 가능성도 배제하기 어렵다.

중기 이후에는 한반도와 일본열도 모두 어로활동의 비중이 줄어든다. 이때에는 생계도구보다 흑요석, 사누카이트, 조개팔찌, 고라니 이빨

067 일본에서 들어온 석기들 1·2. 통영 연대도 및 여수 안도패총 출토 석시이다. 석시는 주걱 모양을 띠는 일본 조몬 고유의 석기로 식료가공구의 일종으로 추정된다. 3. 통영 연대도패총 출토 사누카이트제 작살, 4. 부산 동삼동패총 출토 흑요석, 5·6·7. 부산 동삼동, 여수 안도, 고성 문암리 등 유적 출토 흑요제석 돌톱

068 우리나라에서 출토된 일본 조몬토기 1·2. 여수 안도패총, 3. 부산 동삼동패총

069 교류에 이용된 투박조개제 팔찌 부산 동삼동유적에서 완제품과 제작과정에 있는 조개 팔찌 1,500여 점이 출토되었는데, 우리나라 다른 지역과는 물론 일본열도와의 교류에 이용한 것으로 추정된다.

    장신구 등을 대상으로 한 교역이 두드러지고, 동삼동유적에서 유적 내 또는 한반도 내 소비를 뛰어넘는 양의 조개팔찌가 제작된다. '한반도-쓰시마對馬島-규슈九州'를 잇는 교역로가 정착되어 활성화됨은 물론, 사치재의 교역에 좀 더 비중을 두게 되는 것으로 추정된다(그림 069).

    그런 교역의 수단으로써 배의 중요성이 부각될 수밖에 없다. 일본 조몬시대 통나무배와 노의 여러 사례나 우리나라의 비봉리유적 출토 배, 반구대 암각화에 새겨진 배 모습으로 보아, 신석기시대 해양활동의 수단으로 통나무배가 이용되었음은 분명하다. 그런데 통나무배에 돛이 달리지 않는다는 점으로 미루어, 바람보다는 해류에 의존하는 항해가 있었을 것으로 추정된다. 남쪽에서 올라오는 구로시오해류는 제주도 남쪽에서 구주 동부와 동해, 서해 쪽으로 갈라진다. 동해로 올라가는 구로시오해류는 동해안에서 북한해류와 만나 좋은 어장을 형성한다. 이러한 동해와 남해의 어장을 공유하던 한반도와 일본열도 주민들은 바다의 흐름을 숙지하고 있었을 것이다. 또한 그러한 어로활동의 연장선에서 교류 및 교환이 이루어졌을 것으로 보인다. 더구나 장거리 항해가 가능했던 것은 바다 너머에 무엇이 있는지 알고 있었기 때문이고, 지문항해地文航海—육안으로 보이는 곳을 징검다리로 삼아 나아가는 항해— 방식이었을 것으로 추정된다.

농경사회로 발돋움하다

신석기시대 말, 우리나라는 위기에 직면한 것 같다. 중기까지 활발하게 조성되던 마을이 후·말기에 들어와 급감하기 때문이다. 집자리 수를 그대로 인구로 치환할 수 없지만, 인구규모가 감소했거나 그렇지 않았다면 정주하지 않고 이동하는 생활로 복귀한 듯하다. 기후 악화가 그 원인이 되었을 가능성이 높다. 후·말기에 패총들이 낮은 저지대에 위치하며, 취락 대신 옥외화덕 시설이 증가하는 점 등은 이전보다 춥고 건조한 한랭한 기후의 도래를 반영한 것으로 보인다. 기후 악화 속에서 기온 및 일조량에 큰 영향을 받는 식생에 변화가 있었고 식물성 자원에 대한 의존도가 높았던 내륙집단의 재편 또는 해체가 진행된 듯하다. 반면, 초기 농경, 수렵, 채집, 어로 등 복합적 생계활동을 영위하던 해안집단은 해양자원의 비중을 높이며, 기후변화의 충격을 완충했던 듯하다. 그 결과, 이 시기에 패총이 더 활발하게 조성된다.

이러한 상황 속에서 신석기-청동기시대의 전이가 일어나고, 그 과정에서 벼농사를 핵심으로 하는 농경방식이 큰 역할을 했을 것으로 보인다. 그러나 생계방식의 변화와 문화변동 간 관계를 단순하게 연결시키기는 쉽지 않다. 기후변화나 새로운 생계방식 및 생활양식의 유입과 관련된 신석기시대 사람들의 선택에 대해 다각적인 시각에서의 접근이 필요하다.

기온이 다소 하강하는 서기전 2000~1500년 무렵, 중국 동북지방에 거주하던 농경민들—예를 들어, 랴오둥 산지의 마청츠馬城子문화 주민들—이 한반도로 이주하였을 가능성은 높다. 광역적 관계망 속에서 그들과 어느 정도 연결되었을 수도 있었던 한반도 신석기시대 사람들은 그들과 함께 온 농경기술의 효용을 관찰하며, 정주생활로 돌아갈 수 있는 가능성을 엿보았을 것이다. 이런 배경 속에서 한반도의 선주민사회는 채집경제에서 생산경제로 전이를 시도하게 되었을 것이다. 그런 과정에서 동반된 물질문화의 확산이 청동기시대로의 전이를 촉발한 것으로 이해할 수도 있겠다.

천선행

읽어 볼만한 글

- 國立文化財研究所, 2012, 『韓國考古學專門事典: 新石器時代篇』.
- 스즈키 기미오(이준정·김성남 옮김), 2007, 『패총의 고고학』, 일조각.
- 신숙정, 1994, 『우리나라 남해안지방의 신석기문화 연구: 동상동·김해·남해도서지방을 중심으로』, 考古學叢書 4, 學研文化社.
- 김건수, 2021, 『맛있는 고고학』, 대한문화재연구원 학술총서 12, 진인진.
- 임상택, 2008, 『한반도 중서부지역 빗살무늬토기문화 변동과정 연구』, 一志社.
- 중앙문화재연구원 편, 2011, 『한국 신석기문화 개론』, 중앙문화재연구원 학술총서 3, 서경문화사.
- 중앙문화재연구원 편, 2017, 『한국 신석기시대 고고학사』, 중앙문화재연구원 학술총서 35, 진인진.
- 하인수, 2020, 『신석기시대 고고학』, 진인진.
- 하야시 켄사쿠(천선행 옮김), 2015, 『일본 신석기시대 생계와 주거』, 한강문화재연구원 학술총서 2, 사회평론.
- 한국고고학회 편, 2010, 『한국 고고학 강의(개정 신판)』, 사회평론.

KOREA IN THE BRONZE AGE

고고학자가 얘기하는 우리의 선사시대

청동기시대에는…

거친 토기를 만들다 | 큰 마을이 나타나다
마제석기가 더 발달하다 | (큰) 돌로 무덤을 만들다
여기저기서 쌀농사를 짓다 | 청농으로 단검을 만들다
집단의례가 활발해지다 | 우두머리가 나타나다
끝날 무렵 화려한 청동기문화가 꽃피다
고조선만 있는 것은 아니다

070 우리나라 청동기시대 주요 유적

청동기시대는 명칭만큼은 '청동기靑銅器'에 초점을 맞추고 있다. 앞서 살핀 대로, 이러한 명칭은 (당시 첨단)도구의 발달에 초점을 맞추었던 유럽식 '삼시대체계'를 차용하면서 정착된 것이다. 그런데 과거에는 그러한 체제를 수용했던 나라들조차 삼시대체계를 사용하지 않는 경우가 적지 않다는 점 또한 앞서 살핀 대로다.

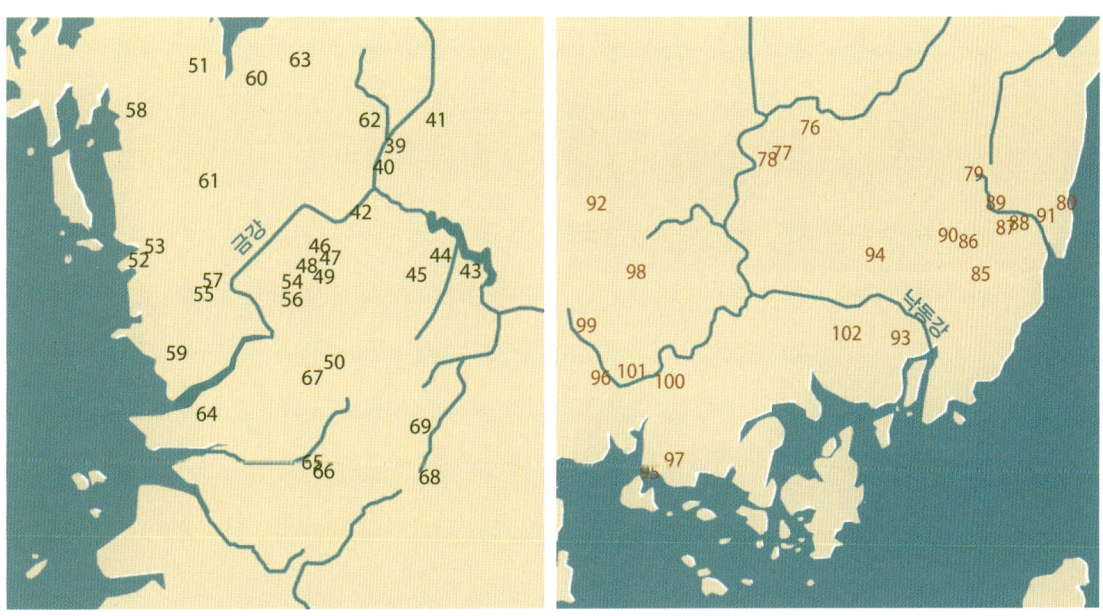

071 그림 070 세부 ■ 왼쪽 상자 ■ 오른쪽 상자

1. 닝청 난산건 2. 다롄 강상 3. 다롄 샹마스 4. 랴오양 얼다오허쯔 5. 선양 정자와쯔 6. 챠오양 스얼타이잉쯔 7. 츠펑 샤오헤이스거우 8. 푸신 핑안바오 9. 의주 미송리 10. 개천 묵방리 11. 북창 대평리 12. 평원 신송리 13. 강계 공귀리 14. 시중 심귀리 15. 중강 토성리 16. 나선 송평동 17. 무산 호곡동 18. 회령 오동 19. 평양 금탄리 20. 사리원 광성동 21. 송림 석탄리 22. 신계 정봉리 23. 연탄 오덕리 24. 황주 침촌리 25. 서울 가락동 26. 서울 역삼동 27. 강화도 부근리 28. 구리 토평동 29. 남양주 수석동 30. 여주 흔암리 31. 화성 동화리 32. 양양 송전리 33. 정선 아우라지 34. 춘천 중도 35. 춘천 천전리 36. 홍천 철정리 37. 화천 용암리 38. 제천 황석리 39. 청주 소로리(구석기시대) 40. 청주 쌍청리 41. 청주 학평리 42. 세종 대평동 43. 대전 가오동 44. 대전 괴정동 45. 대전 복룡동 46. 공주 산의리 47. 공주 신영리 여드니 48. 공주 안영리 새터 49. 공주 장선리 50. 논산 마전리 51. 당진 소소리 52. 보령 관산리 53. 보령 관창리 54. 부여 송국리 55. 부여 송학리 56. 부여 연화리 57. 부여 합송리 58. 서산 휴암리 59. 서천 오석리 60. 아산 남성리 61. 예산 동서리 62. 천안 대룡리 63. 천안 백석동 64. 군산 아동리 65. 완주 갈동 66. 완주 신풍 67. 익산 석천리 68. 장수 남양리 69. 진안 여의곡 70. 광주 신창동 71. 곡성 연화리 72. 여수 오림동 73. 영암 장천리 74. 함평 초포리 75. 화순 대곡리 76. 대구 이천동 77. 대구 진천동 78. 대구 천내리 79. 경주 안심리 80. 경주 하서리 81. 구미 월곡리 82. 김천 신촌리 83. 청도 진라리 84. 포항 초곡리 85. 울산 검단리 86. 울산 구수리 87. 울산 굴화리 88. 울산 무거동 옥현·발리 89. 울산 반구대 90. 울산 신화리 91. 울산 중산동 92. 거창 대야리 93. 김해 회현리 94. 밀양 금천리 95. 사천 늑도 96. 사천 본촌리 97. 사천 이금동 98. 의령 마쌍리 99. 진주 대평리 옥방·어은 100. 진주 이곡리 101. 진주 평거동 102. 창원 남산

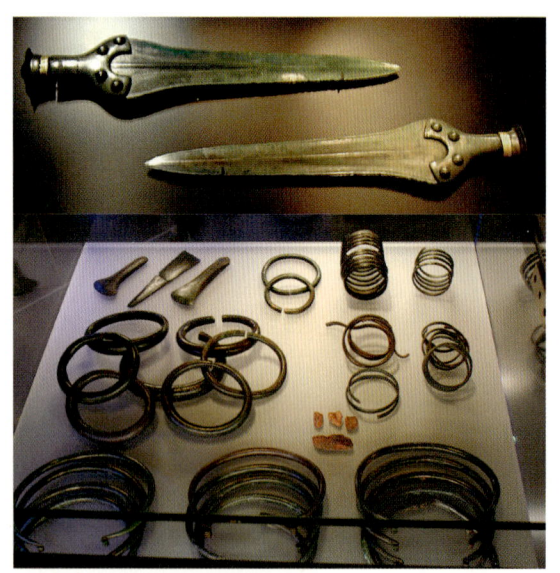

072 우네티스문화의 청동기

073 고든 차일드(1892~1957)
신석기(또는 농업)혁명, 도시혁명 등의 명명을 통해 문화변천과정에서 해당 현상의 의미를 부각하였다.

우리에게도 그런 움직임에 동조할 빌미가 적지 않다. 시대 시작을 '청동기의 (최초) 등장'으로 인지하지 않는다는 것이 가장 큰 이유다. 더구나 청동기시대 대부분의 기간 동안 청동기가 그다지 풍부하게 나타나지도 않는다. 청동기가 도구조합에서 상당한 위상을 갖는 시기를 청동기시대로 규정하는 본고장 유럽의 경향과는 사뭇 다르다. 유럽 청동기문화의 기준이 된다는 중부 유럽에서, 그 시작을 알리는 우네티스Únětice문화(서기전 2200~1600년)의 유적, 특히 매납埋納유적들에서는 우리의 이른 청동기시대 유적은 비교도 되지 않을 만큼 많은 양의 청동기가 출토된다(그림 072).

한편, '도시혁명urban revolution'이란 흡인력 있는 말로 청동기시대의 의미를 부각시키기도 하지만, 우리의 양상은 그와도 상당한 차이가 있다(그림 073). '도시'나 '문명', '국가'를 상정할 만한 것은 없다. 메소포타미아, 이집트, 인더스강 유역, 황허黃河유역 등 주요 문명발상지의 예를 보자. 그러한 변화는 순서대로 대략 서기전 4100~3100년, 서기전 3100~2695년, 서기전 2600~1900년, 서기전 2070~1046년에 일어난다. 그 시점은 다소 차이가 있지만 관련된 현상은 공통된다. 장구한 변화의 흐름 속에서 거대한 성벽, 웅장한 궁궐 및 사원구역이 등장할 때부터가 '도시'생활의 시작이 된다. 도시는 '국가' 수준에 도달한 사회조직의 핵심을 이루는데, 그러한 상황이 전개되는 즈음을 인류 문화의 발달과정상 특정 단계, 곧 '문명'에 들어선 것으로 이해하는 것이 일반적이다(그림

074). 이 세 가지는 서로가 서로를 포함하고 있어 분리하기가 어렵고, 각각의 개념이 제시하는 기준도 서양학계의 시각에서 작위적으로 정해진 것이어서 새로운 정의를 수립하지 않는 한, 현재까지의 발견에 의거하여 우리 청동기시대에 도시, 문명, (영역)국가의 개념을 적용하기는 어렵다. 사실, 일본에서도 그러하거니와, 그에 힘입어 우리나라에서도 제기되었던 '~시대 도시론都市論'은 금세 힘을 잃었다.

그런 탓에, '민무늬토기시대', '무문토기無文土器시대' 등 다른 명칭을 사용하자는 연구자들도 적지 않다. 중국 동북지방이나 북한에서 무문토기는 서기전 20세기 무렵, 남한에서는 서기전 15세기 무렵, 청동기에 앞서 등장한다. 수량도 비교 되지 않을 정도로 풍부하다. 때문에, 그런 제안을 거부하기 어려운 것이 사실이다. 그럼에도, 청동기시대란 명칭이 사용되는 데는 몇 가지 이유가 있다. 이미 오랫동안 써오던 것이니 친숙해서 그렇기도 하고, 한편으로 다른 나라에 그렇게 알려져서이기도 하다. 물론 이런 현실적인 것 외에 좀 더 학술적인 이유도 있다. 시작시점에는 그렇지 않지만 얼마 지나지 않아 청동기가 등장

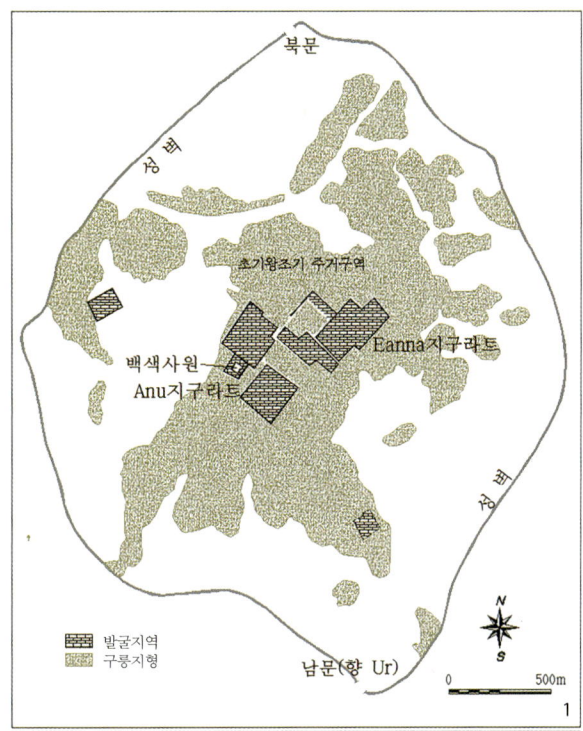

074 **메소포타미아의 초기 도시유적 우룩** 이라크에 있는 우룩기Uruk期(서기전 4200~3100년) 도시 유적이다. 1. 도시 내 시설배치, 2. 2008년의 모습이다.

곁들인 얘기 14   청동기시대와 금석병용기

근동近東, 남동 유럽, 인도대륙 등 세계 몇몇 곳에서는 신석기에서 청동기시대로 넘어가는 중간에 꽤 오랫동안 합금인 청동이 아니라, 구리[순동純銅]를 사용하는 시기가 있었다. 흔히, (에)이니올리식(A)Eneolithic, 캘콜리식Chalcolithic, 순동시대Copper Age 등으로 부른다. 앞의 두 용어는 구리와 돌을 의미하는 라틴어 또는 그리스어의 합성어인데, 이를 한자어로 옮기면, '금석병용기金石竝用期'가 된다.

그런데 우리 고고학의 역사에서 이 용어는 원래 뜻 그대로, '신석기시대에 속하지만 청동기시대로 넘어가는 과도기'로 활용되지는 않았다. 이 개념이 동아시아의 맥락으로 들어온 것은 일인학자들에 의해서이다. 일본에서 1910년대에 처음으로 공표되었을 때는 야요이식彌生式 토기, 석기, 청동기, 철기가 공반하는 상황을 보편적이고 포괄적인 개념에 기대어 설명하기 위해서였다. 그 후 이 개념은, 1907년부터 1920년까지 6차례 이루어졌던 김해패총金海貝塚―현재의 김해 회현리패총―의 발굴결과에 대한 해석에도 적용되었다. 이 당시만 해도, 단순히 중국이라는 선진문화지역 주변에 있던 한국이나 일본과 같은 '후진문화지역'에서 나타나는 철기시대로의 전이를 설명하는 학술논리 정도였다. 물론, 그 자체도 유럽 학계의 원래 개념과는 매우 달랐고 층위판단이나 유물 공반관계 이해에도 오류가 있었다. 그러나 100년 전 일이라는 점을 감안하면, 혹독한 비판을 받을 정도는 아닐 수도 있다.

그런데 문제가 되는 것은 1930년대 이후 일제 어용 또는 관변官邊학자들의 주장이다. 그들은 금석병용기의 개념을 한국 선사시대에 적극 적용하면서, 인류보편의 단계인 청동기시대를 거치지 못한 우리 역사의 정체성을 부각하고, 타율에 의해서만 진전이 이루어질 수 있었음을 강조하게 된다. 식민사관의 기초를 정립하기 위한 매우 악의적인 왜곡이라 하겠다.

해방 이후, 이러한 개념을 극복하고 청동기시대를 확인하는 것은 남·북한 학계의 공동관심사였다. 그러나 청동기시대 유적을 발굴하고 구체적인 문화내용을 구체화하여 시대개념을 정립하기 전까지 우리 연구자의 글에서도 '금석병용기'란 명칭이 사용되고 있음을 어렵지 않게 발견할 수 있다. 물론, 현재에는 우리 선사·고대의 설명에서 활용되지는 않는다.

할 뿐만 아니라, 나머지 문화내용, 토기나 주거, 더 나아가서는 돌로 만든 도구들의 형태가 신석기시대와는 분명하게 구별되는 점을 들 수 있기 때문이다. 두 시대 간 분명한 차이를 설명하는 과정에서, 그 차이 또는 변화 전체를 대표할 만한 명칭이 '청동기'가 된 것이다. 사실, 채광-제련-합금-주조의 과정을 거쳐 만들어지는 청동기의 등장은 최소한 기술사적인 측면에서라도 큰 진전을 의미한다는 점은 부정할 수 없다.

다른 갈래의 문제도 있다. 청동기시대가 과연 선사시대에 속할 수 있는지에 대한 의문이 바로 그것이다. 앞서 '국가'가 없었다고 했지만 청동기시대 어느 시점에는, 고조선古朝鮮이 있었다. 전체가 남아있지도 않은데다가 그조차 중국 기록에 나타나지만, 고조선에는 문자화된 '팔조법금八條法禁'이라는 법률이 있었다. 그렇다면 문자가 없던 시대를 일컫는 '선사先史'라는 말이 어울리지 않게 된다. 자신의 기록이 아니라, 남의 기록에 의해 알려지는 것을 원사原史, protohistory라고 하는데, 최소한 청동기시대가 이 단계에는 속하는 것이 된다. 그러나 고조선의 국가형태가 고구려, 백제, 신라와 같은 중앙집권적 영역국가인 '고대국가'로 보기 어려운 측면도 있고, 중국 랴오둥遼東이나 북한의 자료에 대한 연구가 미진하여 남한지역에 초점을 맞추다보니, 관행적으로 청동기시대는 선사시대에 편입하는 것이 일반적이다. 곧, 세계적인 보편 기준으로서 '문자사용'이 우리나라 전체의 청동기시대에는 적용하기 어렵다.

그러한 남한과 북한의 불일치는 청동기시대의 종말終末을 정하는 데도 문제를 야기한다. 삼시대체계에 따르자면, 청동기시대의 종말은 당연히 철기시대의 시작이어야 한다. 다만, 철기 제작전통의 등장에 관한 한 북부—중국 동북지방 및 북한—와 남부—남한— 사이에 무시하기 어려운 시차가 있다. 그런 문제들을 감안하면서도, 중서부지역에서 주조철기가 등장하는 서기전 2세기 중엽을 청동기시대의 끝으로 보는 것이 우리 고고학계의 일반적인 경향이다.

거친 토기를 만들다

075 일본 조몬시대 화염문토기

앞서 살핀 대로 우리 청동기시대는 청동기가 아니라, 무문토기의 등장을 그 시작으로 정한다. '무문토기PLAIN-COARSE pottery'란 일제강점기 일인日人학자들이 신석기시대의 무늬 있는 토기, 곧 유문有文토기와 대비하여 거칠고[조질粗質의] 무늬가 없는(?) 토기를 구분해내면서 만들어진 용어이다.

토기에 관한 한 거칠어지고 무늬도 없어지는 방향으로 변화한 셈이다. 이웃나라 일본에서도 비슷한 경우를 찾을 수 있다. 우리 신석기시대에 해당하는 조몬繩文시대의 화염문火焰文토기(그림 075)는 다음에 오는 야요이彌生시대의 토기뿐만 아니라, 세계 많은 나라의 신석기시대 토기에 비해서도 훨씬 화려하다. 언뜻 토기 제작(방식)이 퇴보한 듯 느낄 수 있겠지만, 그렇게 단정하기 어려운 점들도 있다.

청동기시대 토기구성 무문토기는 신석기시대 토기들에 비해 열전도율이 좋아 내용물을 익히기에 유리하다는 것이 그 대표적인 이유다. 또한 다소 견고해지기도 한다. 비용이나 유물 파손의 우려로 워낙 작은 표본만을 분석한 탓에 그 정확성을 완전히 확신하기는 어려울 수 있으나, 무문토기는 신석기시대 토기에 비해 다소 높은 온도에서 구워져서 좀 더 튼튼하다. 그러나 가마[요窯] 기술이 획기적으로 발전하여 그리 된 것은 아닌 듯하다. 상부시설이 갖춰져 밀폐된 가마에서 구워지는 도기나 자기와는 달리, 신석기시대토기와 마찬가지로 무문토기도 바닥을 야트막하게 파고 나뭇가지나 갈대 등을 덮은 (뒤에 대충 흙을 발라 만든) 시설(?)에서 구웠을 것으로 추정된다(그림 076). 또한 마을보다도 작은 단위의 수요를 위해, 주변에서 구

076 토기소성실험

할 수 있는 진흙으로 그때그때 구웠을 것으로 보인다. '발전'까지 언급하기는 어렵지만, 열전도율이나 견고함을 높이는 것과 같은 기술적인 적응을 도모한 것임은 분명하다.

　널리 알려진 대로 토기의 외형에서도 현격한 변화가 있었다. 절대다수의 청동기시대 토기는 바닥이 평평[평저平底]하다. 한반도 중·남부에서 빗살무늬토기가 유행하던 시기부터 뾰족한 바닥을 가진 용기가 대세를 이루던 점을 감안하면, 신석기시대 토기문화와는 확연히 달라진 셈이다. 외형과 더불어 종류, 더 나아가 용기의 조합에서도 적잖은 변화가 감지된다. 독[옹甕], 깊은 바리[심발深鉢], 얕은 바리[천발淺鉢]나 주발[완盌], 목단지[호壺], 굽다리그릇[두형豆形토기] 등은 청동기시대 유적에서 일반적으로 확인되는 용기의 종류[기종器種]다(그림 077). 그런데 모양이 그러하다는 것이지 요즈음 용도와는 차이가 날 수도 있기 때문에, 바로

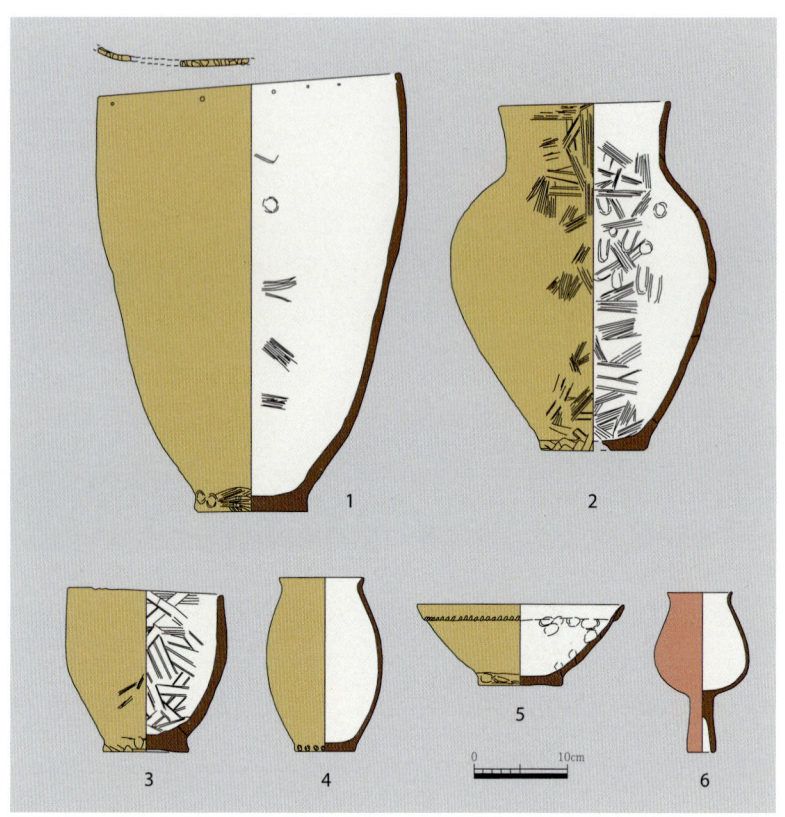

077 무문토기 기종구성 1·3. 심발형토기, 2. 호형토기, 4. 옹형토기, 5. 천발형토기, 6. 두형토기

옹, 호, 심발, 천발 등의 이름을 붙이기보다는 그런 모양의 그릇이란 의미로 '~형形토기'로 부르는 것이 보통이다. 이런 일반적인 구성조차 신석기시대에 비해서는 다양해진 것이며 특히 목단지의 유행은 더욱 눈에 띈다.

이름에서도 드러나듯, 다른 종류의 용기는 서로 다른 기능을 반영한 것으로 보인다. 옹형 및 호형토기는 주로 저장을, 심발형토기는 조리를, 천발·완형토기는 배식을 담당했을 것을 보인다. 그러나 같은 모양의 용기라도 용량에서 어느 정도 차이를 보이고 있어 때로는 그 역할이 중복될 것으로 보이기도 한다.

토기양식의 지역성

그런데 무문토기는 기종으로만 구분하여 이름을 붙이지는 않는다. 오히려, 형태와 일부 부위—특히, 입술 주위—에 있는 무늬[문양文樣]를 조합하여 명명하는 것이 더 일반적이다. 이유인즉, 그런 명칭이 청동기시대 문화나 사회상을 밝히는 데에 유리하기 때문이다. 특히 적잖은 토기들이 대표적인 유적에서 그 이름을 얻어오는데, '지역성'도 분명히 하는 효과가 있다. 공귀리식 토기, 미송리식 토기, 돌대각목문토기, 팽이(형)토기와 구멍무늬토기, 역삼동식 토기, 가락동식 토기, 흔암리식 토기, 송국리식 토기, 점토대토기는 청동기시대를 특징짓고 있다.

공귀리식公貴里式 토기(그림 078)는 세로방향으로 손잡이가 달린 호 및 심발을 가리키는데, 이름에서 드러나듯 자강도 강계 공귀리유적을 비롯한 압록강 중류역 곳곳에서 주로 발견된다. 미송리식美松里式 도기(그림 079)는 전체적으로 표주박의 위아래를 자른 형태에 가로방향의 띠 모양[대상帶狀] 손잡이[파수把手]나 젖꼭지모양[돌유형突瘤形] 손잡이가 대칭적으로 한 쌍(간혹 두 쌍)붙은 긴 목의 단지로, 아가리와 몸체의 윗부분에 여러 선을 합쳐 한 묶음이 된 줄무늬가 가로로 여러 줄 둘러져 있다. 이런 토기는 평안북도 의주 미송리의 동굴유적에서 이름이 유래했으며, 중국 동북지방 및 한반도 서북지역에 널리 분포한다. 종종 아가리가 넓어진 변형을 묵방리식墨房里式 토기(그림 080)로 부르기도 한다.

새김덧띠무늬[돌대(각목)문突帶(刻目)文토기]는 입술 바

078 공귀리식 토기

079 미송리식 토기

080 묵방리식 토기

081 돌대(각목)문토기

로 밑에 (점토)띠를 붙이고 그 위에 눈금처럼 문양을 넣은 토기로, 전체적으로는 깊은 바리 형태를 띤다(그림 081). 각목돌대의 문양요소는 중국 동북지방에서 한반도, 일본에 널리 퍼져 있고 부착되는 그릇의 종류도 깊은 바리에 한정되지 않으며, 같은 시기에만 속하는 것은 아니다. 북한지역에서는 각목한 돌대가 호형토기에 부착되기도 한다. 종종 (점토)띠를 연속으로 붙이지 않고 듬성듬성 띄우기도 하는데, 이를 마디가 있다는 뜻으로 절상節狀돌대문토기라고 구분하여 부르기도 한다.

팽이(형)토기는 각형角形토기로도 불리는데, 바닥이 매우 좁고 아가리 쪽으로 갈수록 넓어져 전체적인 형태가 쇠뿔 또는 (옛날) 팽이와 유사한데, 목단지와 깊은 바리, 두 종류가 있다(그림 082). 이 토기는 주로 평안도와 황해도에서 주로 발견되어 서북한西北韓을 대표하는 토기로 알려져 있다. 구멍무늬토기는 흔히 공렬孔列토기로 불리는데, 아가리 주위에 주로 한 줄―아주 드물게는 두 줄 이상―의 구멍이 있는 심발형토기(그림 083)

082 서북한지역 팽이형토기

083 동북한지역 공렬토기

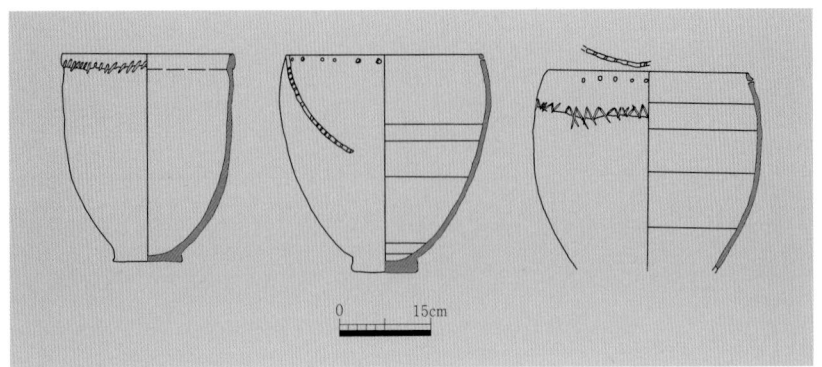

084 가락동식·역삼동식·흔암리식 토기(왼쪽부터)

로 함경북도 무산 호곡동[범의구석], 회령 오동 등 유적을 중심으로 동북한東北韓을 대표한다.

가락동식可樂洞式 토기(그림 084)는 그 이름이 서울 가락동유적에서 유래했는데, 팽이형토기와 마찬가지로 입술에 (점토)띠를 붙여 겹아가리를 만든 이중구연二重口緣의 요소와 띠와 몸통이 만나는 지점에 짧은 빗금[단사선短斜線]의 요소가 같이 있는 심발형토기를 일컫는데, 주로 대전을 중심으로 한반도 중부의 중앙에 퍼져있다. 역삼동식驛三洞式 토기(그림 084)는 동북한의 공렬토기와 같이 입술 주위에 (주로) 한 줄의 구멍무늬가 있는 깊은 바리로 남한 전체에 퍼져있음이 확인된다. 흔암리식欣岩里式 토기(그림 084)는 여주 흔암리유적에서 이름을 얻어왔는데, 역삼동식 토기와 분포상 거의 차이가 없지만 한 토기의 아가리 주위에 이중구연, 단사선, 공렬의 요소를 모두 갖추고 있다.

송국리식松菊里式 토기는 널리 알려진 부여 송국리유적에서 그 이름이 유래한다. 입술 주위의 문양은 없고 아가리가 바깥쪽으로 부드럽게 꺾이는데 전체적으로는 목이 짧고 배는 부르되, 바닥은 잘록하게 굽이 진 형태를 띤다. 그런데 다른 토기와는 달리, 송국리식 토기는 모양

085 다양한 크기의 송국리식 토기

이 같지만 용량은 차이가 나는 여러 종류를 아우르는 특징을 가진다(그림 085). 실제로 1ℓ가 되지 않는 컵만 한 토기부터 거의 140ℓ—석유를 담는 드럼통의 용량이 200ℓ—에 달하는 커다란 토기가 모두 '송국리식'으로 구분된다(그림 086). 용도에 초점을 맞춘 기종 개념을 적용하자면, '초超기종적 단일명칭'을 쓰는 셈이다. 따라서 이들은 몇 부류로 구분되어야 한다. 그릇 표면 및 내부에 대한 그을림 흔적의 관찰과 몇 가지 용량분석을 통해 볼 때, 1ℓ내외의 토기는 배식용, 16ℓ이상은 주로 (장기)저장용, 그 중간의 것은 조리용이나 (단기)저장용으로 추정할 수 있다. 30ℓ내외의 토기 중 어떤 것은 독무덤에 쓰이기도 한다. 이런 양식의 토기는 평택-울산을 잇는 선의 왼쪽 또는 서남부 전체에서 매우 밀도 높게 발견된다. 이 선의 반대쪽 중 특히 울산, 포항, 경주 일대에서는 아가리 부분에 낟알 모양의 짧은 빗금이 새겨진 토기가 자주 확인되는데, 같은 이름의 유적을 따라 검단리식檢丹里式 토기라고 부른다.

점토대토기粘土帶土器(그림 087)는 잘린 면이 동그란 (점토)띠를 심발의

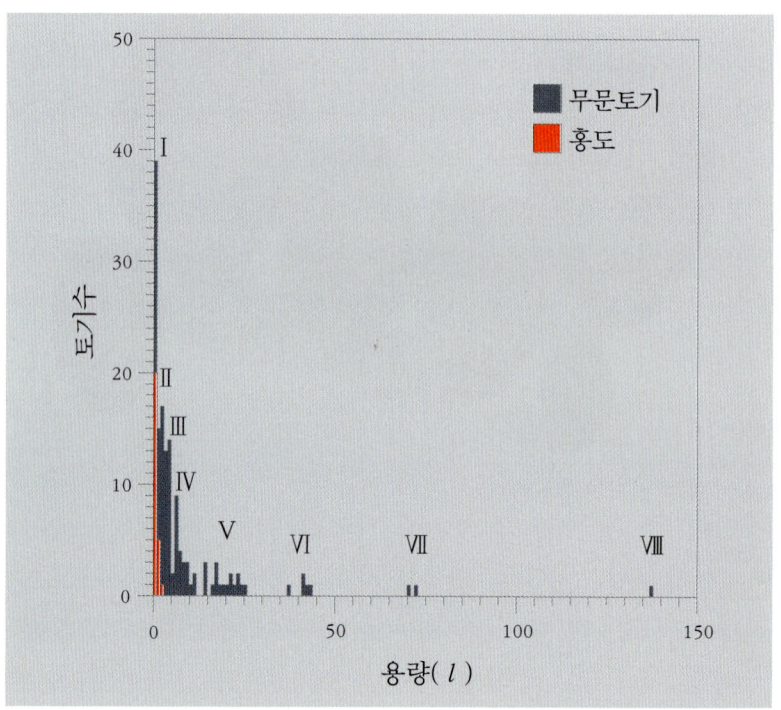

086 송국리식 토기의 용량분포 히스토그램의 관찰해보면, 8개 정도의 부류를 상정해 볼 수 있다. 송국리식 토기 중 홍도는 가장 작은 부류에 속해 개인용 배식용기 정도로 추정된다.

입술에 붙인 토기인데, 접착이 약하여 자주 점토띠만 따로 발견되기도 한다. 그런 약점을 보완하기 위함인지 (점토)띠를 세게 접착시키면서 그 잘린 면이 삼각형을 띠고 아가리 전체도 바깥쪽으로 꺾이는 토기도 나타난다. 앞의 것을 원형점토대토기, 뒤의 것을 삼각형점토대토기로 구분하기도 한다.

청동기시대 토기에는 좁은 의미의 무문토기, 곧 연갈색 또는 적갈색의 거친 표면을 가진 토기 외에도 붉은 칠이나 검은 칠을 하고 표면을 문지른 토기들도 있다. 붉은 칠[주칠朱漆]을 한 토기는 붉은간토기, 홍도

紅陶, 적색마연赤色磨研토기 또는 단도마연丹塗磨研토기 등 몇 가지 다른 이름으로 불리는데, 그릇 벽이 좁은 의미의 무문토기보다는 훨씬 얇고 모양이 정선되며 마연한 효과로 표면에 광택이 있다. 플라스크flask형 토기, 주머니단지[주머니호壺], 송

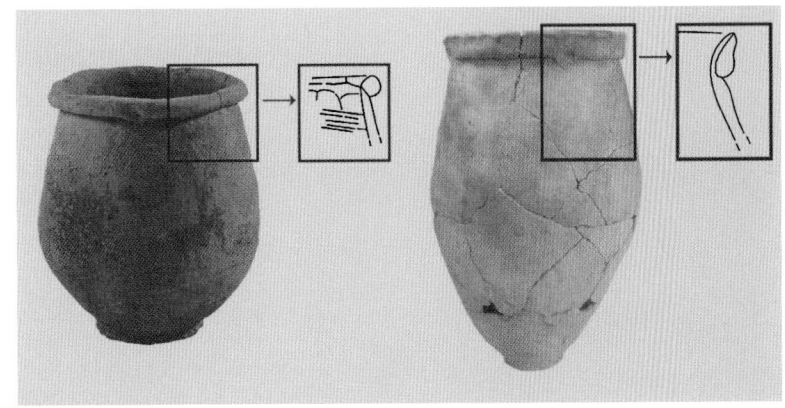

087 점토대토기 왼쪽이 원형, 오른쪽이 삼각형 점토대토기이다.

국리식 토기, 굽 달린 토기 등의 기종이 그러한 기법으로 제작되었는데, 같은 형태라 하더라도 좁은 의미의 무문토기에 비해 다소 작다는 특징이 있다(그림 088). 함경북도 나선 송평동, 제천 황석리, 사천 이금동 등 유적에서 출토된 주머니호 중 몇몇에는 가지 모양의 무늬가 있는 토기(그림 089)들이 있다. 이는 기본적으로는 홍도이지만 채색된 문양이 있다고 하여, 채도彩陶 또는 채문토기彩文土器로 분류하기도 한다. 검은 칠, 곧 흑칠黑漆을 한 토기는 검은간토기, 흑도黑陶 또는 흑색마연黑色磨研토기로 불리는데, 단도마연토기와 마찬가지로 그릇 벽이 얇고 광택이 있다. 목긴 단지[장경호長頸壺], 굽(달린)접시[고배형高杯形토기] 등이 이런 기법으로 제작되었다(그림 090). 주거지에서도 적잖은 수가 출토되지만 홍도나 흑도 모두 장식적이고 방수에 유리한 효과 덕에 특수 목적용—의례용 또는 무덤 껴묻거리[부장副葬]용—이었을 것으로 추정된다. 실제로 고인돌이나 돌널무덤에서 출토되는 토기로는 홍도인 경우가 대부분이다. 흑도장경호도 돌더미널무덤에서 주로 발견되는데, 집자리에서 나오는 것들에 비해 양

088 다양한 기종의 홍도 호형토기, 주머니호, 굽다리토기, 플라스크형토기 등이 있다.

호하다. 이들을 모두 청동기시대 토기란 의미, 또는 넓은 의미의 무문토기에 포함시키기도 하지만 제작방식이나 쓰임이, 좁은 의미의 무문토기와 다른 것은 분명하다.

토기양식의 시간성

청동기시대 사회·문화상을 이해함에 있어 토기가 널리 활용되는 이유에는 지역성뿐만 아니라, 시간성을 반영한다는 생각이 깊게 자리 잡고 있다. 실제로 몇몇 유물의 차이에 주목하면서 청동기시대 전체를 두서너 분기分期로 나누기도 하는데, 그런 작업에서 토기의 역할이 핵심적이다. 얼마나 세분할지에 대해서는 이견이 있지만, 대체로 조기, 전기, 중기, 후기의 네 개 시기로 나누는 데 의견이 모아지고 있다. 더 나아가 각 시기를 대표하는 표지標識로 지정하는 것은 물론, 그들 사이의 관계를 설정하기도 한다. 또한 지역성과 시간성을 결합하여, 토기 양식의 계통을 상정하기도 한다. 곧, 시기 차이가 있는 다른 지역—특히, 북부와 남부—의 토기가 유사한 요소를 가지는 경우, 양 지역 토기문화 사이에 계통관계가 있을 수 있다는 것이다.

089 가지무늬토기

조기早期(서기전 20~13세기)의 표지적 토기는 돌대(각목)문토기이다. 서기전 20세기 돌대문이 중국 동북지방과 북한지역에서, 서기전 15세기 무렵에는 남한 전역에서 나타나게 된다. 동북한의 공렬토기, 서북한의 공귀리식 토기나 팽이형토기도 조기의 후반 무렵 나타난다.

090 흑도장경호와 흑도고배형토기 흑도계통 토기의 대표적인 두 기종이다.

전기前期(서기전 13~9·8세기)에는 서북한에서 미송리식 토기가 나타난다. 남한 청동기시대 전기를 대표하는 토기는 가락동·역삼동·흔암리식 토기이다. 흔히 가락동식 토기는 형태는 제법 차이가 있으나 '이중구연+단사선'의 문양요소에 주목하여 팽이형토기 계통, 곧 서북한 계통으로, 역삼동식 토기의 '공렬'은 동북한 계통으로 보아왔다.

중기中期(서기전 9·8~6·5세기)가 되면 서북한에서는 묵방리식 토기가 압록강 및 대동강유역에서 나타난다. 남한에서는 평택-울산을 잇는 선의 서남부 전체에서 송국리식 토기가 성행하고, 그 동북부에서는 검단리식 토기가 나타난다.

후기後期(서기전 6·5~2세기 중반)를 대표하는 토기는 점토대토기이다. 지역에 따라 약간의 차이는 있지만 '점토띠'라는 요소가 광범위하게 유행한다. 잘린 면이 원형인 점토대토기는 청동기시대 후기에 속하지만

091 복원된 정선 아우라지유적 출토 장신구

곁들인 얘기 15   정선 아우라지유적과 남한 최초의 청동기

2017년 정선 아우라지유적의 발굴에서는 우리 청동기시대 고고학에 틀을 바꿀 만한 발견이 있었다. 63채 중 한 집자리(17호)에서, 배열하면 하나의 목걸이가 되는 옥장신구들 13점과 금속장신구 4점이 출토되었다(그림 091). 금속장신구 1점에 대한 (소지)분석 결과, 구리Cu가 압도적임이 드러났다. 주석Sn, 아연Zn과 납Pb, 비소As 등도 확인되지만 그 양이 매우 적어 의도적인 첨가로 보기도 어려울 정도라고 한다. 순동(에 가까운 재료)일 가능성이 높다. 이 장신구는 두드려 만든 단조鍛造품인데, 순동제 유물에서 많이 보이는 기법이다.

그런데 이 청동장신구가 우리의 주목을 끄는 것은 출토된 집자리가 청동기시대 조기(서기전 15~13세기)에 해당될 가능성이 제시되었기 때문이다. '청동기시대의 시작단계에는 청동기가 없다'는 그간의 주장을 무색케 할 수도 있는 대목이다. 조기일 가능성의 기미는 서기전 1290~1010년에 해당하는 2개의 방사성탄소연대측정치와 함께, 토기편을 재가공한 그물추, 돌대각목문토기와 유사한 토기 등에서 찾을 수 있다. 그러나 연대자체가 조기 말과 전기 초에 걸쳐 있어, 조기만을 언급하기에는 다소 부족함이 있고 전기에 속할 토기와 석촉도 함께 나오고 있어, 오히려 개념적으로라도 전기에 속할 가능성이 좀 더 크다. 연대를 십분 인정하더라도, 조기의 매우 늦은 시기로 밖에 볼 수 없다. '청동기시대의 시작 후 상당 기간 동안 청동기는 없다'로 약간 조정한다면, 그간의 주장이 크게 흔들리지는 않을 듯하다.

의견이 분분하지만, 현재까지 발견된 것으로는 남한에서 가장 오래된 순동 또는 청동제 유물일 가능성은 매우 높다. 청동기시대의 시작부터 본격적으로 청동기가 등장하기까지 몇 백 년의 기간이 순동시대일 가능성도 없지 않다는 일부 주장에 다소의 힘이 실릴 수도 있는 발견이다.

삼각형인 것은 많은 수가 철기와 공반하기 때문에 일부를 제외하고는 청동기시대 토기에는 포함하지 않는다(그림 087).

이렇게 분기를 설정하고 그 각각을 대표적인 토기형식으로 인지하면서 고고학자들은 청동기시대가 정체된 것이 아니라, 계속적인 발전을 이룬 시기로 이해하게 된다.

큰 마을이 나타나다

현재에도 그러하듯, 주거住居 곧 집의 모양, 방향, 배치, 건축재료 등에는 그것을 짓고 그 안에 사는 사람이 자신은 물론, 자신이 속해있던 사회나 주변의 자연환경 또는 경관景觀, landscape에 대해 가지고 있는 생각이 반영된다. 따라서 물질자료에 의거하여 당시를 이해하려는 고고학자에게는 더할 나위 없이 중요하다. 실제로 주거자료는 토기자료 못지않게 중요하게 여겨지고 있다. 그런데 고고학자가 발견하는 것은 실제 당시 사람들이 살았던 집(그림 092)은 아니고 그 터, 곧 집자리[주거지住居址]다. 터만 남고 위의 구조가 없어진 탓에, 고고학자들은 바닥의 형태가 원형인지, 방형인지, 기둥구멍[주공柱孔]이나 화덕자리[노지爐址]를 비롯한 내부시설이 어떤 모양이고 어떻게 배치되었는지를 살펴보면서 그 안에 살았던 사람, 곧 가구家口, household에 대해 밝히고자 한다. 그 첫걸음은, 해당 주거지를 시·공의 틀 안에 배치하는 것, 곧 시간의 흐름이나 지역에 따

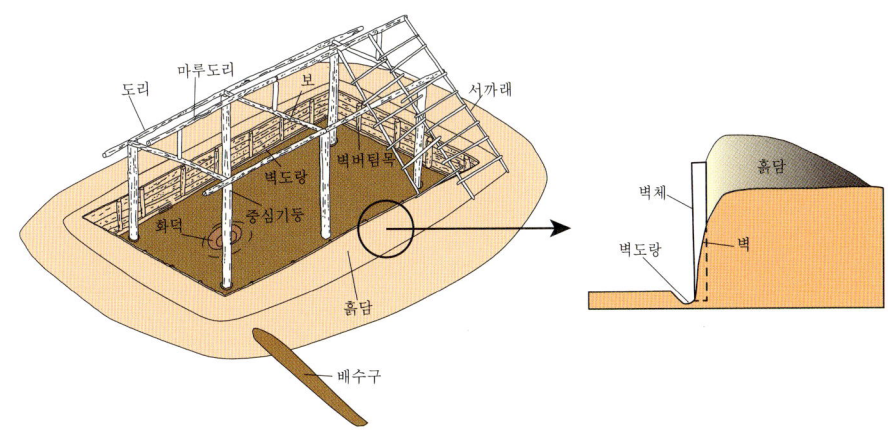

092 가옥구조복원도

라 나타나는 주거문화의 상사相似·상이相異성을 이해하는 것이다. 그러한 이해는 지역별로 청동기시대 각 분기에 성행하는 몇 형태의 주거양식을 내세우는 작업으로 이어지게 된다.

주거양식의 지역성 조기를 대표하는 주거는 중앙에 화덕자리가 있고 전체적으로는 평면이 (장)방형을 띠는 특징이 있다. 화덕은 바닥에 한 매 또는 몇 매의 판판한 돌을 깔고 주위를 강돌이나 판판한 돌로 돌리는 형태인데, 흔히 돌깐돌두름[석상위석식石床圍石式]화덕으로 부른다. 기둥구멍은 잘 발견되지 않는다(그림 093). 아마도 구멍을 파지 않고 바닥에 바로 기둥을 올린 것으로 추정된다.

남한의 전기를 대표하는 주거는 평면이 장방형 또는 매우 긴 장방형을 띠는데, 긴 변[장축長軸]을 따라 중앙에 일렬로 몇 개의 화덕이 설치된다. 화덕은 맨바닥에 주위에만 돌을 돌리는, 돌두름식[위석식圍石式]과 별도의 시설 없이 살짝 구덩이를 파서 만든, 구덩식[토광식土壙式]으로 나뉜다(그림 094). 앞 형태의 화덕이 있는 주거지에서는 가락동식 토기가, 뒤 형태가 있는 주거지에서는 흔암리식이나 역삼동식 토기가 출토된다. 그래서 앞의 것을 '가락동식 주거'로 부르고 있다. 다만, 뒤의 것은 뚜렷한 명칭은 없으나, 편의상 '흔암리식 또는 역삼동식 주거'라고 부를 수는 있겠다. 장방형 계통의 주거는 워낙 보편적이어서 특별히 청동기시대 전기의 특색이라고 하기는 어렵지만, 청동기시대 전기 주거는 짧은 변의 길이는 매우 비슷한 반면, 긴 변의 길이는 편차가 심하다는 특징이 있다. 이로부터 방형에 가까운 단위單位주거가 병렬로 연결되었다고 추정하기도 한다. 실제로 짧은 변에 잇대 증축을 한 흔적이 보이는 주거지

093 청동기시대 조기의 주거지

094 가락동 및 역삼동식 주거와 화덕 1. 음성 하당리유적의 가락동식 주거지(6호), 2. 위석식화덕, 3. 화천 용암리유적의 역삼동식 주거지(77호), 4. 토광식화덕, 5. 평지식화덕

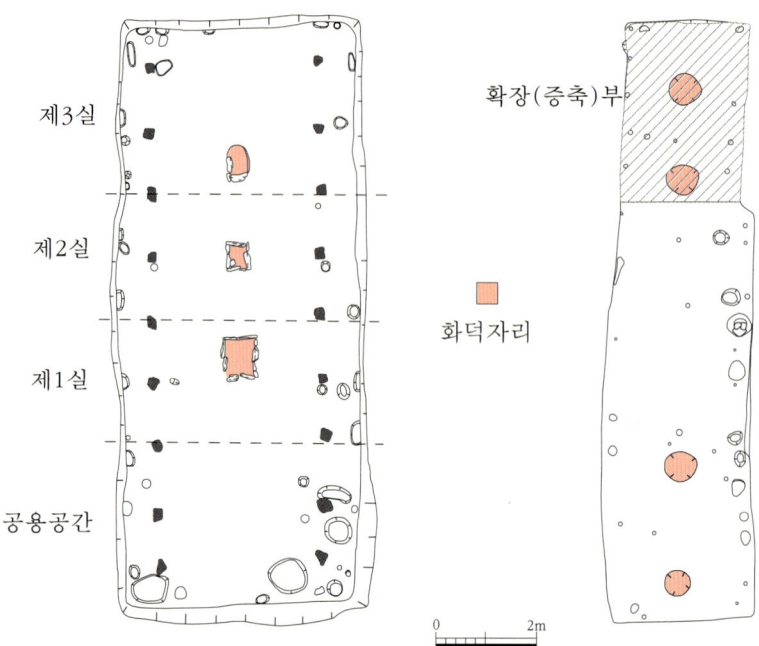

095 청동기시대 전기주거의 분실안과 증축의 흔적

들이 있어 그런 추정에 힘을 싣기도 한다(그림 095).

중기에는 한반도 중남부에서 송국리식 주거가 널리 유행한다. 평면이 원형을 띠며, 중앙에는 타원형의 토광이 있고 토광 내 양쪽 끝에는 기둥구멍이 있다(그림 096). 아이들이 그리는 돼지 코와 비슷하다고 하여 애칭이 붙기도 하지만 공식적인 것은 아니다. 종종 주거의 평면이 방형을 띠기도 하는데, 구분하여 '휴암리식休岩里式'이라고 부르기도 한다(그림 096). 이러한 송국리식 주거는 영남 동부나 강원도 영서지역을 제외한 전 남한지역에 널리 퍼져있다. 이는 앞서 살핀 '평택-울산을 잇는 선'의 왼쪽을 반영하는데, '송국리문화권'으로 부르기도 한다(그림 097). 송국리문화권의 바깥쪽, 특히 울산광역시 일대에는 두 개씩 짝을 이룬 기둥 구멍

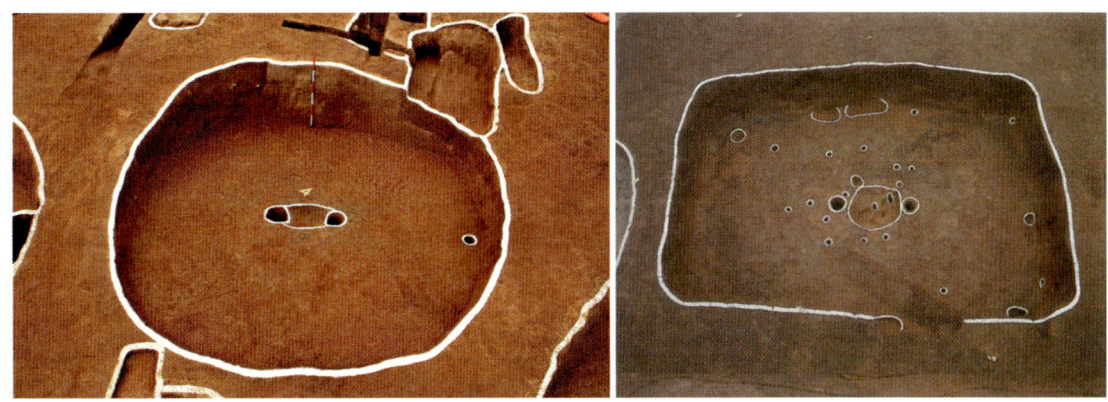

096 송국리식 주거와 휴암리식 주거

097 송국리문화권 비송국리문화권의 대부분은 산악지대로 유적의 발견이 흔치 않지만, 파주, 춘천, 양양 등지와 그 주변에서는 순서대로 당동리, 천전리, 포월리 등의 지역문화유형이 설정되기도 한다.

이 2~4열로 배치되고, 벽 안쪽을 따라 좁은 도랑이 설치된 주거가 유행하는데, 최근 점점 많은 연구자들이 '울산식蔚山式 주거'로 부르기도 한다(그림 098). 이러한 주거는 울산, 경주, 포항 등 한반도 동남부 일대에서 5,000채 이상이 확인되어 당시 상당한 인구밀집이 있었음을 말해주고 있다.

후기를 대표하는 점토대토기는 일부가 송국리식 주거에서도 발견되지만 주로는 자그마한 방형주거에서 발견된다. 한쪽 벽 중앙에 화덕이 설치된 것으로 보이는데, 늦은 시기로 가면서 돌로 만든 고래시설이 덧붙여지기도 한다(그림 099).

여기까지는 주로 남한에서 이루어진 광범위하고 밀도 높은 조사결과를 기초로 한 내용이다. 반면, 중국 동북지방이나 북한의 경우 주거유적에 대한 조사가 긴밀하게 이루어지지 않아, 그런 정도로 광범위한 규칙성을 밝히기는 어렵지만 몇몇 유적을 토대로 어느 정도의 설명은 가능하다. 중국 동북지방의 경우, 평면이 (장)방형 계통이지만 간혹 출입구 쪽이 돌출하여 '철凸'자형을 띠기도 하는 특징이 있다. 특히 이 지역의 주거는 벽면을 따라 돌을 쌓는다는 점을 특징으로 하여 한반도와는 구별된다(그림 100). 호곡동과 오동 등 유적에서 보듯, 두만강유역에서는 평면이 (장)방형계통이면서 (타)원형 위석식과 토광식화덕이 설치되며, 몇 열의 기둥구멍과 초석礎石이 있는 주거가 유행한다. 자강도 중강 토성리, 시중 심귀리 등 유적에서 보듯, 압록강유역에서는 장방형의 평면에 타원형의 위석식이나 석상위석식화덕을 갖춘 주거가 사용되었다. 대동강유역은 북한의 중심지대인 덕에 주거유적에 대한 조사도 다른 지역에 비해 활발하고 긴밀하게 이루어졌다. 황해북도 송림 석탄리, 평안남도 북창 대평리 등 유적에서 보듯, 대동강유역에서는 대체로 위석식화덕과 3열의 기둥을 갖춘 장방형 평면의 주거가 유행하지만, 평양 금탄리유적

098 울산식 주거

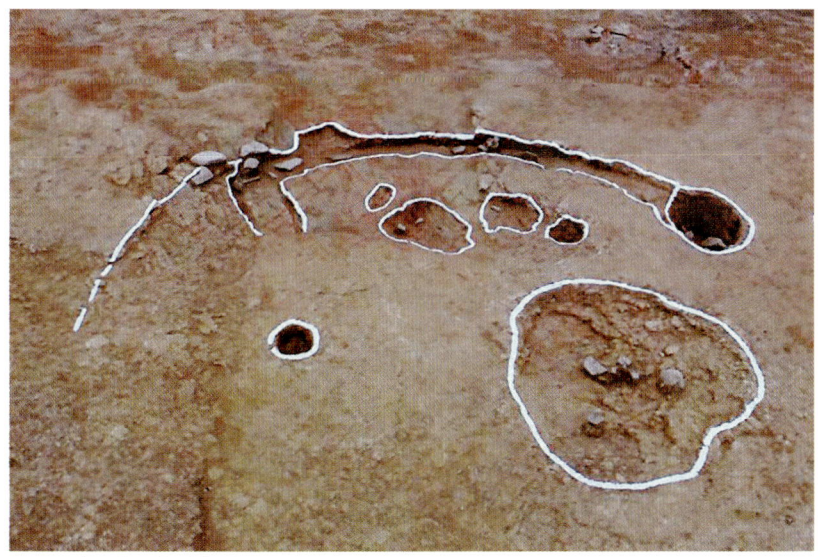

099 점토대토기 반출 주거

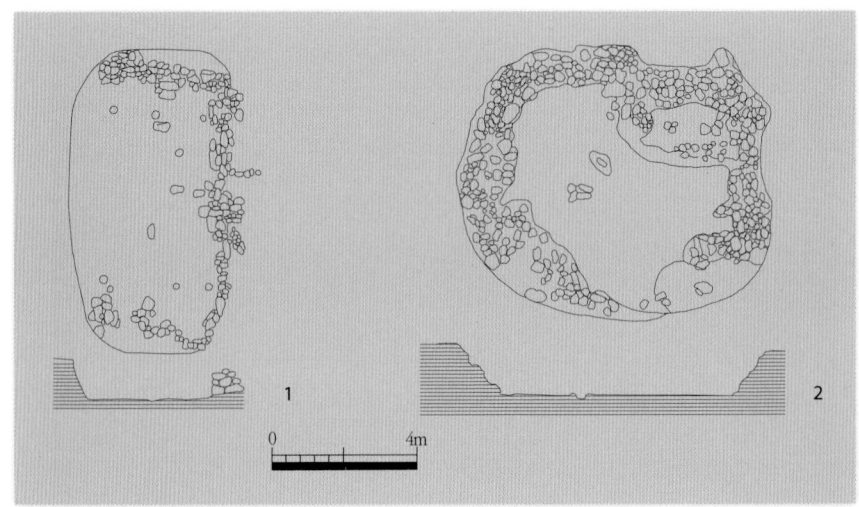

100 중국 동북지방의 청동기시대 주거 1. 지린吉林성 파오쯔옌첸산泡子沿前山유적, 2. 장서산長蛇山유적

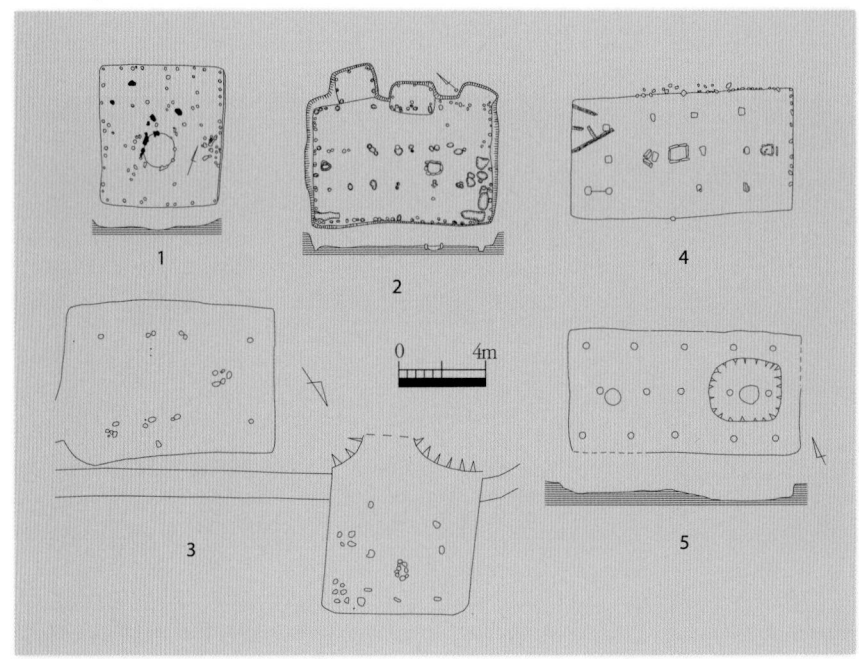

101 북한 각 지역의 청동기시대 주거 1. 나선 (굴포리) 서포항, 2. 회령 오동유적, 3. 시중 심귀리유적, 4. 북창 대평리유적, 5. 평양 금탄리유적

에서와 같이 토광식화덕을 갖춘 주거도 축조되었던 것으로 보인다(그림 101).

이렇듯 시기나 지역에 따라 차이를 보이는 주거양식을, 시간성과 지역성을 강하게 보이는 유물, 특히 토기의 양식과 결합시켜 고고학적 '문화' 또는 '유형類型, archaeological assemblage'으로 설정하고 청동기시대 문화의 다양성과 변화를 이해하기 위한 도구로 활용하기도 한다. 특히, 조사와 연구의 밀도가 높은 남한의 청동기시대 문화를 몇몇 대표적인 유형으로 설명한다.

주거양식의 시간성과 물질문화유형

흔히, 돌대(각목)문토기와 석상위석식 화덕을 갖춘 (장)방형 주거를 표지로 하는 유물군을 미사리漢沙里유형으로 규정하고, 남한의 조기를 대표하는 물질문화로 이해하고 있다. 이 유형이 확인되는 유적은 그다지 수가 많지는 않지만 남한 전역에 고루 퍼져 있다.

남한의 청동기시대 전기는 가락동·흔암리·역삼동유형의 공존으로 특징지어질 수 있다. 가락동유형은 가락동식 토기(이중구연+단사선)와 위석식화덕을 갖춘 장방형 주거, 곧 가락동식 주거를 표지로 한다. 역삼동유형은 역삼동식 토기(공렬문)와 토광식화덕을 갖춘 장방형주거를, 흔암리유형은 토광식화덕을 갖춘 장방형 주거와 흔암리식 토기(이중구연+단사선+공렬문)를 핵심으로 한다. 다만, 석기는 세 유형 간 큰 차이가 없다.

중기는 송국리유형으로 대표된다고 해도 지나치지 않다. 송국리문화권에서는 압도적으로 이 유형이 확인되는데, 송국리식 주거와 송국리식 토기를 핵심으로 하여, 뒤에서 살필 홈자귀, 삼각형반달칼 등도 주요 구성요소로 포함된다. 송국리문화권 밖의 검단리유형은 울산식 주거와 검단리식 토기, 뒤에 살필 동북형석도 등의 요소로 정의된다.

　　남한의 청동기시대 후기의 점토대토기문화 또는 수석리水石里유형—현재의 남양주 수석동유적에서 이름이 유래함—은 자그마한 방형의 주거와 점토대토기, 흑도장경호 등을 핵심요소로 한다.

대규모 취락　각 시기를 대표하는 형식의 주거들은 마을을 이루게 된다. 물론 신석기시대에도 주목할 만한 마을 유적들이 곳곳에 등장하지만 취락생활은 청동기시대에 들어서야 본격적으로 확대된다. 특히 신석기시대와는 비교되지 않을 정도의 많은 주거로 이루어진 대규모 마을이 등장하는데, 이런 현상은 조기부터 확인된다. 전반적으로 조기에 해당하는 수가 많지 않고 자그마한 마을이 대부분이었으나 몇몇 큰 강의 충적대지에는 상당히 규모가 큰 마을들이 나타난다. 금강 중류역의 세종 대평동—발굴 당시 연기 대평리—이나 북한강유역의 춘천 중도 등 유적이 대표적이다(그림 102).

　　전기에 접어들면, 남한 전역에 걸쳐 구릉이나 충적대지에 마을이 자리 잡게 된다. 조사가 긴밀하게 이뤄진 남한을 보면, 이 무렵, 험준한 산악지대나 도서지역을 제외한 모든 지역에 크고 작은 마을이 느슨하게나마 퍼져 있었다. 대부분의 마을은 20여 채가 되지 않는 주거로 이루어지는 정도지만 종종 훨씬 규모가 큰 마을이 등장하기도 한다. 가장 현저한 사례는 천안 백석동유적이다. 이 유적에서는 여러 지점에 대한 여러 해에 걸친 발굴을 통해 (장)방형계통의 주거 200여 채가 확인되었다(그림 103). 이외에도 화천 용암리, 춘천 천전리, 중도 등 유적의 발굴을 통해 남한 지역 곳곳에 인구집중을 알리는 대규모 마을이 형성된 것을 알 수 있다.

　　중기가 되면 인구가 늘어 마을의 수도 늘어날 뿐만 아니라, 대규모

102 춘천 중도유적 전경

103 천안 백석동유적 전경

마을의 수도 더욱 늘어나게 된다. 더불어, 그러한 대규모 마을이 그 정점에 있는 광역적인 취락체계 또는 연결망network이 형성되기도 한다. 송국리유적을 중심으로 한 취락연결망은 그 대표적인 사례라 할 수 있다

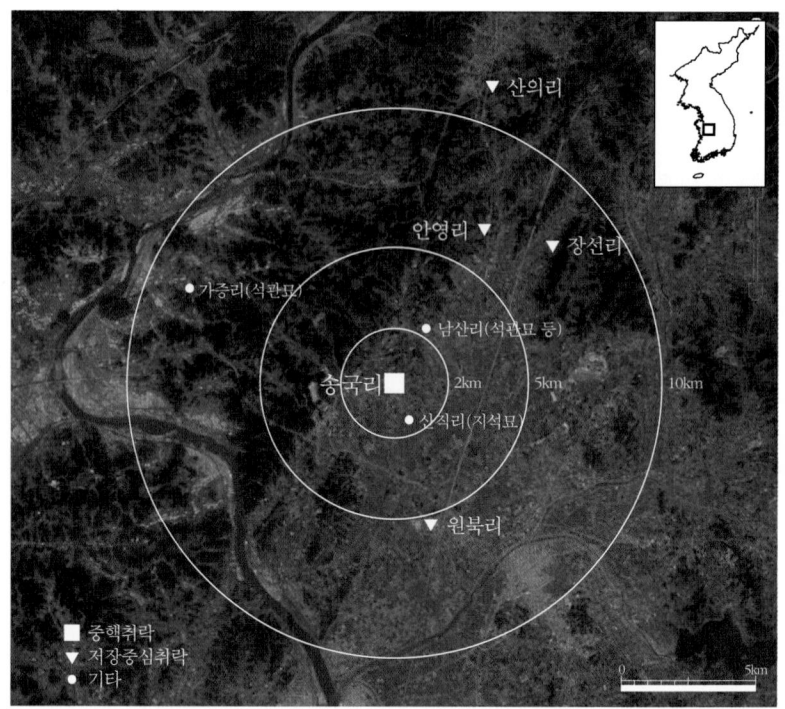

104 부여 송국리유적 주변의 취락연결망

(그림 104). 한 마을에 인구가 집중하자 주변 마을로부터 식량과 같은 일차산물이 유입될 필요가 생기고 그러한 관계는 '위계적位階的 연결망'을 형성하게 된 것으로 추정된다. 결국, 마을 사이에는 규모뿐만 아니라, 위상과 역할에서도 차이가 생긴 셈이다. 그러한 연결망의 말단에는 옥외 저장구덩이가 주거에 비해 훨씬 많아 저장 기능을 중점적으로 수행했을 법한 마을들이 자리하기도 한다(그림 105). 송국리유적 주변의 상황만이 아니더라도 저장 기능이 강조되는 마을의 등장은 특히 한반도 중서부에서 두드러지는 현상이다. 대전 복룡동, 가오동, 천안 대흥리, 공주 장선리, 산의리, 신영리 여드니, 안영리 새터, 논산 마전리, 청주 쌍청리

105 청동기시대 중기 유적의 옥외 저장수혈 크기가 제법 큰 옥외 저장수혈이 대체로 유적의 한 곳에 모여있고(1. 대전 복룡동유적), 그 안에서는 토기가 있었던 흔적(2. 공주 안영리 새터유적)이 보이기도 한다.

등이 바로 그런 유적들이다. 무엇이 저장되었는지 분명치 않아, 구휼救恤 작물이나 잉여剩餘산물이 그 대상이었을 것으로 추정할 뿐이다. 특히 당시의 여러 사회적 변화와 연결시켜, 상위유력층上位有力層, the elite에 의한 잉여의 전용專用이나 '잉여관리의 공공화公共化'를 추정하기도 한다. 사회복합화social complexity—계층화가 진행되며, 일정 영역이 우두머리의 통제 아래 놓이는 현상—가 진행되면서 잉여를 독점적으로 보관하거나 그 방어를 위한 시설이 강화되는 것은 세계 여러 지역에서 관찰되는 현상이다.

중심지 성격의 대규모 취락은 방어 혹은 내부결속 등을 목적으로 하는 시설을 갖추기도 한다. 울산 검단리나 창원 (서상동) 남산 같은 유적에서 발견된 환호環濠 등은 그 대표적인 예이다(그림 106). 환호가 설치된 청동기시대 마을은 30여 곳에 이르는 것으로 알려져 있다. 그중 60% 이상이 중기에 속한다. 종종 화재로 소실된 주거지, 부장용 긴 화살촉, 방어시설 등을 종합하여, 농산물을 둘러 싼 약탈, 집단 간 통합의 과정

106 창원 남산유적의 환호 1. 유적 전경 항공촬영, 2. 환호의 단면은 ∨자 모양이고, 가장 깊은 곳은 4.2m에 이른다.

에서 발생하는 갈등을 추정하기도 한다. 그러나 화재로 소실된 주거지의 수가 매우 적고, 화살촉 또한 실전용이라기보다는 단순한 상징적 성격이 강하기 때문에 그러한 설이 설득력을 갖기는 어렵다.

한편, 중심지들에서는 일부 물품들을 독점적으로 생산한 증거도 보인다. 진주 대평리 옥방·어은유적에서는 옥玉제품, 송국리유적에서는 청동기 등의 제작과 관련된 생산전문화가 진행된 듯하다. 특히 대평리유적의 옥제품은 전문화는 물론, 분업화의 산물로 보이기도 한다(그림 107).

107 진주 대평리유적의 옥가공구와 생산체제

마제석기가 더 발달하다

앞서 살핀 대로 청동기의 수량이 압도적이지 못한 만큼, 실질적인 도구는 여전히 돌로 만들어진 것으로 보인다. 토기가 음식물 등을 담고, 보관하고, 끓이고, 나눠먹기 위한 도구라면 청동기시대 석기는 농경, 수렵, 벌채伐採, (곡물)수확, 식료가공, 도구제작 등 일상의 다양한 생산 활동을 충족시켜야하는 임무를 가지고 있었다. 이런 석제石製도구들은 대부분이 간석기[마제석기磨製石器]였다. 흔히 신석기시대의 3대 요소 중 하나로 마제석기를 꼽지만 우리의 경우 실제로 돌을 갈아 도구를 만드는 기술은 청동기시대에 더욱 발전하게 된다. 더불어 동일한 기능을 하더라도 다른 형태를 띠는 것들이 많다. 우리도 일상에서 보다시피, 같은 기능을 하더라도 널리 자주 쓰이는 물건일수록 형태의 변이가 많고, 아주 미세한 기능의 차이도 세세하게 반영하려 한다. 또 생활형편이 나아지고 기술이 고도화될수록 그런 물건의 분화分化는 더 빈번해진다. 신석기시대와 비교하면서, 또는 청동기시대 분기 사이의 차이에 주목하면서 청동기시대 석기구성을 살펴보면 그런 점이 분명함을 알 수 있다.

청동기시대 석기구성 청동기시대 석기 중 수렵의 도구나 무기로 사용된 것은 화살촉[석촉石鏃], 단검[석검石劍], 창끝[석창石槍] 등이 대표적이다. 무기나 수렵도구로 썼을 석기 중 절대다수를 차지하는 것은 석촉인데, 그 모양이 매우 다양하다. 몸통의 단면이 마름모꼴이고 슴베가 일단이거나 이단인 것[일·이단경촉—·二段莖鏃], 슴베가 뚜렷하지 않아 몸통과 일체를 이룬 듯한 것 [일체형석촉—體形石鏃], 몸통의 단면이 넓은 육각형인데, 슴베가 없어 전체적으로는 세모꼴이지만 화살대에 닿는 쪽이 오목하거나 평평한 것[삼각만입촉三角灣入鏃 및 삼각편평촉三角扁平鏃] 등이 대표적이다(그림 108).

간돌검[마제석검磨製石]은 손잡이[병부柄部]의 형태에 주목하면서 홈이 있고/없는 것, 마디가 있는 것 및 손잡이는 없고 슴베만 있는 것 등으로 구분할 수 있다. 순서대로 이단병(식)二段柄(式)석검, 일단병(식)一段柄(式)석검, 유절병(식)有節柄(式)석검, 유경(식)有莖(式)석검 등으로 부른다(그림 109). 석검은 석촉과 더불어 청동기시대를 대표하는 석기이지만 석검 중 상당부분이 석촉처럼 실용성을 전제로 제작된 것이라고 하기는 어렵다. 더 많은 수가 무덤에서 발견될 뿐만 아니라, 두께가 얇고 필요 이상으로 길기 때문이다. 김해 무계리 고인돌 등 영남의 무덤에서 출토

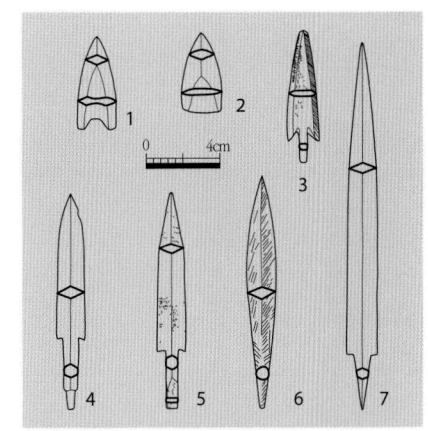

108 청동기시대의 다양한 석촉 1. 삼각만입촉, 2. 삼각편평촉, 3·5. 일단경촉, 4. 이단경촉, 6. 일체형촉, 7. 세장촉

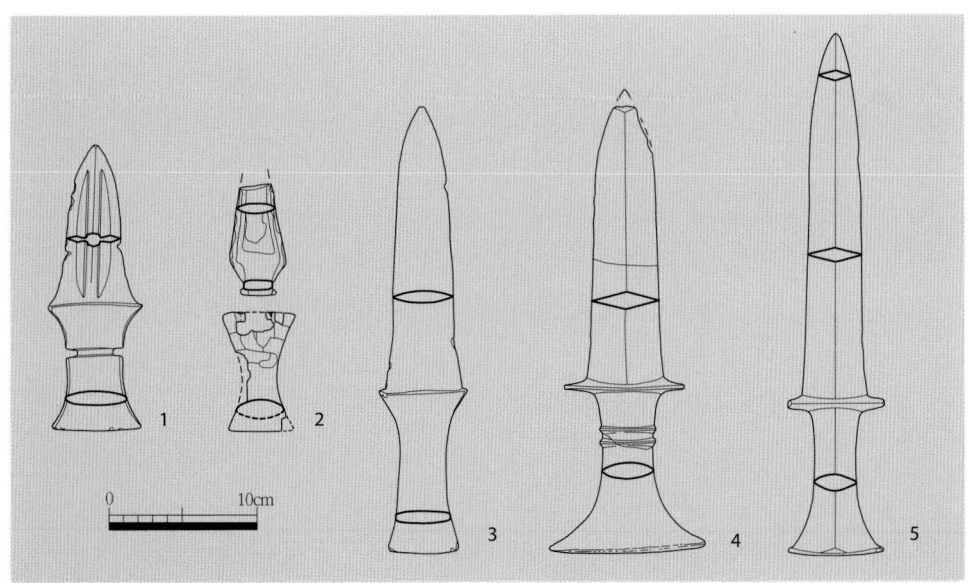

109 청동기시대의 다양한 석검 1. 이단병검 2. 유경검, 3·5. 일단병검, 4. 유절병검

110 장식석검과 조형으로 추정되는 비파형동검 1. 마산 평성리 유적 출토, 2. 츠펑 샤오헤이스거우유적 8501호묘 출토

되는, 손잡이의 연결부가 좌우로 과장된 석검들은 비실용성을 암시하는 현저한 사례다. 그런 형태적 특징 때문에, 주거지에서 발견되더라도 실용기로 보지 않는 것이 일반적이다. 더 극적인 사례는 주거지에서 발견되는 장식석검이다(그림 110). 장식석검은 기본적으로 이단병검이지만 병부에 여러 개의 작고 동그란 홈이 있거나 그 뒤에 부가부분이 있어 장식성이 부각되는데, 청도 진라리, 포항 초곡리, 경주 하서리, 울산 구수리 등 주거유적 출토 사례가 늘고 있다. 또한 구리 토평동, 울산 신화리 등 유적에서처럼 장식부가 자루끝장식[검파두식劍把頭飾, 가중기加重器]으로 사용되기도 한다. 장식석검은 무기로 분류되지만 실용성보다는 상징이나 의례적 성격이 강한 석기로 일상에서도 위세를 과시하는 데 활용되었을 법하다.

바퀴날도끼[환상석부環狀石斧]나 톱니날도끼[다두석부多頭石斧]도 무기에 속하지만 실제 살상殺傷보다는 상징이나 의례적 성격이 강해 보인다. 일부는 실제로 사용해도 좋을 만큼 날이 날카로운 경우도 있지만 주로 무덤에서 발견될 뿐만 아니라, 사용 흔적이 거의 없어 실용기로 보기는 어렵다(그림 111).

석창은 석촉보다는 제법 크되, 손잡이가 없는 석검보다는 작다(그림 112). 무기나 수렵구의 일종으로 인정되지만 석검이나 석촉에 비해 그 수가 매우 적다.

벌채나 목공을 위해 사용한 도구로는 조갯날도끼[합인蛤刃석부], 홈자귀[유구有溝석부], 턱자귀[유단有段석부], 대팻날[편평편인扁平片刃석부], 끌[석착石鑿] 등이 있다. 합인석부는 신석기시대부터 나타나고 있는데, 나무 베기뿐만 아니라, 땅을 파는 데에도 쓰였을 것으로 추정된다. 유구석부나 유단석부는 현재의 자귀처럼 활용되었을 것으로 추정되는 대표적인 목공구이다. 편평편인석부나 석착 또한 목공구로 분류되는데, 나무

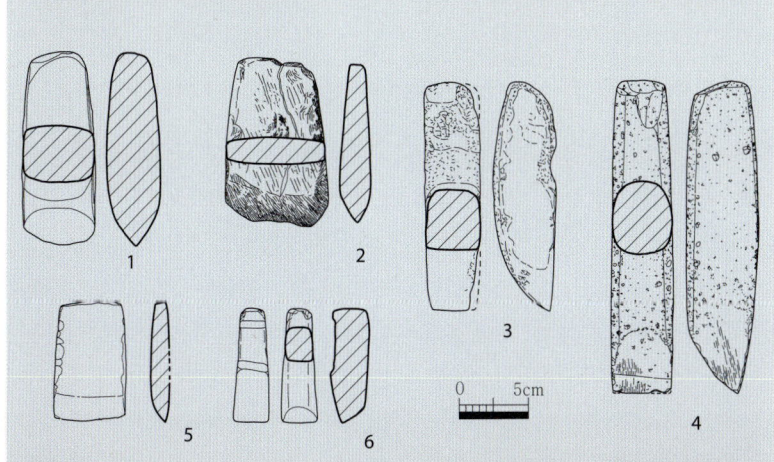

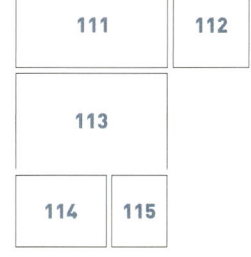

111 청동기시대 환상석부와 다두석부
112 청동기시대 석창
113 청동기시대의 다양한 석부　1. 합인석부, 2. 편평합인석부, 3·6. 유구석부, 4. 주상편인석부, 5. 편평편인석부
114 청동기시대 갈판과 갈돌
115 경주 황성동유적 출토 동북형석도

의 표면을 다듬거나 홈을 파는 데에 활용되었던 것으로 보인다(그림 113).

갈판[연석碾石]과 갈돌[마석磨石], 자그마한 손칼, 'ㄱ'자형 돌칼 등은 식료를 가공하는 데에 쓰였을 것으로 추정된다. 갈판과 갈돌(그림 114)은 한 조를 이루는데, 도토리나 낟알 곡식의 껍질을 벗기거나 가루형태로 만드는 기능을 했던 것으로 보인다. 자그마한 손칼은 흔한 일단병검과 유사하지만 크기가 작고 주로 집자리에서 발견되어 식도로 추정된다. 종종 동북형석도東北型石刀로도 불리는 'ㄱ'자형 돌칼(그림 115)도 유사하게 가내 식료 가공용이었을 것으로 보인다.

수확구로는 널리 알려진 반달칼[반월형석도半月形石刀]을 들 수 있는데, 이름이 그러할 뿐 반달모양으로 생긴 것만 있는 것은 아니다. 물고기모양[어형魚形], 장방형, 빗 모양[즐형櫛形], 배 모양[주형舟形], 삼각형 등도 있다. 한쪽에는 날이 있고 반대쪽은 날이 없는데 날 없는 쪽을 잡고 이삭을 훑어낸다. 즐형은 반달모양으로 평평한 쪽에 날이 있고 주형은 호선弧線부분에 날이 있다. 삼각형은 대체로 양 빗변의 날이 서로 엇

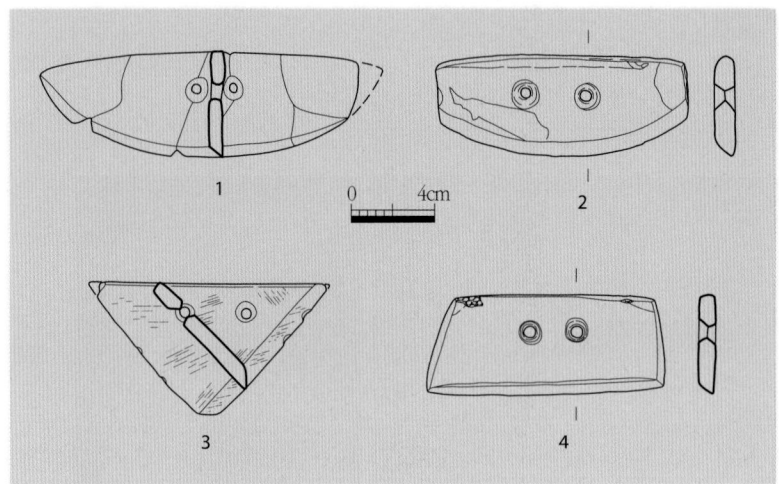

116 청동기시대의 다양한 석도 1·2. 주형석도, 3. 삼각형석도, 4. 제형석도

갈린다는 점이 나머지 형태들과 다른데, 중기에 본격적으로 등장하며, 이삭을 훑어내는 기능이 증대된 것으로 이해된다. 낫[석겸石鎌]도 수확구임은 분명하지만 발견된 수가 많지는 않다(그림 116).

물론 특화特化되었다고는 하지만 한 가지 석기가 한 가지 기능만을 하지는 않았을 것으로 보인다. 망치로 못을 박지만, 종종 급해지면 호두[가래]를 깰 수도 있다. 청동기시대에도 그런 일은 비일비재했을 것이다. 공이돌[고석敲石]은 석기를 다듬는 도구이기도 하지만 견과류 껍질을 깨는 도구로도 사용되었을 것으로 보인다(그림 117). 한편으로 부리모양석기와 같이 기능이 분명치 않아 다목적 또는 다기능적일 가능성을 제기하는 경우도 있다. 이 석기는 윗면은 편평하게 다듬어 직선적이고 아래는 반달모양이지만 옆면에 홈을 만들어 매부리 모양으로 다듬은 도구다(그림 118). 그런데 그 용도는 그리

117 청동기시대 고석

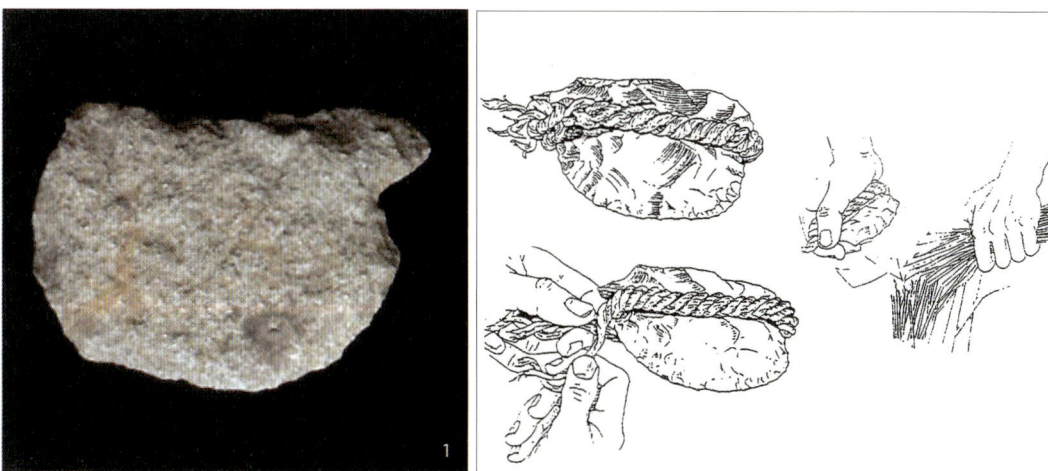

118 부리형석기와 프랑스 신석기시대 석기   1. 대구 동천동 집수지에 출토된 부리형석기, 2. 프랑스 신석기시대 수확구 상상도

209

분명하지는 않다. 아래 부분에 날을 세운 점에 주목하여 지금의 호미와 비슷한 용도의 도구로 보기도 하고, 프랑스의 신석기시대 수확용 석기와 유사한 점을 들어 수확도구로 보기도 한다. 다른 한편으로, 그다지 용도가 불분명하지만 활발하게 경작되었던 충적대지 유적들에서 출토된다는 점에 착안하여 농경의례와 관련되었다고 보기도 한다.

석기형식의 시간성 청동기시대 석기 중에는 종종 시간의 흐름을 뚜렷하게 반영하는 것도 있다. 몇몇 석촉과 석검이 그 대표적인 예이다. 슴베가 있는 석촉 중 이단경촉은 전기를, 일단경촉은 중기 이후를 대표하는 것으로 알려져 있다. 흔히 단순한 형태에서부터 복잡한 것으로 발달한다는 생각과는 배치되는 현상이다. 석검도 비슷한데, 이단병검에서 일단병검으로 변해가며, 앞의 것은 전기에, 뒤의 것은 중기부터 유행한다. 이외에도 유구석부, 삼각형석도, 길어지고 잘 다듬어진 일단경촉―'세장細長(석)촉'으로 불리는데, 날 부분이 10㎝에 달하기도 함(그림 119)― 등은 중기 이후를, 삼각편평촉은 후기를 대표하는 것으로 알려져 있다.

한편, 마제석검이 비파형동검을 모방했다는 생각은 그 등장의 시기를 한정한다. 일제 강점기이래 둘 중 어느 것이 어느 것을 모방한 것인지에 대한 논쟁이 이어져왔다. 최근에는 마제석검 중 이른 형식인 이단병석검이 비파형동검을 모방했다는 '동검모방설'이 전문가들의 지지를 받고 있다. 이단병석검의 제작도 흔한 기술은 아닐 것이다. 그럼에도 불구하고, 청동에 대한 접근이 어려웠던 나머지 그나마 흔한 돌이라는 재료로 만들어 널리 보급되었던 것으로 보인다. 요즈음의 복제약과 비슷하다고 보면 큰 무리가 없을 것이다. 동검모방설에 더욱 힘을 실어주는

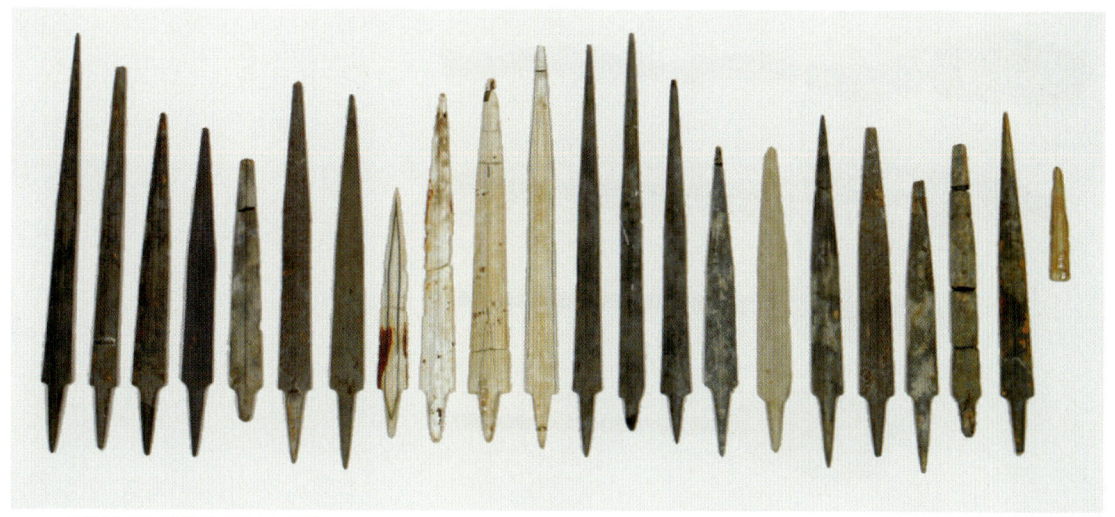

119 창원 덕천리유적 출토 세장촉

것은 장식석검의 장식부를 그대로 닮되, 시기가 앞서는 비파형동검이 츠펑赤峰시 샤오헤이스거우小黑石溝에서 출토된다는 점이다(그림 110).

목기

현재 남은 것은 석제가 압도적이지만 나무도 중요한 도구재료였을 것이다. 나무는 입수가 쉽고 상대적으로 형태를 자유로이 만들 수 있는 장점이 있다. 날 부분만 남은 석부의 자루나 석촉의 화살대는 목제였을 것이다. 실제로 자루는 상대적으로 많은 수가 남아있다. 더욱이 중기에 들어서면서 급격하게 확산되는 논농사에는 목제 도구가 많이 쓰였을 것으로 보인다. 중·근세 문헌기록을 통해서도 추론이 가능할 뿐만 아니라, 1970년대 기계화가 본격적으로 진행되기 전까지만 해도 적잖은 (논농사) 도구가 목제였다(그림 120). 실제로 청동기시대 고무래나 괭이 등의 목제 경작구가 발견되기도 한다. 그 밖에도 절구 공이나 석검의 자루도 확인

211

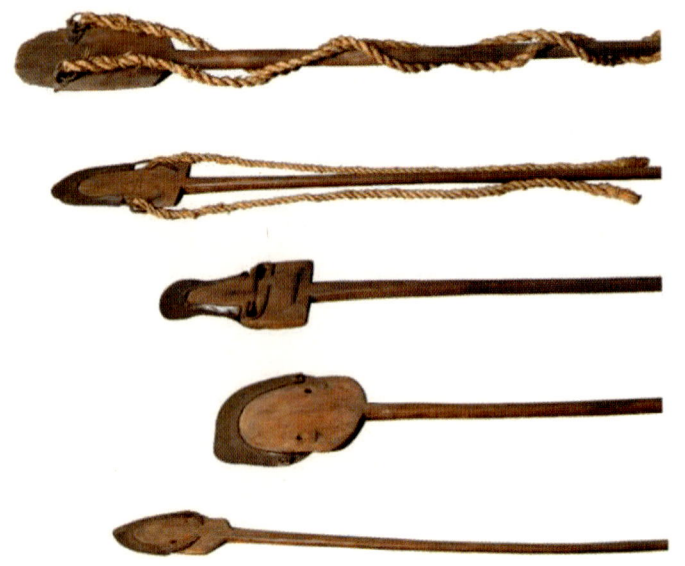

120 우리나라 전통농구(여러 형태의 가래) 나무로 만들지만 날 부분에는 쇠를 덧댄다. 그중 가래는 흙을 뜨고 던지는 도구로, 소가 들어가지 못하는 진흙 밭이나 물이 많이 나는 논을 갈고 고를 때 썼다.

된다(그림 121). 다만, 우리 토양이 유기물질을 보존하기에 적합지 않은 탓에, 현재까지 남아 있는 것으로 당시의 목제도구조합을 모두 복원하기는 어렵다. 그럼에도 불구하고, 청동기시대 중기에 들어서면서 목가공구의 비율이 제법 늘어난다는 점을 목제도구 활성화, 논농사의 확산으로 치환하여 생각하는 점은 나름대로 타당해 보인다. 한편, 자그마한 도구의 손잡이가 동물 뼈나 뿔로 만들어진 사례도 있으나 그 수는 매우 적다.

(큰) 돌로 무덤을 만들다

신석기시대에도 장송葬送의례는 있었던 듯하다. 죽음을 애도하고 주검을 처리하고 뭔가를 기념하고 기억하려고 했을 것이다. 그런데 우리나라 토양은 유기물보존에 좋지 않은 탓에, 별다른 시설 없이 직접 시신을 묻는 경우, 그런 행위가 이루어진 것을 알기 어려울 수도 있다. Ⅱ부에서 살핀 것처럼, 신석기시대에는 정연한 구조물로서의 무덤[분묘墳墓]을 알려주는 사례가 많지는 않다. 현재 발견되는 신석기시대 분묘는 대체로

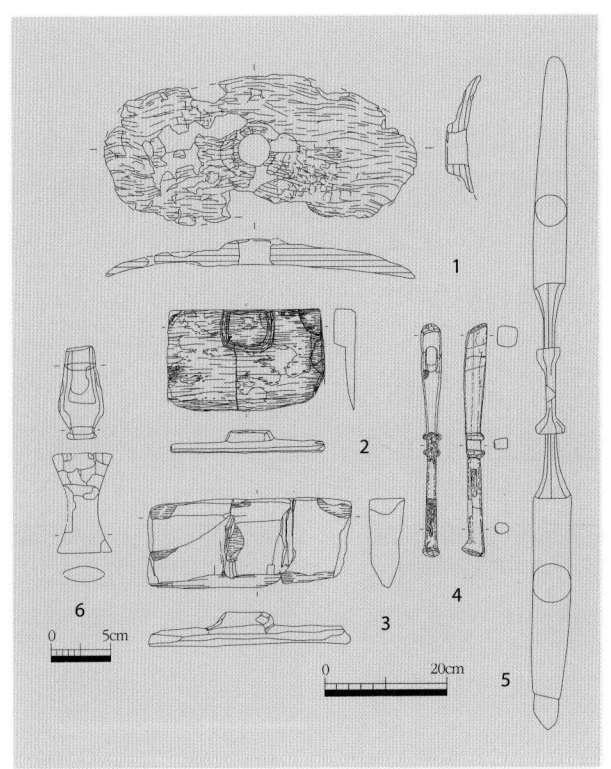

121 청동기시대의 다양한 목기　1. 괭이, 2·3. 고무래, 4. 도끼자루, 5. 절구공이, 6. 검손잡이

평지 또는 야트막한 구덩이를 파고 시신을 직접 안치하되, 위에 흙이나 돌을 덮지는 않은 것들이 대부분이다. 그래서 주로 석회성분이 많아 유기물 보존이 양호한 조개더미에서 발견된 인골人骨들로 '분묘'임을 확인하는 경우가 많다.

청동기시대에 들어서면 그런 상황이 상당히 획기적으로 변한다. 장구한 세월을 견딜 수 있는 재료로 무덤을 만드는 일이 널리 유행하게 된다.

다양한 무덤양식

그리하여, 돌로 만든 무덤이 곳곳에서 확인된다. 고인돌[지석묘支石墓]이나 돌널무덤[석관묘石棺墓]이 대표적이지만 돌덧널무덤[석곽묘石槨墓]도 몇몇 알려져 있다. 물론 청동기시대에는 돌로 만든 무덤만 쓰인 것은 아니다. 움무덤[토광묘土壙墓], 독(널)무덤[옹관묘甕棺墓]도 자주 확인된다. 이름을 지어 부를 만큼 제대로 갖춰진 매장시설이 곳곳에서 나타나기 때문에 청동기시대 사회를 이해하는 데에 무덤의 역할은 매우 중요하다.

지석묘는 전문가가 아닌 사람들에게도 가장 널리 알려진 청동기시대 대표적인 무덤양식[묘제墓制]이다. 함경북도 일부를 제외한 한반도와 중국 동북지방, 일본 규슈九州까지 넓은 지역에 분포한다. 물론 동남아시

122 탁자식지석묘와 축조과정(추정)

아, 유럽에서도 유사한 큰 돌[거석巨石] 무덤이 발견되기도 하지만, 우리나라 청동기시대 지석묘와 직접적인 관계가 있다고 보기는 어렵다. '지석묘' 하면 우선, 큰 돌이 떠오를 것이다. 사실, 지석묘를 특징짓는 것은 큰 윗돌[상석上石]이다. 그런데 지석묘 또는 고인돌의 이름은 '지석支石' 또는 '괸 돌'에서 나온 것이다. 큰 돌이 지상에서 뜨도록 괴어져 있다는 것인데, 역설적으로 우리나라에는 지석이 없는 지석묘가 가장 많다.

　흔히 지석묘는 겉모습과 구조에 따라, 탁자식, 기반식, 개석식으로 나누기도 하고, 간혹 위석식을 추가하기도 한다. 탁자식卓子式은 네 개의 판판한 돌로 지상에 시신을 안치하는 무덤방을 만들고 그 위에 상석을 올리는 것이다(그림 122). 물론 현재 남아 있는 것들 중에는 네 개의 판돌 중 한둘이 없어져 두세 방향만 남은 경우가 많다. 중국 동북지방, 북한, 금강 이북에는 이런 지석묘가 많다. 주로 북쪽에 많다고 하여 '북방식北方式'이라고도 불리지만 현재 영산강유역에서도 적지 않게 발견되고 있어, 이 명칭을 그다지 자주 사용하지는 않는다. 북한에서는 이러한 형식이 발견된 대표적인 유적의 이름을 붙여 '오덕형五德型'이라고 부르고 있으며, 중국 동북지방의 '스펑石棚(그림 123)' 또한 이 형식에 속한다고 할 수 있다. 몇 가지 중 상석의 웅장함을 가장 부각하는 형식일 뿐만 아니라, 적지 않은 수가 주변을 조망하기에 좋은 구릉의 정상부나 산 중턱에 단독으로 축조되고 있어 그 상징성이 주목되기도 한다.

　기반식碁盤式은 이름 그대로 바둑판─프로기사들이 대국할 때 쓰는 두꺼운 바둑판─모양을 하고 있다(그림 124). 무덤방은 지하에 만들고 뚜껑돌[개석蓋石]을 덮어 매장을 한 후, 그 위에 대체로 네 개의 덩어리 돌을 괴고 다시 윗돌을 얹는 것이 전형적이다. 이러한 형태는 주로 탁자식이 많다고 열거된 지역 남쪽에서 많이 발견된다고 하여 '남방식南方式'이라고 불

123 중국 석붕 랴오닝성 가이저우盖州시 스펑산石棚山 석붕으로 2011년 답사 때 현지 민간신앙의 흔적을 발견할 수 있었다.

124 기반식지석묘 창녕 유리유적

125 위석식지석묘 제주 용담동유적

리기도 한다. 대체로 탁자식에 비해 상석이 덩어리 돌의 형태를 띠며, 지석으로도 높지 않은 덩어리 돌이 이용된다.

세 번째 형식은 굄돌[지석支石]이 없고 윗돌 또는 (윗돌이자) 뚜껑돌만 있는 것이다. 예전에는 지석이 없다하여 '무無지석식', 남방식에서 지석이 빠진 것이라 하여 '변형남방식'으로 불리기도 했지만 요즘에는 주로 '개석식蓋石式'으로 불리고 있다. 북한에서 '묵방형墨房型', 중국에서 '대석개묘大石蓋墓'로 분류하는 것도 이 형식이다. 앞서도 살핀 대로 이 형식이 가장 많은데, 모든 지석묘의 3분의 2가량을 차지할 것으로 추정된다. '국토개발' 이전까지 한반도 전체에 대략 50,000기가 남았었다는 추정에 비춰보면, 30,000기 이상의 개석식지석묘가 있었다고 계산할 수 있다. 20,000여 기가 확인되는 최대밀집지역, 전라남도의 지석묘 대부분도 이 형식이다.

앞의 세 가지 형식에 비해 수는 훨씬 적지만 '위석식圍石式'을 별도로 설정하기도 한다(그림 125). 이 형식은 6~12매 정도의 자연석을 원형으로 돌려 세우고, 그 위에 상석을 올려 만들어지는데, 무덤방의 한쪽 면이 개방되는 경우도 있다. 제주도에서 주로 나타나는 점에 착안하여 '제주도식濟州島式 지석묘'로 부르기도 한다.

이러한 서너 가지 형식과는 구별될 수 있는 것

126 묘역식지석묘 산청 매촌리유적에서는 다른 모양과 크기의 묘역이 공존하는 모습을 보인다.

들도 적잖이 확인되는데, 묘역식지석묘나 묘표식지석묘가 바로 그것이다. 묘역식墓域式지석묘는 무덤방에 잇대어 방형이나 원형으로 돌을 쌓거나 덮는 방식으로 '묘역'을 만드는 형태를 띤다(그림 126). 이러한 지석묘는 북한강, 금강 상류, 남강과 낙동강 일대에서 집중적으로 발견되고, 섬진강과 영산강유역의 일부 지역에서도 발견된다. 황해도의 황주 침촌리沈村里, 연탄 오덕리五德里, 사리원 광성동廣成洞 등지에서 발견되는 '침촌형沈村型 지석묘'도 같은 부류에 속한다. 최근 발견 사례가 급격히 늘고 분포도 광범위하며, 북한지역과의 연결도 가능해지면서 이 형식은 더 이상 이례적이고 독특한 형식이 아니라, 또 하나의 주류로 자리 잡고 있다.

흔히 '대봉동 지석묘'로 알려진 것―현재 대구 이천동 소재―도 독특한 형태로 주목을 끌만하다. 이 지석묘는 1936년 후지타 료사쿠藤田亮策가 발굴했던 것을 1991년에 다시 조사하여, 하나의 상석 아래 돌널 5기가 '만卍'자형으로 놓여있는 것을 확인하였다. 하나의 상석이 여러 묘의 표지 역할을 한 것으로 추정하여 이 형식을 '묘표식墓標式 지

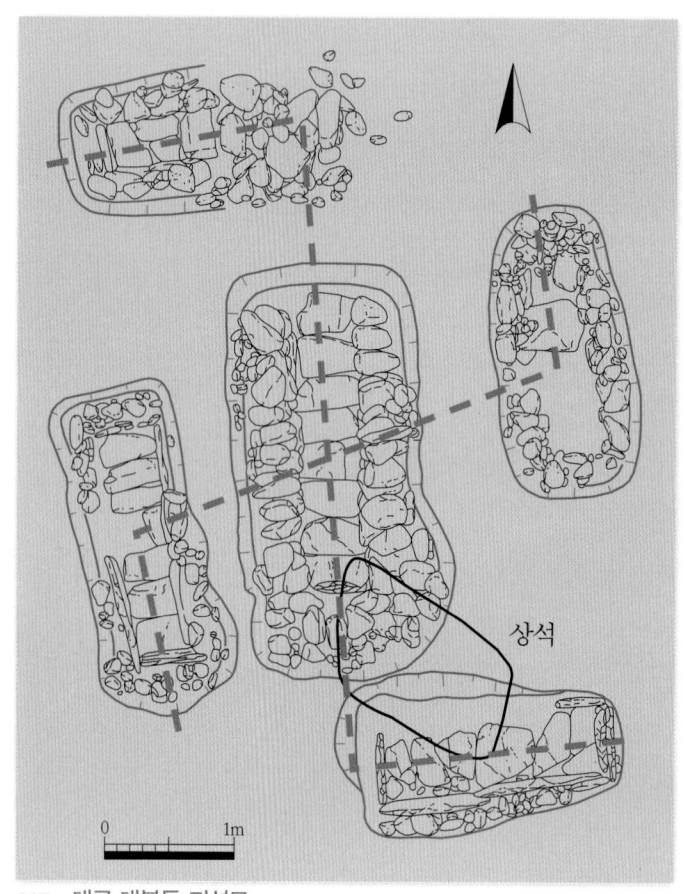

127 대구 대봉동 지석묘

석묘'로 부르기도 한다(그림 127).

　이제까지 살펴 본 다양한 형식 가운데 어느 것이 먼저 출현하였는지는 그다지 명확하지 않다. 전통적으로 탁자식 → 기반식 → 개석식으로 변화하는 것으로 보아왔고 아직도 일각에서는 이러한 편년의 틀을 고수하고 있다. 그런데 입지와 형태, 출토유물에 근거할 때, 한반도 남부에서는 개석식/묘역식 → 기반식 → 탁자식의 순으로 등장했을 가능성이 활발하게 제기되기도 한다.

　지석묘와 함께 한국 청동기시대를 대표하는 묘제인 석관묘는 시베리아에서 중국 동북지방 및 한반도를 거쳐 일본열도에 이르는 넓은 지역에서 확인된다. 판돌이나 조각돌로 지하에 무덤방을 만들고, 개석으로 마무리하는 것이 일반적인데, 봉분封墳인지는 분명하지 않다. 네 벽과 바닥, 그리고 개석을 각각 한두 매의 잘 다듬어진 판돌로 상자처럼 만드는 것—흔히, 석상식石箱式이라고 함—과 조각돌로 네 벽을 만든 것으로 구분하기도 하는데, 앞의 형식이 좀 더 이른 것으로 보인다.

　석관묘는 무덤구덩이[묘광墓壙]의 형태에 따라 1단과 2단으로 나뉘기도 한다. 서너 가지 조립방식이 있지만 대부분의 관은 'ㅍ'자형을 띤다(그림 128). 바닥은 땅을 그대로 사용한 경우와 돌을 깐 경우가 대부분이지만 금강유역에서는 (송국리식) 토기 조각을 깐 무덤들도 확인된다. 종종 바닥에 자그마한 구덩이[요갱凹坑]를 갖춘 무덤도 발견되는데, 이러한 내부시설도

128 'ㅍ'자형 석관 진주 대평리 어은유적(1지구)

129 부여 송국리 1호묘와 부장품

130 춘천 천전리유적 주구석관묘와 출토유물

대부분 금강유역 무덤에서 발견된다. 서천 오석리, 보령 관산리, 산의리, 송국리, 마전리 등 유적에서 보듯, 몇 십 기가 무리를 이루는데 하나하나가 서로 겹치지 않으면서 서너 기씩 작은 무리를 이루기도 한다. 비파형동검이 출토되어 무덤 주인공의 신분에 대해 많은 논의를 촉발하기도 한 송국리 1호묘(그림 129)도 2단의 묘광을 가진 석관묘에 속한다. 한편, 천전리, 홍성 철정리, 오석리, 울산 중산동 등 유적에서 보듯 무덤 주위를 긴 네모꼴로 얕은 도랑을 돌리는데, 흔히 주구석관묘周溝石棺墓로 불린다(그림 130).

일반적으로 구덩이를 파고 나무 관을 안치하는 무덤을 '널무덤[목관묘木棺墓]'이라 한다. 목탄木炭이 다량 발견되어 목관 안치를 암시하는 화성 동화리유적과 같은 사례도 있고 목관의 흔적은 없어지고 목관과 구덩이[토광土壙] 사이를 보강했던 돌만 남은 사례도 있지만, 소수에 불과하다. 대부분의 경우, 실제로 나무관이 있었는지 알기는 어렵다. 곧, 토광에 직접 시신을 묻는 경우와 구분하기 어렵다. 이러한 애매함을 피하기 위해 관의 흔적이 분명하지 않고 토광과 유물만 발견되는 분묘를 '토광묘'로 부른다. 이 묘제는 중국 동북지방에서 청동기시대 조기부터 전기에 걸쳐 다양한 양상을 띤다. 푸신阜新시 핑안바오平安堡유적에서는 170여기의 토광묘가 발견되었는데, 일부에서 목관의 흔적도 확인된다. 인근의 타이즈허太子河유역 동굴묘지에서는 토광묘가 석관묘와 공존한다. 남한에서도 전기부터 토광묘가 나타난다. 동화리, 양양 송전리, 울산 굴화리, 구미 월곡리, 김천 신촌리, 진주 이곡리 등이 대표적인 유적이다. 발견 사례가 많지는 않지만, 이곳저곳에 골고루 퍼져 있는 것을 알 수 있다. 그러나 중기부터는 순수한 토광묘의 사례는 거의 나타나지 않는다. 대신 충청 이남지역에서 돌을 뚜껑으로 쓰는 석개토광묘石蓋土壙墓

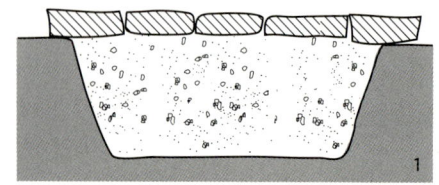
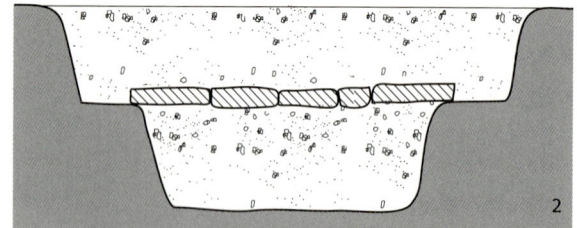

131 청동기시대 석개토광묘의 2형식 1. 일단석개토광묘, 2. 이단석개토광묘

가 유행하게 된다(그림 131).

 널리 알려진 대로, 옹관묘는 독에 주검이나 뼈를 안치하는 무덤이다(그림 132). 사용된 독의 크기나 형태로 볼 때 유아용이거나 성인의 세골장先骨葬을 위한 용도일 것으로 보인다. 이 묘제는 주로 금강 중·하류에서 유행하는데, 랴오둥반도 일부—예를 들어, 다롄大連시 상마스上馬石유적—를 제외하고는 중국 동북지방이나 북한에서 확인되지 않는다. 남한의 청동기시대 옹관은 주로 일상용기와 같은 형태의 송국리식 토기를 사용하고 판판한 돌이나 토기조각 또는 발형토기로 덮는 형태가 대부분이다. 옹관의 바닥에는 구멍이 뚫려 있는 경우가 적지 않은데, 배수나 방습, 혹은 의례행위와 관련 있을 것으로 보인다. 독은 바로 세우는 직치直置와 70°정도 비스듬히 눕히는 사치斜置로 나눌 수 있다. 청동기시대 후기가 끝날 무렵에는, 사천 늑도유적에서와 같이 옆으로 뉜 횡치橫置 방식이 등장하기도 한다.

 옹관묘는 송국리, 산의리, 마전리, 익산 석천리, 군산 아동리 등 유적에서 보듯, 주로 금강유역에서 유행하지만 영암 장천리, 곡성 연화리, 거창 대야리 등 남부에서도 확인되고 있다. 적어도 금강유

132 청동기시대 옹관묘 익산 석천리유적 1·2호 옹관묘 복원

역에서 옹관묘는 석관묘, 석개토광묘 등과 함께 공동묘지를 이루는 경우가 대부분이다. 이러한 조합이 송국리문화와 밀접한 관련을 보인다는 점에 착안하여 이들을 '송국리형松菊里型 묘제'로 부르기도 하며, 중기의 대표적인 무덤양식으로 인식한다.

청동기시대 후기가 가까워지면서 랴오허遼河 유역에서는 좁아진 비파형동검 또는 세형동검 등 청동기가 풍부하게 부장되는 목관묘가 등장한다. 이러한 형식은 중국 동북지방, 한반도, 일본 규슈에 이르는 광범위한 지역으로 확산된다. 간혹 지하 깊숙이 안치되는 목관을 보호하기 위해 관 주위에 돌을 쌓거나 돌리는 점에 착안하여 '적석積石 또는 위석圍石목관묘'로 부르기도 한다. 중국 동북지방의 선양沈陽시 정쟈와쯔鄭家窪子, 랴오양遼陽시 얼다오허쯔二道河子, 북한의 신계 정봉리, 평원 신송리 등 유적이 대표적이다. 남한에서 이러한 형식은 거의 전부가 대전 괴정동, 부여 연화리, 아산 남성리, 예산 동서리, 완주 (반교리) 갈동, 장수 남양리, 함평 초포리, 화순 대곡리 등 서남부 일대 유적에서 발견된다.

무덤에서 읽는 사회변화

청동기시대에 분묘가 가지는 사회적 의미를 이해하고자 할 때, 많은 사람들이 주목하는 것이 지석묘 상석의 거대함이다. 커다란 돌을 옮기려면, 많은 사람이 필요했을 것이고, 많은 인력을 동원하기 위해서는 강제력을 행사하는 유력자 또는 지배자가 있었을 것이라는 추정이 이면에 있다. 어떤 무게의 상석을 가진 지석묘를 하나 축조하는 데에 얼마나 많은 사람이 동원되었는지를 정확히 추산하기는 어렵다. 다만, 그간 세계 여러 지역에서 수행된 몇몇 실험들을 통해 성인 한 사람이 약 100kg을 끌 수 있다는 점이 알려진 정도다. 그런데 여기에는 이동거리라는 변수가 포함되

133 강화도 부근리 지석묘 대표적인 탁자식지석묘이다.

134 부족사회의 거석기념물 터키의 괴베클리 테페Göbekli Tepe유적으로, 서기전 9000년부터 수렵–채집민들에 의해 축조되었던 것으로 보인다. 신분 세습의 흔적은 찾기 어렵다.

지 않았기 때문에 먼 거리를 끈다면, 상석의 무게를 100으로 나눈 값을 바로 동원된 사람 수로 보기는 어렵다. 그러나 개략적인 파악을 위해서라도 적용하면, 널리 알려진 강화도 부근리 지석묘—인천광역시 강화군 하점면 부근리 소재—(그림 133)의 경우 상석이 70*t*에 달해, 700명의 성인이 필요하다. 어지간한 마을, 10여 곳 이상에서 주민이 동원되어야 한다. 그렇다고, 즉각적으로 강제력을 행사하는 사람을 상정하기는 어려울 듯하다. 신앙이나 관례에 따라 자발적으로 참여한 경우를 들 수도 있다. 실제로 세계 각지에서 지배자가 없는 상태에서도 큰 돌로 무덤이나 기념물을 만드는 거석문화巨石文化가 널리 퍼져있음은 잘 알려진 사실이다. 그렇다면, 반드시 지석묘의 축조가 권력이나 세습신분의 상징으로만 보기는 어렵다(그림 134). 그러나 지석묘가 가지는 거석성이 (다른 방식으로) 사회변화에 상당한 역할을 했을 것으로 보인다. 그러한 추정은 지석묘의 축조가 청동기시대 내내 일정한 속도로 이루어지지 않았다는 점에서 출발한다.

곁들인 얘기 16   지석묘 상석 운반의 기술과 노동력

지석묘 또한 세계적인 관점에서 보자면, 거석기념물megalithic monument의 일종이다. '거석megalith'라는 용어는 1849년 영국의 고물애호가 허버트Algernon Herbert가 스톤헨지를 묘사하면서 처음 사용하였는데, 이후 큰 돌을 활용하되 회灰 등의 접착제를 이용하지 않는 선사시대 축조물만을 한정적으로 지칭하게 되었다.

물론 거석축조물에 대한 관심이 19세기에 이르러서야 시작된 것은 아니다. 매우 오랜 역사를 가지고 있고 그런 관심은 현재에도 계속된다. 그런 관심의 이유는, "현대적 기술과 장비가 없는 상태에서 어떻게 저리 큰 돌로 구조물을 만들었을까?", "왜 그 사람들은 실용성이 크지 않은 구조물을 만드는 데 그 많은 노력을 기울였을까?" 등 흔히 던지는 질문에 그대로 반영되어 있다.

축조과정 복원실험은 그러한 질문에 대한 해답의 기초가 된다. 동원되는 사람이 얼마나 많은지를 알아야, 그에 관련된 사회조직의 문제가 규명될 수 있다. 더불어, 적용된 기술이 소요되는 노동력을 줄인다면, 노동력 동원의 체제도 달라질 수 있다. 따라서 축조과정 복원실험에는 노동력 규모와 기술이라는 두 가지 측면이 동시에 고려된다. 두 변수를 달리 하며, 세계 여러 곳에서 축조실험, 특히 운반실험이 수행되어왔고 그 결과도 널리 알려져 있다.

그 중 가장 다양한 방식으로 거석의 운반과 관련된 실험이 행해졌던 이스터섬Easter Island 모아이Moai의 사례를 보면, ① 나무썰매[슈라修羅]와 같은 기구에 눕혀 직접 끄는 방법, ② 원시적 형태이긴 기중기起重機를 활용하여 석상이 놓인 나무썰매의 운반을 다소 용이하게 하는 방법, '걷는 석상'이라는 구전을 따라, ③ 석상 세운 채 아래와 위를 묶어 앞뒤에서 비틀 듯이 운반하는 방법, ④ 석상을 나무썰매에 세워 고정한 뒤, 그 아래 통나무를 선로처럼 깔아 끄는 방법, ⑤ 석상을 세운 채, 머리만을 세 갈래로 묶어 비틀 듯이 운반하는 방법 등을 상정할 수 있다.

그러나 조건이 서로 다르고 실제 운반거리가 불분명하기 때문에, 특정 방법이 세계 각지에 보편적으로 통용되기에는 다소 한계가 있다. 우리나라에서도 위의 방법 중 일부를 참고하여 지석묘 상석운반 실험(그림 135)이 수행되었다. 나무썰매나 통나무궤조의 이용이 주류를 이룬다(그림 136). 그러나 사례마다 결과에는 다소의 차이가 있어, 일반적인 얘기 이상의 의미 있는 결론을 이끌어내지는 못하고 있다.

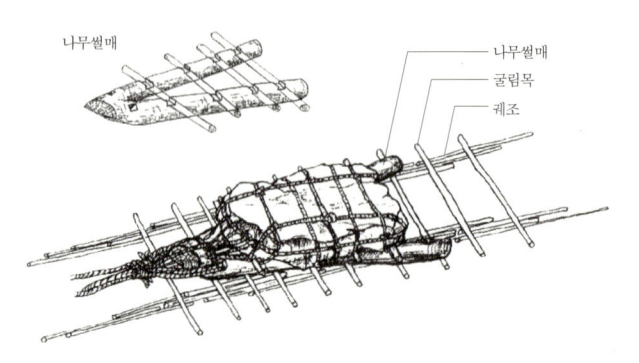

135 지석묘 상석 운반실험(전라남도 진도)   **136** 나무썰매와 통나무궤조

　최근 연구 성과에 따르면, 지석묘는 청동기시대 내내 일정한 정도로 계속 만들어졌다기보다는 특정 시기, 아마도 청동기시대 전기 말에서 중기 초에 집중적으로 만들어진 것으로 보인다. 물론 아주 정확하게 개별 지석묘의 연대를 평가하면서 추론한 것은 아니다. 지석묘에서는 시간성을 알려줄 만한 부장품이 거의 발견되지 않기 때문이다. 부장품이 나오는 지석묘는 10%가 되지 않는 정도다. 적으나마 확보된 부장품의 연대, 지석묘 개별 형식들의 발생순서, 다른 묘제와의 비교를 통해, 청동기시대 전기 말~중기 초에 집중적으로 조영되었다는 설이 유력하게 받아들여지고 있다.

　길지 않은 기간에 폭발적으로 만들어진 덕에 우리나라는 지석묘를 비롯한 거석분묘에 관한 한 세계 최고밀집지역으로 널리 알려져 있다. 그 결과, 2000년에 유네스코 세계문화유산—'Gochang, Hwasun and Ganghwa Dolmen Sites', 참고번호 977—으로 등재되었다(그림 137). 영국 고고학자 베릿John Barrett은 대서양에 면한 유럽 지역에 10,000여기의 거석기념물이 있다고 과시하듯 밝힌 적이 있는데, 수나 밀도라는 측면에서만큼은 우리 청동기시대와는 비교조차 어려울 정도다.

137 고창 지석묘군

그런 상황을 감안하면, 다음에 올 질문은 "왜 이렇게 많은 거석분묘들이 그리 길지 않은 기간 동안에 만들어졌을까?", "청동기시대 사람들은 무슨 생각을 하면서 무슨 목적으로 큰 돌로 기념비적인 시설을 만들었을까?" 등일 것이다. 물론 특정 시점에 비생산적인, 비실용적인 거대 축조물에 사회적 동력을 투자하는 것은 비단 우리만의 특성은 아니다. 저명한 캐나다 고고학자 트리거Bruce Trigger(그림 138)에 따르면, 그러한 행위야말로 세계 거의 모든 사회에서 보편적으로 나타나는 몇 안 되는 현상이라고 한다. 현상이 보편적이니만큼 만든 이유나 목적이 공유되는 경우가 적지 않다. '자기집단의 영역 또는 경작지를 표시하기 위하여', '(자연)경관을 재편·기억하기 위하여', '권력의 위대함을 널리 알리기 위하여' 등은 그 대표적인 예이다. 이러한 생각은 유럽의 거석분묘를 다루면서 발전해온 것으로 우리 지석묘 축조를 설명하기 위해 차용되기도 하였다.

정주농경, 특히 논이나 수리시설을 갖춰야 하는 논농사와 같이 경작지에 대한 투자를 늘리려할 때, 영역을 표시하여 소유권을 분명히 하고 분쟁을 막고자 한 것일 가능성이 높다. 거기에 작동한 사회적 기제機制, mechanism는, 지석묘를 세움으로써 해당 경관景觀, landscapes에 대한 인식을 변화시키고, 많은 사람으로 하여금 그 장소

138 브루스 트리거(1937~2006)

의 '특별함'을 기억하게 하고, 또 축조를 후원하는 사람들이 어떤 형태이든 권리를 갖게 하는 것이었을 가능성이 높다.

어쨌든, 최소한 중서부지역에서라도 논농사에 유리한 논토양이 널리 분포하는 곳에 지석묘를 세웠던 집단이 청동기시대 중기에 들어서면서 제법 큰 세력을 이루고 성장하게 되는 것은 분명하다. 그러나 그 이후, 중서부지역에서는 석관묘, 석개토광묘, 옹관묘 등이 훨씬 유행하게 된다. 아마도 역동적인 사회변화를 겪고 난 뒤, 그 필요성—생산성 높은 토지에 대한 영역표시—이 격감했을 수도 있다. 곧, 생산성 높은 토지가 이미 그 누군가에 의해 독점되고, 그런 체제가 안정을 이루게 되면, 그렇게 되는 과정에서 활용되었던 수단 또는 기제는 더 이상 실효를 갖기 어려워졌을 수 있다는 것이다. 그와는 달리, 청동기시대 중기에 접어들면서 남부지역에서는 몇몇 큰 지석묘가 좀 더 현저한 곳에 세워지기도 하고, 주위에 묘역을 갖추는 방향으로 변해가기도 한다. 지역별로 사회의 발달궤적이 다소 상이했을 가능성이 제기되는 대목이다.

여기저기서 쌀농사를 짓다

현재까지 청동기시대 곡물은 110여 곳의 유적에서 확인된다. 이를 통해, 당시에 대여섯 가지 곡물이 제법 비중 있게 재배된 것을 알 수 있다. 쌀, 곧 재배작물로서 벼는 출토량뿐만 아니라, 관련된 유적 및 유구의 수에서 다른 곡물을 압도한다. 청동기시대의 대표작물이라 하지 않을 수 없다. 청동기시대부터 쌀은 한반도에서 가장 중요한 곡식이 된 셈이다.

쌀과 관련된 인터넷 홈페이지들을 검색해 보면, 쌀의 영양학적 또는 작물적 우수성에 대한 찬사와 함께 우리 민족과의 친연성에 대한 감상적 내용들을 어렵지 않게 발견할 수 있다. 그러한 감상이란 과거 배불리 먹지 못했던 기억의 연장선에 속한 것들이 많다. 이러한 일반의 인식 탓인지, 우리 고고학에서 쌀은 간혹 과도하리만큼 열정적 관심을 끌기도 했다. 그러한 관심이 본격화된 것은 1970년대 말 흔암리, 송국리 등 대표적인 청동기시대 유적에서의 탄화미炭化米 수습이 중요한 계기가 되기도 하였다(그림 139).

청동기시대의 쌀

물론, 쌀의 재배가 청동기시대에 시작된 것은 아니다. 널리 알려진 대로, 청주(발견 당시 청원) 소로리유적에서는 볍씨껍질이 발견되었고 몇몇 분석의 결과, 서기전 12000~13000년의 연대가 세계적으로 인정되었다. 그런데 쌀은 우리나라에서 자생하는 것이 아니다. 그러니 쌀의 흔적이 발견되었다면 어떤 형태이던 '재배'를 시사할 가능성이 있다. 그러나 우리 구석기시대에 벼가 재배되었었다는 점을 인정하기는 어렵다. 전후 맥락이 전혀 재배를 인정할 수 없기 때문이다. 벼를 재배했다

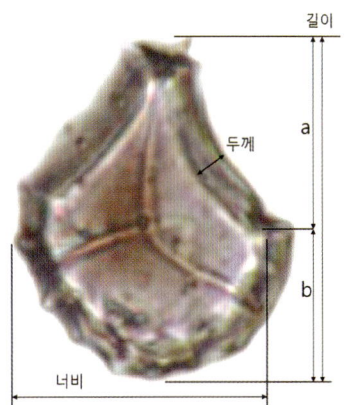

139 청동기시대 탄화미와 식물규산체 사진

면, 볍씨가 발견된 지점 근처에서 벼를 인지할 만한 증거, 예를 들어 벼과 식물의 잎에 함유된 규산체 같은 것들이 제법 발견(그림 139)되거나, 평탄한 농경지를 확보하기 위한 개간이 유발한 식생植生의 변화도 인지되어야 하고, 이후에도 벼 재배가 연속되는 등의 정황적 증거가 필요하다. 소로리 볍씨는 그 어느 것도 충족하기 어렵다. 그러나 다소의 의문이 없는 것은 아니지만, 신석기시대 중·후기가 되면 (그것이 밭벼인지 논벼인지는 확실치 않더라도) 몇몇 지역에서 앞서 열거한 정황들이 포착되기도 한다.

청동기시대에 들어서면, 벼농사를 지었을 것이라는 점을, 또 그것이 전국적으로 확산되었을 것이라는 점을 부정하기 어렵게 된다. 사실, 앞서 살핀 탄화미 외에도 청동기시대에는 벼농사, 특히 논농사의 직접적인 증거들이 한 둘이 아니다. 대표적인 것이 실제 논바닥과 둑은 물론 수로나 물웅덩이, 보洑 같은 수리水利시설이다.

논은 주로 자그마한 골짜기나 하천의 배후습지에 조성된다. 마전리, 보령 관창리, 부여 송학리, 울산 무거동 옥현·발리 등은 앞의 경우에, 밀양 금천리, 진주 평거동 등은 뒤의 경우에 해당하는 유적들이다(그림 140). 둑을 만들어 물을 가두니 '논'이라고는 하지만, 현재 기준에서 보자면 개별 논의 면적은 보잘 것 없이 작고 형태도 일정하지 않은 경우가 많다. 조사가 양호한 호서湖西지역—세종특별자치시, 대전광역시, 충청남·북도— 논의 경우도 개별 면이 2.9(≒1평)~73.6m^2(≒22평) 정도에 불과하다 (그림 141).

그럼에도 불구하고, 이러한 농법은 일종의 땅에 대한 투자를 유발한 것이고 그 결과, 경작지를 옮겨 다니기에는 부담이 생기게 된 것이다. 수리시설 등에 대한 투자도 마찬가지 부작용이 따랐을 것이다. 논바닥이 발견된 유적들에서는 다양한 저수貯水 및 도수導水시설이 함께 발견된

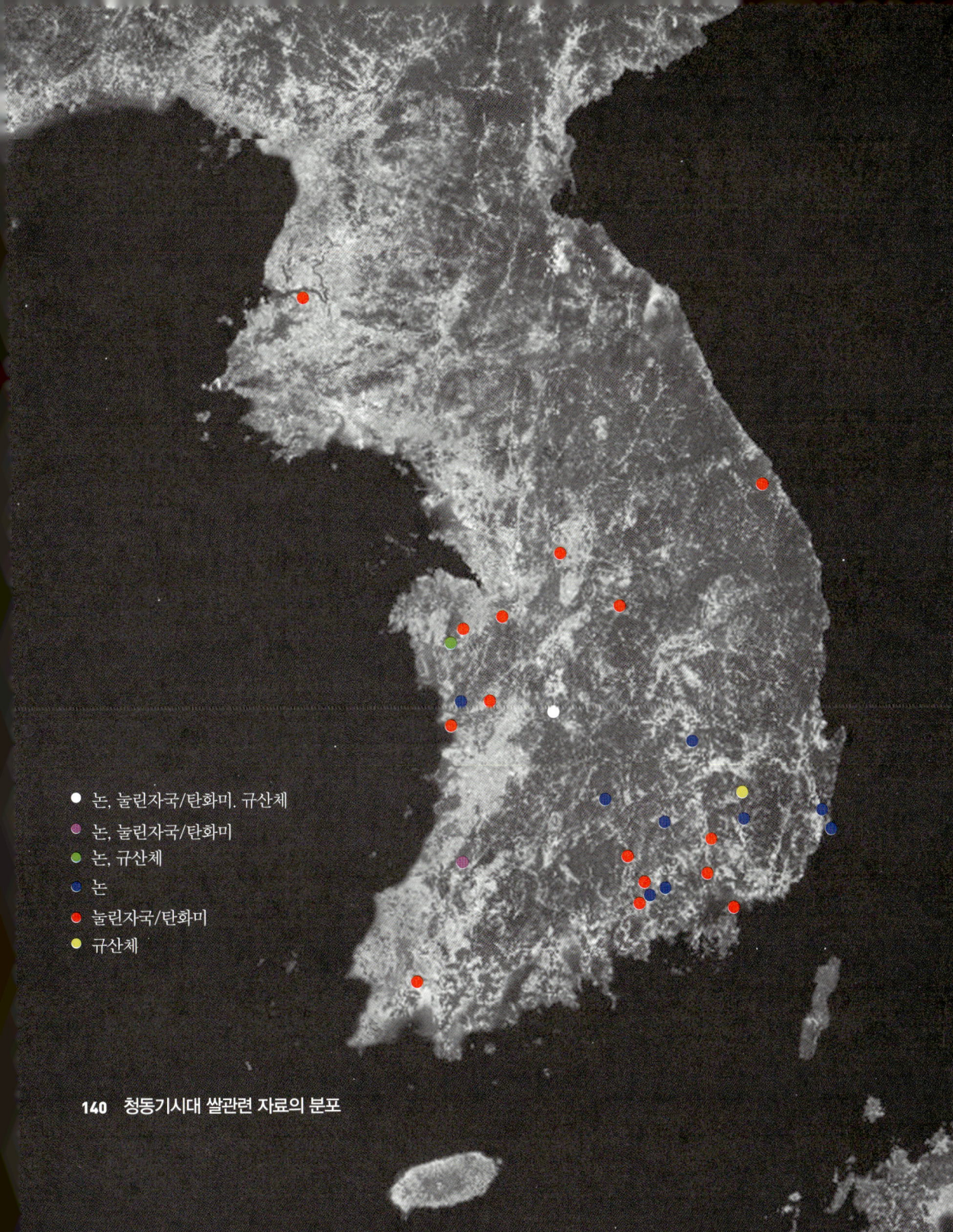

140 청동기시대 쌀관련 자료의 분포

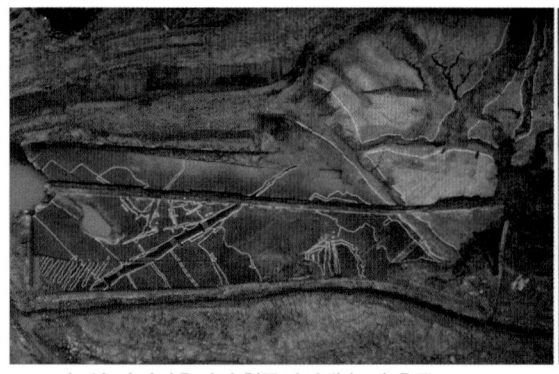 

141 논산 마전리유적의 청동기시대 논과 우물

다. 마전리유적에서는 판판한 나무로 잘 짠 우물이 나오기도 했다.

논이나 수리시설을 만드는 것은 벼가 원래 습지濕地식물이기 때문이다. 이렇듯, 작물이 선호하는 환경을 조성하여 단위면적당 생산량을 늘리려는 시도는 (생산)집약화intensification (of production)의 일환으로 볼 수도 있다. 그렇다고 이른 시기의 벼가 밭벼[육도陸稻]임을 전제하는 것은 아니다. 다만, 전반적으로 전기의 농경이 대체로 조방적粗放的, extensive이었다는 점에는 별다른 이견이 없다. 따라서 이런 고비용의 집약적 농법이 청동기시대 전기에서 중기로 넘어가는 즈음에 전국적으로 활발하게 퍼져나간 점에 주목하면서 '화化'를 붙여 진행형으로 이해하고 있다.

청동기시대 중기로 접어들면서 논농사가 본격적으로 확산되었음을 알리는 정황증거들은 차고 넘친다. 우선, 논농사에 관련된 도구의 제작이 활발해지는 경향이 눈에 띈다. 앞서도 살핀 것처럼 근대 이전 논농사에는 (날 부분에 철붙이를 대긴 했지만) 주로 목제 농(기)구가 이용되었다(그림 120). 청동기시대 전기에서 중기로 넘어오면서 목제도구가 증가했음은 분명하다. 앞서도 살핀 것처럼, 우리나라 토양은 유기물 보존이 잘 되지 않는다. 그래서 목제농구를 바로 찾기는 어렵지만 상대적으로 목재 가공에 활용된 석기가 증가한다는 사실이 의사지표擬似指標가 될 수는 있다. 호서지역의 예를 보자면, 청동기시대 전기에서 중기로 가면서 전체 도구조합에서의 비율이 3~4% 증가한다. 별것 아닌 것으로 여겨질 수도 있다. 그러나 도구의 대부분이 화살촉과 같은 소모성 도구이거나 숫돌[지석砥石] 같은 것들이라는 점에 비춰보자면, 반복적으로 사용하는 도구가 그 정도 증가한다는 것은 상당히 획기적인 일일 수 있다.

쌀 생산과 사회변화

그런데 그보다 더 주목해야 할 것은 한집에 같이 사는 사람, 곧 가구家口의 규모가 변화한다는 점이다. 청동기시대 전기, 지배적인 주거형태의 평면은 장방형이다. 몇 가지 분석의 결과, 이런 집에는 대체로 10여 명, 드물게는 수십 명이 거주했던 것으로 보인다. 그들은 가족이었을 가능성이 높은데, 그렇다면 전기에는 확대가족擴大家族가구가 일반적인 형태였다고 할 수 있겠다. 그런데 중기가 되면서 핵가족核家族가구가 살았을 법한 작은 규모의 주거가 유행한다. '송국리문화권'에서 평균면적이 약 15㎡인 송국리식 주거가 전체의 80%이상을 차지하는 점은 바로 그런 추정의 근거가 된다. 이 정도 크기의 집에는 기껏해야 3~4인이 거주할 수 있다. 결국, 가구규모의 축소뿐만 아니라, 가족제도의 변화도 읽어볼 수 있겠다.

그런데 이러한 가구규모의 축소란 현상이, 단지 확대가족제도에 불편을 느끼게 되자 핵가족제도가 유행한 정도의 '가족문제'로 치부될 수는 없다. 좀 더 불가피한 제약요인에 대해 관심을 기울일 필요가 있어 보인다. 집약화된 농법이 유행하면서 가구규모가 작아지는 점은 세계 여러 지역의 민족지民族誌, ethnography 자료에서 자주 확인된다. 집약적 농법을 운용하면, 논과 같은 농업기반시설을 갖출 때 외에는 상대적으로 일시에 대규모 노동력을 필요로 하지 않는다. 반면, 화전火田과 같은 조방적 농법에서는 넓은 경작지를 대상으로 동시에 (불을 지르는) 준비를 해야 하기 때문에 일시에 많은 인력이 필요한 상황이 간헐적이나마 반복적으로 발생한다. 따라서 큰 규모의 가구를 선호한다. 이렇듯 전기에서 중기로의 가구변화는 논농사가 활발해지는 등의 생산체제 변화와 밀접한 관련이 있다고 하겠다.

한편, 생산도구의 가구당 보유상황을 보면, 그러한 변화가 생산단위의 변화도 유도한 것을 알 수 있다. 전기 가구가 보유한 석제도구의 수량과 중기 가구의 것이 거의 같다. 생산단위가 확대가족가구에서, 규모로 보면 그에 1/3~1/4에 불과한 핵가족가구로 바뀐 것이다. 더 이상 큰 단위가 함께 작업할 필요가 없어졌거나 적은 수의 사람이 서너 배 더 강도 높게 노동을 하게 되었음도 유추해 볼 수 있겠다.

그런데 집약적인 생산을 위해 확대가족을 해체하고 핵가족으로 분리되었다고는 하지만, 가족적 유대紐帶가 그다지 약해지지는 않았던 듯하다. 중기 마을에서는 3~5채 정도의 주거가 군집(그림 142)을 이루는데, 거주자수란 측면에서 보자면 이러한 군집은 전기의 일반적인 장방형 주거 하나와 유사하다. 이런 점에 착안하여 그런 군집을 '세대공동체世帶共同體, household community'로 규정하기도 한다. 그러나 단순히 주거지의 군집을 관찰한 것 외의 보강분석이 없고, 19세기 사상가 엥겔스Frederick Engels를 따른 1970년대 북한 및 일본 학계의 선험적이고 교조적인 해석

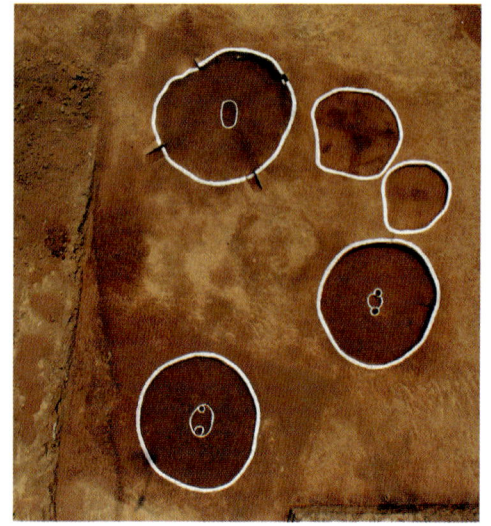

142 계룡 입암리유적의 송국리식 주거군

의 잔재가 있기도 하여 선뜻 받아들이기는 어렵다. 이왕 여러 주거에 살던 사람들을 합쳐 부르자면, '가구군家口群' 정도가 좋을 듯하다. 이 가구군을 통해 당시 사람들은 분리된 핵가족가구가 겪을 수도 있는 살림살이나 육아의 불안정성을 극복하고, 생산성 높은 토지의 상속을 원활하게 하려는 일종의 적응적 선택을 한 것으로 이해되기도 한다. 대형 가구가 그러한 데에 유리하다는 점 역시 민족지연구들이 알려주는 바이다. 사실, 새로이 독립한 핵가족이 가계家計나 육아에서 어려움을 겪게 되고 부모의 집 근처에 살면서 그러한 문제를 해결하는 것은 현재도 주위에서 어렵지 않게 볼 수 있다. 또한, 근접거주를 통해 친근감을 표현함으로써 상속에서 유리함을 확보하고자 한 것으로도 보인다. 생산성 높은 토지는 주로 그 마을에 먼저 정착한 부모(세대)가 소유하고 있었을 것이다. 흔히 말하는 원조효과元朝效果, founder's effect이다. 생산성 높은 토지에 대한 희구가 청동기시대 사람들에게는 없었다고 믿지 않는다면, 충분히 납득할 만한 가설이다.

한편, 정주농경이 진척되면서 마을의 모습이나 마을에서 일어나는 일들에도 변화가 생긴다. 그 중 대표적인 것이 집단의례나 연회가 빈번해진다는 것이다. 그렇다보니, 의례의 장소가 외부의 신성한 지점보다는 마을 내에 위치하는 것이 좋았을 것이다. 뒤에 살필 의례건물은 그 증거의 일부일 것이다. 의례건물지가 발견되는 유적들에서는 의례나 접대에 활용되었을 장식적인 용기, 곧 홍도가 월등히 높은 비율로 출토되기도 한다.

다른 작물과 가축

고식물학 분석에 따르면, 청동기시대에는 쌀 외에도 밀, 보리, 기장, 조, 콩, 팥 등을 재배하여 곡식으로 이용한 것을 알 수 있다. 요즘처럼, 보리

143 진주 평거동유적의 청동기시대 밭

가 벼를 베고 난 자리에 재배되었는지는 분명하지 않다. 대체로 쌀 이외의 곡물은 밭에서 재배되었을 가능성이 높다. 청동기시대 밭은 대체로 강변의 자연제방에 조성된다. 진주 대평리 옥방·어은과 진안 (모정리) 여의곡 등 유적에서 보듯이, 30~50cm정도의 폭을 가진 고랑과 이랑이 반복되는 형태를 띤다(그림 143).

곡물 외에도 몇몇 식물이 재배되었다. 그 중 주목을 끄는 것은 복숭아인데, 한반도에서 자생한 것이 아니기 때문에, 청동기시대에 외부로부터 전해진 것으로 판단된다. 이외에 박, 오이, 참외, 배추, 잣, 대마 등도 재배되었을 가능성이 없지 않으나 실증할 만한 자료가 많지는 않다. 재배된 작물 외에도 잣, 밤, 도토리 등 80여 가지 야생식물이 채집되어 식료로 이용된다.

식물만으로는 필요영양소를 충족하기가 쉽지 않기 때문에 동물자원도 식료食料로 활용되었다. 신석기시대에 비해 조개류에 대한 의존이 줄어드는 것은 분명하지만, 완전히 없어지지는 않는 듯하다. 드물게나마 확

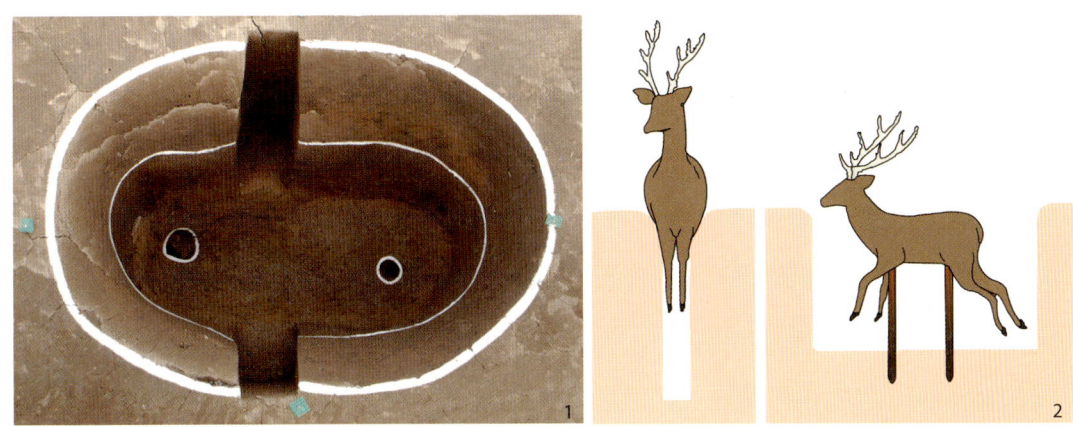

144 청동기시대 함정 1. 진주 평거동유적의 함정유구, 2. 추정복원도

인되는 패총의 조개비를 분석해보면, 굴을 중심으로 20여 가지 조개류가 이용되었던 것으로 추정된다. 널리 알려진 대로 패총은 조개에 대한 정보만 주는 것은 아니다. 풍부한 석회질 덕에 뼈와 같은 유기물 보존에 좋은 조건을 제공함으로써, 다른 동물성 식료자원에 대한 정보를 주기도 한다. 태안 (안면도) 고남리 등 패총에서 출토되는 뼈 자료에서 보면, 청동기시대 사람들은 개, 멧돼지, 사슴, 오소리, 오리나 철새 등의 동물로부터 단백질을 공급 받았음을 알 수 있다. 개는 가축으로 사육되지만, 나머지 동물은 함정(그림 144)이나 사냥을 통해 포획되었을 것으로 보인다.

청동으로 단검을 만들다

청동기시대 사회의 성격을 이해하는 데 있어, '청동기'를 빼놓을 수는 없다. 청동으로 만든 물건의, 아니 그것을 가진 사람의 사회적 역할과 관런이 있기 때문이다. 그러나 대부분의 개설서가 청동기에 대한 얘기를 가장 먼저, 가장 비중 있게 다루지는 않는다. 그다지 발견 사례가 많지 않은 탓에, 청동기시대의 시작은 물론이고 그 변천을 파악하는데 있어서 다른 유물이나 유구보다 덜 효과적이기 때문이다. 그런데 희소하다는 것은 당시로서는 획득하기가 어려웠으며, 가진 사람이 지극히 소수였다는 점을 반증하기도 한다. 그러므로 소수의 전유물로서 청동기의 출현과 기술적 특성을 살피는 일은 매우 중요하다.

비파형동검문화

중국 동북지방과 한반도(북부)에서 청동기가 등장하는 것은 서기전 20~15세기 사이 어느 때쯤이다. 그 무렵, 랴오시遼西의 다링허大陵河와 샤오링허小凌河유역에서는 초보적인 청동제작전통이 나타난다. 그런데 한 두 사례를 제외하고 이른 시기 청동기는 대부분 귀걸이나 반지 등, 자그마한 장식품이다. 그러다가 서기전 13~10세기경이 되면, 이 지역에서 상商왕조(서기전 1600~1046년) 말기나 주周왕조(서기전 1046~256년) 전기에 해당하는 청동제 호壺나 유卣 등을 묻어놓은 유적들이 나타난다(그림 145). 이 청동 제기祭器들에는 '기후箕侯'라는 명문이 새겨져 있기도 해서 간혹 기자조선의 기자箕子 또는 기후箕侯와 연결시키기도 한다(그림 146). 랴오둥에서도 서기전 2000~1500년 사이에 랴오시와는 다르지만 청동기 제작 전통이 나타난다. 소수의 화살촉이나 꺾창[동과銅戈] 등도 있지만, 주로는 귀걸이, 단추, 고리,

145 청동 호와 유  랴오닝성 카쭤현 하이다오잉쯔海島營子촌 마창거우馬廠溝유적 출토

낚시 바늘 등 자그마한 물건들이 만들어진다. 서기전 1000년이 되기 전 한반도에서도 손칼[도자刀子]이나 단추 등이 나타난다.

서기전 1000년을 넘어서면, 중국 동북지방부터 한반도에 이르는 지역에 새로운 청동기문화인 '비파형琵琶形동검문화'가 성립한다. 널

146 기자 명문 방정方鼎의 아래에 '𠭯侯亞㠱'이라는 4글자가 있어 기자와의 연관성이 추정된다. 바깥벽에는 제작배경을 알려주는 24자가 있다.

리 알려진 바대로, 비파형동검(그림 147)은 우리 청동기시대 전기와 중기를 대표하는 청동기이다. 모양이 중국 악기 '비파'와 비슷하다는 데서 나온 이름인데, 그 발원지역을 따라 '요령식遼寧式동검'이라고도 한다.

비파형동검의 등장을 중요하게 생각하는 데는 몇 가지 이유가 있다. 그 첫째는 비파형동검이 조립식이라는 점과 관련된 것이다. 검몸[검신劍身]과 손잡이[검파劍把]를 따로 만들어 조립하게 되면서 일체형 단검 위주인 북방北方(몽골~시베리아)이나 중국 중원中原의 전통과는 뚜렷하게 구별된다(그림 148). 더 나아가 라오허를 경계로 동서의 구분도 나타난다. 서쪽에서는 토광묘나 목관(곽)묘가, 한반도를 포함한 동쪽에서는 지석묘와 석관묘가 유행한다. 이렇듯, 비파형동검 등장을 계기로 다양한 구분이 나타나는 만큼, 곧 중국 동북지방―더 엄밀하게는 랴오둥―에서 한반도에 이르는 지역의 청동기문화가 점차 독특해지는 만큼 그 역사적 의미가 부각되는 것이다.

그러나 수적인 측면에서라도 비파형동검의 중심지는 랴오닝遼寧지

147 傳 황해도 신천 비파형동검

148 중원식동검과 북방식동검

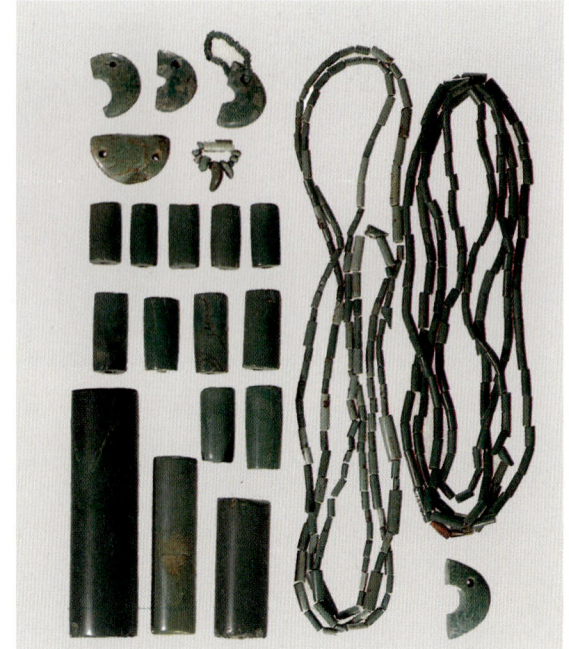
149 다양한 옥장식

역이다. 다만 중국이나 북한 학계가 상세한 보고를 잘 하지 않는 탓에 정확한 숫자는 알 수 없지만, 한반도에서 발견되는 것보다 훨씬 많은 것은 분명하다. 현재까지 남한지역에서 발견된 것 중 출토유적의 위치나 상황을 정확히 알 수 있는 것은 20개가 조금 넘는 정도이다. 특히 전라남도의 지석묘에서 나온 것이 절반 이상이다. 최근 조사된 청주 학평리 유적처럼 주거에서도 출토된 사례가 없는 것은 아니지만, 비파형동검은 대부분 지석묘 등 무덤의 부장품이다. 대롱옥[관옥管玉]이나 작은 구슬옥[소옥小玉, 환옥丸玉, 구옥球玉] 등 옥류(그림 149), 홍도 등의 토기류, 석촉이나 석검 등의 석기류가 함께 부장되기도 한다.

청동기 제작의 사회적 의미

새로이 만들어진 청동기는 지금처럼 초록색이 아니고 놋그릇처럼 황금빛을 띠면서 반짝거린다. 그런 장식성 외에도 청동기가 중요하게 다루어져야 하는 이유는 그 제작을 둘러싼 기술적인 진보와 관련이 있다. 사실, 청동기 제작은 당시로서는 첨단기술이 구현된 것이다. 청동이 구리Cu에 주석Sn 또는 납Pb, 아연Zn 등을 첨가하여 만든 합금이며 성분의 조성에 따라 금속학적 성질이 달라진다는 것이 그 첨단성의 주요 내용이다. 순동은 1,085℃에서 끓기 시작하지만 주석을 20% 섞으면 890℃에서 끓기 시작하고 응고될 때까지의 시간이 길어져서 유동성이 좋아진다. 또한 적색을 띠는 순동에 주석을 첨가하면 황색으로 바뀌기 시작해서 주석이 30%에 이르면 은색에 가까워진다. 물리적 성질도 달라져서 주석을 첨가하면 인장강도는 16% 정도까지 증가하다가 줄어들지만 경도는 계속 증가한다. 건축, 무기 등을 기술하고 있는 중국의 『주례周禮』, 「고공기考工記」를 보면 당시 사람들이 이러한 사항들을 충분히 알고 있었던 것으로 판단된다.

그런 첨단기술의 구현이라는 점에서 보자면, 현재의 슈퍼카와 비견할 만하다. 첨단의 기술력이 응축되어 있을 뿐만 아니라, 슈퍼카는 희소하고 비싸다. 비파형동검도 당시로서는 첨단기술이 적용된 희소하면서도 값이 비싼 물품이었다. 다만, 실용적인 도구는 아니었다. 무구武具로 분류되기는 하지만, 전투에 직접 사용되지는 않았던 듯하다. 현미경 관찰을 통해서도 베거나 썰거나 찌른 흔적을 찾기가 어렵다. 그렇다고 무덤에 부장하기 위해서만 만든 물건도 아닌 듯하다. 앞서 밝힌 바와 같이, 지극히 적은 수이지만 집자리에서도 발견되기 때문이다. 이런 특성들을 종합해보면, 일상에서 뭔가를 과시하는 효과가 있던 물건인 듯하다. 그런 물건을 '위세품威勢品, prestige goods'이라고 한다. 위세를 과시함으로써 달성할 수 있는 목표가 있었을 것이다. 사회·정치적인 우월을 인정받거나 자신의 권력행사를 합리화하는 것이 아닐까 싶다. 부르디외Pierre Bourdieu가 얘기하는 '상징자본象徵資本, symbolic capital'의 일종인 셈이다.

그런데 그런 합리화가 무력에 기초한 권력을 상징하는 것인지는 분명하지 않다. 더구나 전쟁을 통해 사회를 통합하는 과정을 보여주는 증거로 보이지도 않는다. 우리 청동기시대에 전쟁이 빈번했다는 증거가 거의 없을 뿐만 아니라, 세계 다른 지역의 선사시대 사회에서도 전쟁이 사회통합의 기제로 작동한 경우는 매우 적다. 대부분의 무력시위는 '의례ritual'의 일환으로, 사회의 내부통합을 위한 것일 뿐 실제적인 충돌이 있었던 것은 아니었다. 앞서 살핀 환호와 같이 '방어시설'이라는 것도 실제로는 남과 우리를 구분함으로써 내부결속을 도모하기 위한 목적이었을 가능성이 높다. 한편으로, 불에 탄 주거지도 단순 실화나 방역, 재건축을 목적으로 했을 가능성이 높다. 전쟁의 상징은 아니지만 비파형동검의 등장과 확산이 우리 청동기시대 사회의 중요한 변화를 반영하는 것만은 분명해 보인다.

이렇듯, 비파형동검이라는 특정 유물의 등장이 다양한 분야의 변화와 밀접한 연관이 있기에 그 뒤에 '문화'라는 말을 더하여 당시의 사회·문화상을 종합적으로 설명하는 것이다. 그렇다고 비파형동검문화의 청동기로 비파형동검만이 있는 것은 아니다. 투겁창[비파형동모琵琶形銅鉾], 화살촉[동촉銅鏃], 부채날도끼[선형동부扇形銅斧], 끌[동착銅鑿] 등도 빼놓을 수 없는, 청동기시대 중기까지의 청동유물들이다. 이들도 실용적인 도구로 사용되지는 않았을 가능성이 높다.

집단의례가 활발해지다

지금도 그러한 것처럼, 의례는 일상생활과 동떨어진 분야가 아니다. 일상에서 끊임없이 경험되고 기억되어 삶의 실제적인 부분에 많은 영향을 끼치는 실체다. 현재 남아 있는 자료로만 보건대, 앞선 시대들에 비해 청동기시대에는 농경에 기반한 정주생활이 강화되면서 관련된 의례행위가 빈번해진다.

지석묘 축조, 그 자체가 집단의례의 수행과정이었을 것이다. 실용성이 크지 않은 구조물에 많은 노력을 들이는 상징적인 행위였던 것이다. 상징성 외에도 실질적인 의례 또는 위무慰撫도 있었을 가능성이 높다. 앞에서도 살핀 것처럼, 상석을 운반하고 안치하기 위해서는 가족 이상, 크기에 따라서는 친족집단은 물론 마을사람들을 넘어서는 규모의 인력동원이 필요했을 것이다. 이 과정에서 지석묘 축조를 주도한 측─아마도 무덤의 주인공이나 그의 가족─은 그들의 노력에 보답하는 조치가 있었을 가능성이 높다. '향연饗宴'이나 '선물' 공여供與를 추정해 볼 수 있다. 한국 고고학을 전공하는 미국학자 넬슨Sarah Nelson은 지석묘의 축조에 동원된 사람들에게 막걸리나 떡 같은 음식을 대접하였을 것이라는 가설을 제시한다. 지석묘의 축조가 활발해지던 즈음에 논농사가 본격적으로 확산되었던 점이나 뒤에 살필 서양고고학의 연구 성과를 연결시켜 보면, 개연적인 가설일 수 있다. 더 나아가 축조한 다음에도 다시 찾아와 (주기적으로) 의례를 가졌을 가능성도 제기해볼 만하다. 그렇다면, 지석묘 자체뿐만 아니라, 축조된 지점이나 주위 경관도 아울러 상징성을 갖게 된다.

지석묘와 암각화

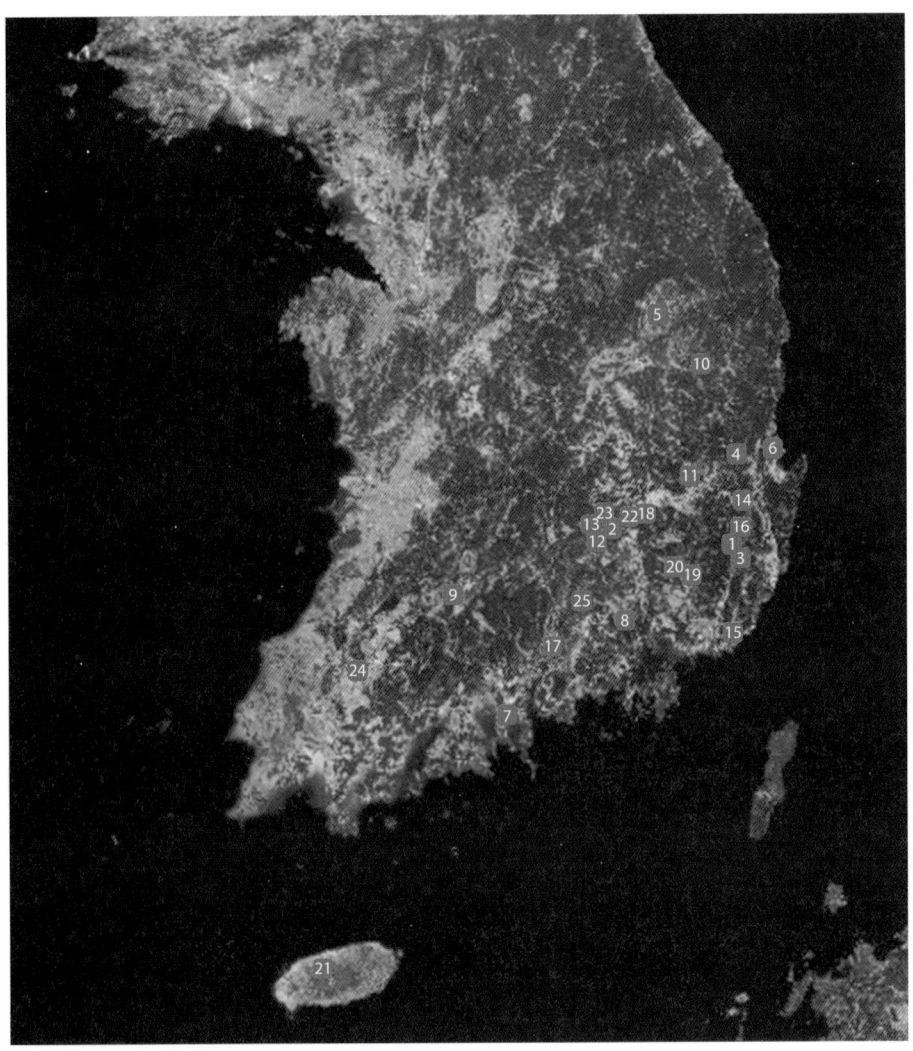

150 암각화분포도 1. 울산 천전리(1970), 2. 고령 양전동(1971), 3. 울산 대곡리(1971), 4. 포항 인비리(1984), 5. 영주 가흥동(1989), 6. 포항 칠포리(1989), 7. 여수 오림동(1989), 8. 함안 도항리(1991), 9. 남원 대곡리(1991), 10. 안동 수곡리(1991), 11. 영천 보성리(1992), 12. 고령 안화리(1993), 13. 고령 지산동(1994), 14. 경주 석장동(1994), 15. 부산 복천동(1994), 16. 경주 안심리(1995), 17. 사천 본촌리(1995), 18. 대구 진천동(1997), 19. 밀양 (황성동) 살내 (2002), 20. 밀양 (안인리) 신안(2003), 21. 제주 광령리(2004), 22. 대구 천내리(2007), 23. 고령 봉평리(2008), 24. 나주 운곡동(2009), 25. 의령 마쌍리(2010), 26. 군위 수서리(2015)   * ( )는 참고문헌 발견연도이다.

곧, 경관이 '장소화場所化'되는 것이다.

바위그림[암각화岩刻畵]도 주위 경관이 상징성을 가진다는 점이나 관련된 의례행위가 있었을 것이라는 점에서 지석묘와 비슷한 맥락에서 이해될 수 있다. 그런데 암각화의 회화적 요소는 당시 사람들의 세계관과 깊은 관련이 있었을 상징구조가 명확하고 특징적으로 보이기 때문에 지석묘보다는 좀 더 구체적인 의미를 가지게 된다. 현재까지 한반도에서는 총 25개의 암각화가 알려져 있다. 4개—전라남·북도에 3개, 제주도에 1개—를 제외한 21개가 영남에서 발견된다(그림 150).

그런데 이들의 상징성이나 경관과의 관계를 한 마디로 관통하기는 어렵다. 우선 입지에서 차이가 있다. 울산 반구대 암각화나 경주 석장리 암각화처럼 강을 내려다보는 탁월한 위치에 입지하되, 외부에서 관찰하기도 어렵고 실제 접근도 쉽지 않은 경우가 있는 반면, 포항 칠포리, 안동 수곡리 등의 암각화처럼 외부로 노출된 수직 혹은 수평의 바위 표면에 문양이 새겨져 외부에서 보다 용이하게 살펴 볼 수 있는 경우도 있다. 곧, 주위 경관과 해당지점에 대한 의미가 달리 부여되었을 가능성이 높다. 독립적인 지점을 갖는 경우가 아니더라도 암각화는 다양한 맥락에서 새겨지고 있다. 우선, 여수 오림동, 대구 천내리, 경주 안심리 등지에서는 지석묘에 관련된 지점—상석 자체, 묘역 구획시설, 상석의 채굴장—에 암각화가 새겨지고 있어, 둘 사이의 긴밀한 관련을 찾아볼 수 있다. 대구 진천동에서처럼 선돌[입석立石]과의 관련을 보여주는 사례도 있다. 의령 마쌍리유적에서와 같이 지석묘가 아닌 무덤의 석재나 사천 본촌리유적에서와 같이 송국리식 주거지 내에서 발견된 암석에 그림이 새겨진 경우도 있다. 한편, 부산 복천동, 함안 도항리, 고령 지산동 등 역사시대 고분에 청동기시대 암각화가 새겨진 바위가 재료로 사용된 경우도 있다.

한반도 암각화에는 대체로 동심원, 마름모꼴, 검파, 석검, 음문陰門, 윷판, 가는 선 등 추상적인 도안이 강조되는데, 세계 다른 지역과 비교할 때 보편성과 특수성을 모두 보여준다. 동심원 문양은 주로 태양과 관련지어 해석하는 것이 일반적인데, 세계 여러 지역에서 공통적으로 관찰된다. 반면, 검파형문양(그림 151)은 한반도 암각화의 특징적인 요소로서, 귀면鬼面의 일종, 단검의 손잡이, 지모신상地母神像, 방패, 태양신상, 무복巫服 등으로 다양하게 해석되기도 한다.

151 암각화의 검파형문양

곁들인 얘기 17 　반구대 암각화

반구대 암각화는 울산광역시 울주군 언양읍 대곡리의 대곡천大谷川 변에 위치한다. 종종 같은 하천 주위의 천전리각석川前里刻石을 포함하기도 하지만, 널리 알려지기는 대곡리 것 만이다. 태화강의 지류인 대곡천 주위에는 곳곳에 암벽이 있음에도 불구하고, 대곡리 반구대 암각화는 그중 주위에서 잘 보이지 않을 뿐만 아니라, 하구로부터 20km를 배를 타고 거슬러 올라와야 하는 지점에 있다. 이 자체가 주목할 만한 특징이다.

대곡리 암각화의 경우, 10여 또는 수십 면—연구자에 따라, 면을 구분하는 방식에 큰 차이가 있음—에서 300여

개 도안이 판별되었는데, 85% 가량이 너덧 면에 집중되어 있다. 도안은 내용에 따라 인물·동물·도구 및 기타 형상 등 4개 범주로 구분될 수 있다. 본문 중에서 살핀 것처럼, 남한지역 암각화에는 추상적인 도안이 주류를 이루지만 반구대 암각화에는 그 외에 동물과 인물에 대한 사실적인 도안이 포함되어 있는 점이 주목된다. 인물 중에는 사냥하거나 피리(?)를 부는 남성, 샤먼 등이 있다. 이를 통해 남녀 간 노동 분화, 다양한 형태의 생계방식—포경, 어로, 사냥, 농경 등— 등의 특징을 엿볼 수 있다. 특히, 포경 장면은 비슷한 시기에 다른 나라에서는 찾아보기 어려운 매우 희귀하고 귀중한 자료라 하겠다. 포경의 도구·과정뿐만 아니라, 그 대상인 고래에서 대해서도 특징—5가지 이상의 종류, 새끼 양육 등—을 묘사하고 있다(그림 152).

　이 형상들은 신석기시대부터 청동기시대, 심지어 원삼국시대까지 새겨졌는데, 오랜 기간 동안 암각화의 제작 및 해석-재해석을 통한 개인·집단적 정체성의 형성과정을 보여주는 좋은 사례라고 할 수 있다.

152 울산 반구대 암각화(3D 스캔)

취락 내 의례건물   지석묘나 암각화 등이 마을 밖에서 행해진 의례와 관련된다면, 취락유적의 일부 대형건물(지)은 마을 내에서 행해진 의례를 반영하는 것으로 보인다. 지금은 기둥구멍만이 남아있지만, 그 크기나 배치가 일반적인 집자리와는 확연하게 구별되고 바닥을 판 흔적이 없는 것들이어서 특수목적, 곧 의례용 (지상)건물지로 추정되고 있다. 이런 건물지는 송국리, 관창리, 이금동 등 유적에서 발견된다. 모양과 크기의 차이는 있지만 모두 2열 또는 3열의 기둥 위에 세워진 지상건물들이었을 것으로 보인다. 송국리유적에서는, 2동棟의 (추정)의례건물지가 확인된다. 지름이 63~153cm의 기둥구멍 21개 또는 22개가 2열을 이루어 바닥의 면적이 각각 $67.3 m^2$(≒19.8×3.4m)과 $79.6 m^2$(≒23.4×3.4m)에 달한다. 주변을 나무판벽으로 둘러 바깥과 구분하고 있다(그림 153).

이금동유적에서도 (시점을 달리 하는) 2동의 (추정)의례건물지가 거주구역과 집단묘지 사이에 있는 것이 확인된다. 최대 지름이 125cm에 이

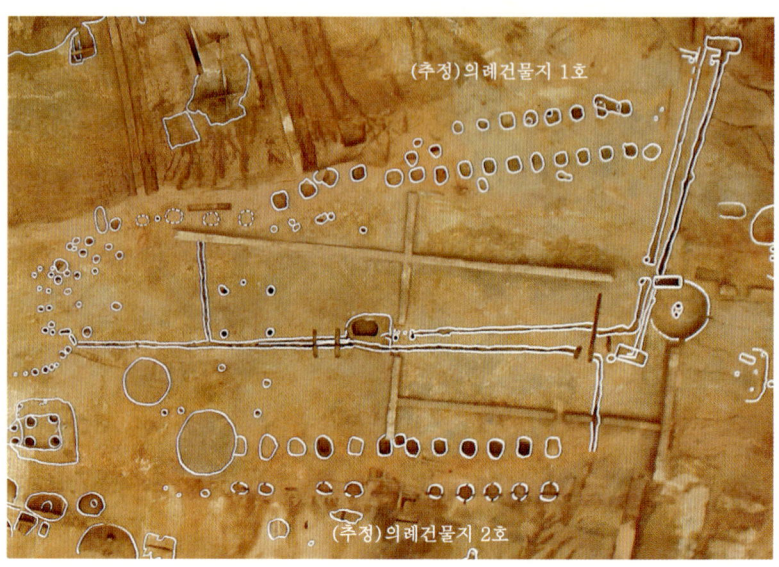

153 부여 송국리유적의 (추정) 의례건물지

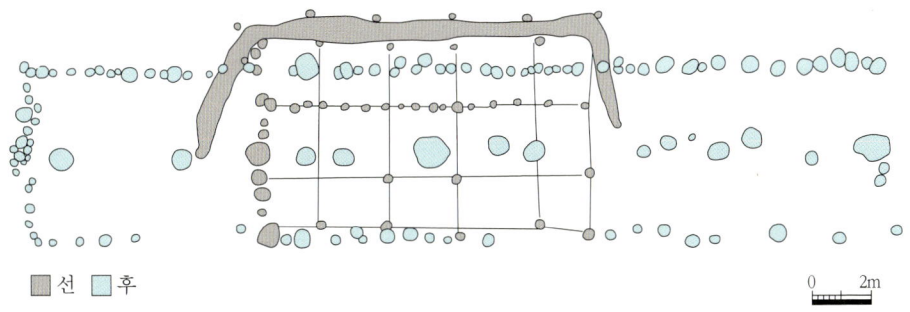

■ 선　■ 후

154　사천 이금동유적의 (추정)의례건물지

르는 기둥구멍들이 3열을 이루고 있는데, 바닥 면적이 각각 130㎡ 및 174㎡에 달해 송국리유적 것들보다 규모가 크다(그림 154). 이 정도 면적이면 10명에서 최대 35명까지의 인원을 동시에 수용할 수 있다고 한다.

관창리유적에서 확인된 1동의 (추정)의례건물지는 앞의 두 유적에 비해 규모는 작으나 특이한 구조로 주목을 끈다. 5개의 기둥구멍이 3열을 이루되, 가운데 열에는 양 끝에 한 개씩이 더 있어 외곽이 얼핏 6각형을 이루는 듯하다(그림 155). 이러한 구조는 일본 야요이시대 대표적 중심지인 이케가미소네池上·曽根유적(이즈미和泉시 소재)의 신전神殿 자리 기둥구멍의 배치나 복원모습을 연상케 한다. 또한 인도네시아 술라웨시Sulawesi지방 전통 건물—통코난tongkonan—의 모습도 연상케 한다. 이 두 사례 모두 특이한 지붕 및 기둥구조가 신성함을 반영하기 위한 것이라는 공통점이 있다(그림 156).

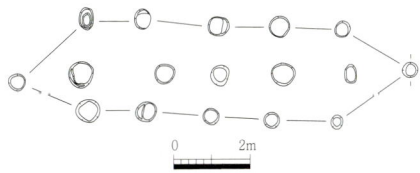

155　보령 관창리유적의 (추정)의례건물지

의례건물이 발견된 유적들이 취락연결망의 정점에 있던 중핵적 취락이라는 점을 감안하면, 중심지들이 수행했을 것으로 추정되는 다양한 사회적 기능 중에는 의례중심지로서의 기능이 포함된다는 점을 알게 된

이케가미소네유적의 신전(복원)과 통코난

다. 마을 내부에 의례용 건물이 만들어지는 것은 청동기시대 전기에서 중기로 이행하는 과정에서 발생하는 중요한 변화이다. 취락 내부로 상시적 의례공간이 들어옴으로써 좀 더 빈번하게 집단의례가 수행될 수 있는 토대가 마련된 것으로 볼 수 있다.

　　다른 나라의 예를 보면, 토우土偶나 신상神像, 대규모 제사 유적, 동굴벽화, 벽화고분 등도 제의祭儀나 예술과 관련하여 논의될 수 있는 중요한 소재이지만 한국 청동기시대에 이러한 유적·유물이 거의 발견되지 않고 있어 더 상세히 다루기는 어렵다.

우두머리가 나타나다

앞서 살펴본 것만 하여도 청동기시대에는 다양한 사회변화가 일어났음을 알 수 있다. 그런 여러 갈래의 변화는 대부분 전기에서 중기로 오면서 나타났는데, 이들을 뭉뚱그릴 수 있는 말은 '사회정치적 우두머리의 등장'과 '계층사회의 형성'이다. 어떻게 그런 추론을 할 수 있을까?

흔히 고고학자들은 유적과 유물이 어떤 모양을 띠고 어떻게 분포하는지를 보고 사회변화를 짐작한다. 그런데, 문제는 그 어떤 누구도 그 유적과 유물을 만들고 사용했던 사람들이나 그들의 사회를 직접 본 적이 없다는 것이다. 그런 탓에, 다양한 간접적 정보원情報源으로부터 물질문화의 흔적과 실제 사회의 모습을 연결하는 해석의 고리를 만드는 작업이 핵심이 될 수밖에 없다. 다른 지역의 고고학연구 성과, 지금은 대부분 없어졌지만 그리 멀지 않았던 그때—주로 2차 대전 이전— 실제로 해당 사회를 관찰하면서 (문화)인류학자들이 남긴 민족지 기록, (주변의) 고대문헌기록, 자연과학적 분석 결과 등이 그러한 고리를 제공하는 대표적인 정보원이다.

그러한 해석의 고리를 근거로 세계 곳곳에서 고고학자들은 사회변화의 궤적을 파악하게 되었다. 그러는 중에 어느 정도의 규칙성도 발견하게 되었다. 또 인류학의 직접적 관찰이나 역사학의 문헌 해독을 참고하여 변화의 내용을 역동적으로 구상화具象化할 수 있게 되었다. 그러한 결과는 다시 다른 사회의 궤적을 이해하는 데에 활용되기도 하였다. 해당 작업을 좀 더 효율적으로 수행하기 위하여 특정 사회의 모습이나 성격을 범주화하는 작업을 시도하고, 더 나아가 그러한 범주를 발달의 단계로 활용하게 된다. 흔히 '사회발전단계'는 전 세계를 대상으로 개별 사회들의 발달과정을 분절적으로 도식화해놓은 것이다. 마르크스Karl Marx의 '원시 공산사회 → 고대 노예소유자사회 → 중세 봉건사회 → 근대 자본주의사회'의 틀이나 19세기 사회인류학자들의 '야만 → 미개 → 문명'이라는 사회진화론적 틀 등은 그 대표적인 사례이다. 지금은 전문학자 중 그 틀을 그대로 사용하는 사람이 없을 정도로 철 지난 것들이지만 이론의 체계상 가장 상위에 있고, 가장 포괄적인 것이라 할 수 있다.

1960년대 미국 신진화론자neo-evolutionist들이 주창한 사회형식론社會形式論, social typology도 비슷한 맥락에서 나타난 것이다. 서비스Elman Service의 '무리사회band-부족사회tribe-수장사회chiefdom-국가state'의 틀은 미국을 넘어 세계 여러 나라의 인류학·고고학계의 반향을 불러일으킨 대표적 사례이다. 이 틀에서는 수장사회부터를, 신분이 세습되고 우두머리에 의해 일정한 영역이 통제되는 사회, 곧 복합사회複合社會, complex society로 규정하고 있다. 현재 구미는 물론 우리 학계도 특정 집단이 어떤 단계에 속하는지를 정하려고 하지는 않는다. 오히려 사회복합화―세습화된 계층이나 통제력을 가지는 우두머리가 나타나는 과정―가 어떻게 진행되었는지의 문제로 연구의 초점을 옮겼다. 그렇다고 1960·70년대 이 틀을 따라 세계 각지의 선사·고대 사회를 조사했던 노력이 무의미하다는 것은 아니다. 많은 학자들이 연구해 온 만큼, 공통적으로 나타나는 현상들에 대한 정보가 축적되기도 했다. 사회적으로나 정치적으로 중심적이고 핵심적인 역할을 했을 큰 마을이 등장하고, 거대한 무덤을 쓰고, 위세품을 교역·부장하고, 집약적인 농법을 통해 생계자원을 생산하고, 집단의례가 빈번해지는 등은 수장사회가 등장할 무렵 흔히 관찰되는 현상이다. 물론 이런 현상들은 단독으로 나타나기보다는 몇 가지가 동반하게 된다. 앞서 살핀 바를 종합해보면, 우리 역사에서 그런 현상들의 동반은 청동기시대, 특히 전기와 중기의 전이과정에서 나타난다. 그런데 다른 나라의 사례연구에서도 보이듯, 사회복합화의 초기 우두머리들은 강제력이 미약했기 때문에 다소 회유적인 전술이나 이념조작을 통해 일반민을 통제했을 것으로 보인다.

앞서 살핀 것처럼, 송국리, 관창리, 이금동 등 중핵적 역할을 했을 청동기시대 중기 마을유적에서는 의례용으로 추정되는 건물지가 발견

> **곁들인 얘기 18   한국 청동기시대에 대한 사회형식론의 접근**
>
> 1980년대 중반, '군장君長사회', '족장族長사회', '추장酋長사회', '추방酋邦사회' 등으로 번역하면서, 사회형식론의 'chiefdom' 개념이 청동기시대 사회의 성격 이해에 도입된다. 역사기록에 나타나거나 친숙한 명칭을 사용하고자 한 토착화의 노력은 인정되지만, 그러한 시도는 이론의 근본취지에 부합하기 어려운 점을 내포한다. 사회형식론은 기본적으로 범凡문화적 보편성 파악을 목적으로 한다. 따라서 'chief'는 보편적인 의미의 우두머리, 즉 수장이며, 그 역할분야가 한정되지는 않는다. 사실, 세계 다른 지역에도 수장을 일컫는 명칭이 역사기록이나 민족지기록에 나타나지만 그러한 사회를 지칭할 때, 그 명칭을 바로 사용하지는 않는다.
>
> 우리 선사문화의 변천과정에서 '세계사적 보편성'에 부합할 측면들을 부각하고 체계적으로 설명하고자 했던 당초 의도와는 달리, 이론적 배경에 대한 이해 부족, 체크리스트check-list식 적용 등이 한계로 지적되면서 1990년대 이후 급격히 논의가 쇠퇴하게 된다. 사실, 사회형식론은 몇 가지 요소의 유무에 따라 세계 각지의 집단을 분류하고 그들 간 (사회진화의) 규칙성을 발견하기 위한 도구로 적극 활용되어왔지만, 한 부류에 속한 집단들에서 상당한 변이가 관찰된다는 점이 지적되면서 우리 학계에 도입될 무렵 이미 서구 학계에서는 비판의 대상이 되었던 것도 사실이다. 그럼에도 불구하고, 규칙성을 파악하는 과정에서 확보하게 되는 세계 여러 사회들 간 상사·상이성에 대한 정보는 당초와는 다른 관점에서 이론화를 모색할 수 있는 기초로 작동하게 된다. 현재 많은 연구들이 여전히 '수장사회'란 명칭을 사용하지만, 특정 사회가 그 부류에 속하는지 여부를 판정하고자 하지는 않는다. 단지 연구의 대상이 된 사회가 대략 복합화의 즈음에 있을 것이라고 간주하고 어떤 기제가 어떤 과정을 거쳐 어떠한 방향으로 사회복합화를 진행시키는지에 초점을 맞추고 있다. 각지의 연구 결과를 비교론의 관점에서 고찰하여 상사·상이성을 발생시키는 배경을 탐색하는 방향으로 진행되고 있다.

된다. 이는 전기에는 관찰되지 않는 현상이다. 또한 연회나 의례에 주로 사용되었을 홍도가 이런 유적들에서는 다른 유적에 비해 높은 비율로 나타난다. 아마도 이 무렵, 본격적으로 생산되기 시작하는 '쌀'이 한편으로는 정치적 행위의 재원으로도 활용되었겠지만 생산자인 일반민을 위무하는 향연 음식의 재료로 활용되었을 것으로 보인다. 사실, 쌀은 떡이

곁들인 얘기 19   상위유력자(층) 회유책의 사례

국가와 같이 엄격한 신분체계나 관료조직, 무력조직이 갖춰지지 못한 수장사회 또는 그 이전 단계의 집단에서는 지도자나 우두머리가 일반 가구로부터 노동력을 동원하거나 자신의 통제에 따르게 할 목적으로, 그들이 우두머리가 되고자 할 때부터 구사해 온 다양한 회유책, 곧 '당근'을 활용하게 된다. 많은 민족지나 고고학연구들은 향연, 선물, 토지이용권 등을 반대급부로 제공한다는 점을 알려주고 있다.

외국의 사례를 하나 들면, 조금 이해가 쉬울 듯하다. 캐나다 고고학자 클라크John Clark와 블레이크Michael Blake에 따르면, 멕시코의 마자탄Mazatan지역에서는 형성기Formative Period 전기(서기전 1550~1400년)에 이미 자족적이던 상황이었지만 기초생계에 그다지 급하지도 않았던 옥수수maize가 수입·재배되기 시작했다. 이와 아울러 액체를 담기 좋은 그릇이 수입되거나 모방·제작되어 빈번하게 사용된다(그림 157). 그 후 얼마지 않아 권력이 발생하고 복합적인 사회조직이 등장한다고 한다. 이 두 학자는 권력의 발생 전후 빈번한 연회를 입증하는 자료로 추정하고 있다. 곧, 옥수수로 술과 같은 음료를 만들어 화려한 그릇에 담아 연회에서 대접했다는 것이다. 다소 맥락은 차이가 있을 수 있겠으나 우리 청동기시대에 논농사를 통해 생산된 쌀이 사회적으로 어떻게 활용되었는지를 이해하는 데 참고할 만하다. 앞서도 살핀, 넬슨의 '막걸리'에 관한 가설은 그런 측면에서 되짚어봄 직하다.

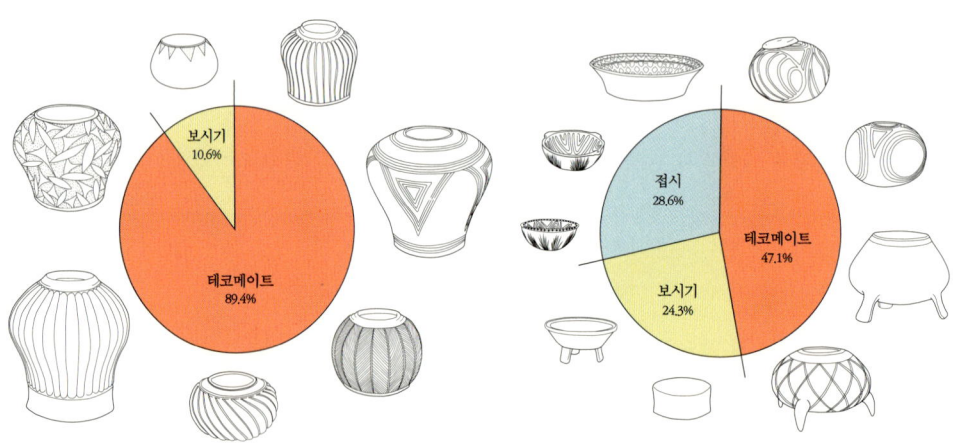

157   멕시코 마자탄지역 형성기 토기조합의 변화

나 술을 빚기 좋은 곡물로 널리 알려져 있다. 고된 노동을 이어가야 하는 생산자이긴 하지만 그 혜택이 (어느 정도) 자신에게 돌아오는 만큼, 일반민도 별다른 거부감 없이, 우두머리들이 주도했던 집약적인 쌀 생산에 참여했을 법하다. 이러한 우두머리의 회유전술은 그들이 아직 우두머리가 되기 전부터 익숙하게 사용해온 것들로 보인다.

끝날 무렵 화려한 청동기문화가 꽃피다

우리의 청동기시대는 청동기의 등장으로부터 시대를 설정한 것도 아니고, 전기와 중기 동안은 다른 유물에 비해 종류나 수량도 변변하지 못하다는 점은 앞서 살핀 대로다. 그런 탓에 다른 지역—예를 들어 유럽—의 시각에서는 '청동기시대'라고 부르기가 어려울 수 있을 정도이다. 그러나 청동기시대 후기가 되면, 제법 다양하고 화려한 청동기들이 등장한다. 우리가 흔히 접하게 되는 청동기 중 비파형동검이나 선형동부 등을 제외하면 한반도에서 출토된 대부분은 청동기시대 후기에 속한다.

대표적인 것이 세형동검細形銅劍이다. 세형동검은 앞선 비파형동검과는 달리 날이 좁을 뿐만 아니라, 직선화되고 등대에 2~3개의 절대節帶가 있다(그림 158). 게다가 봉부가 길어지고 검의 피홈[혈구血溝]의 역할을 하는 검엽劍葉이 분명해져 실제 살상殺傷에 쓰였을 가능성도 높다. 최근 현미경을 이용한 사용흔 분석의 결과는 그 가능성에 무게를 실어주고 있다. 이런 차이에도 불구하고 세형동검이 비파형동검의 전통을 계승한 것은

한국식동검문화

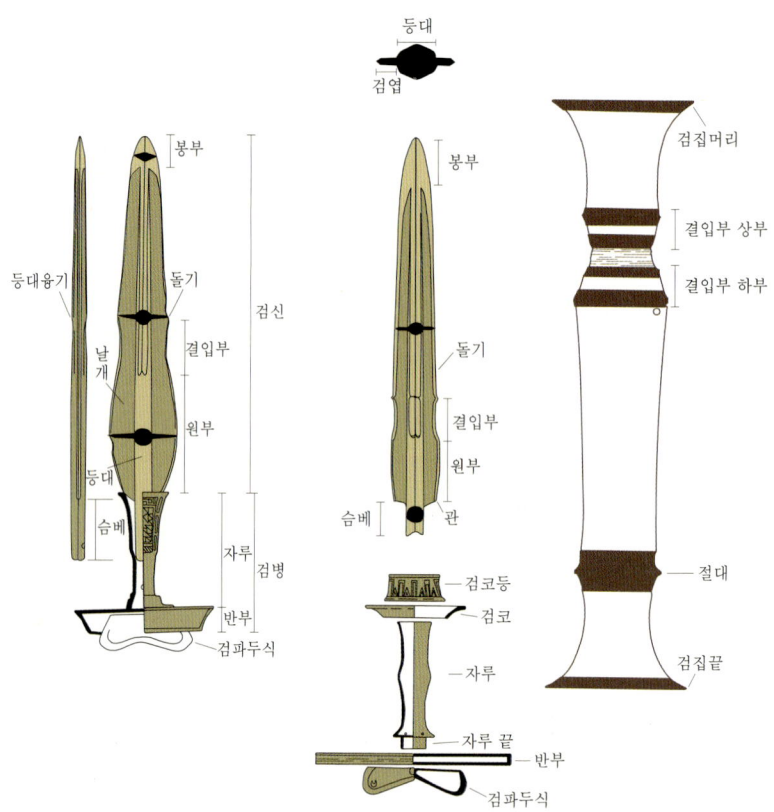

158 비파형동검과 세형동검 비교

분명해 보인다. 둘 모두 20~40cm 내외로 검신의 크기가 비슷하고 그 한 가운데에 등대가 있는데, 그를 중심으로 날이 대칭적이며, 손잡이[검파劍 把]를 따로 주조하여 조립하는 등의 공통점이 그러한 추론의 중요한 근거다. 한편, 비파형동검과 세형동검의 중간 형태, 곧 둘 사이의 중간 단계의 것이 적잖이 발견된다는 점도 하나의 근거가 될 수 있다. 그러나 더욱 극적인 것은 중국 동북지방이나 한반도의 주변지역에는 두 동검과는 전혀 다른 제작전통이 있다는 점이다. 중국 중원지역의 동검[중국식 中國式 동검, 또는 도씨검桃氏劍]은 등대 없이 곧은 양날을, 북방[몽골~시베리아]지역 동검[북방식北方式 동검]은 한쪽으로 휜 날을 가지고 있으며, 둘 모두 검신과 손잡이가 일체로 주조된 특징을 보인다. 다른 한편으로, 비파형동검과 세형동검의 검파는 좌우 돌출이 심하고 검파두식이 별도로 누에고치나 '십十'자 모양으로 제작되는 것과 달리, 북방식동검은 고리모양이나 동물머리 또는 방울 장식, 중원식동검은 원판형 장식인 것이 차이가 있다(그림 159).

비파형동검이 그랬던 것처럼, 세형동검도 해당 시기—청동기시대 후기—를 대표하는 청동유물이므로 그 이름을 따라 공반하는 청동유물 일체를 '세형동검문화'로 부르기도 한다. 세형동검문화는 두만강유역을 넘어 연해주부터 일본열도의 서부까지 넓은

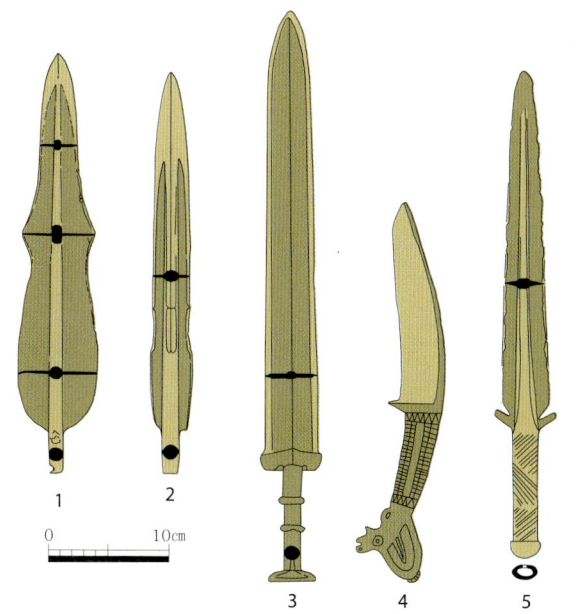

159 각종 청동단검비교 1. 비파형동검, 2. 세형동검, 3. 중원식동검, 4·5. 북방식동검

지역에서 확인된다. 다만 비파형동검문화와는 달리 한반도, 특히 중서부지역에서 가장 발달하게 된다. 곧, 이른 시기 세형동검문화 관련 유적들이 그 지역에서 가장 많이 확인될 뿐만 아니라, 유물도 다양하다.

한편, 세형동검문화의 광범위한 분포권 내에서 한반도, 특히 대동강 이남은 중국 동북지방과는 다소 차이가 있다. 그에 착안하여 '한국식韓國式동검문화'를 설정하기도 한다. 한국식동검문화의 구성요소에는 세형동검[한국식동검]을 비롯한 투겁창, 꺾창[동과銅戈] 등의 청동제 무기류(그림 160), 도끼[동부銅斧], 끌[동착銅鑿], 새기개[동사銅鉈] 등의 청동제 공구류(그림 161)와 함께 뒷면에 고리가 둘 이상 달린[다뉴多紐] 각종 거울— 거친무늬거울[조문경粗紋鏡], 거친잔무늬거울[조세문경粗細紋鏡, 세문경細紋鏡] 또

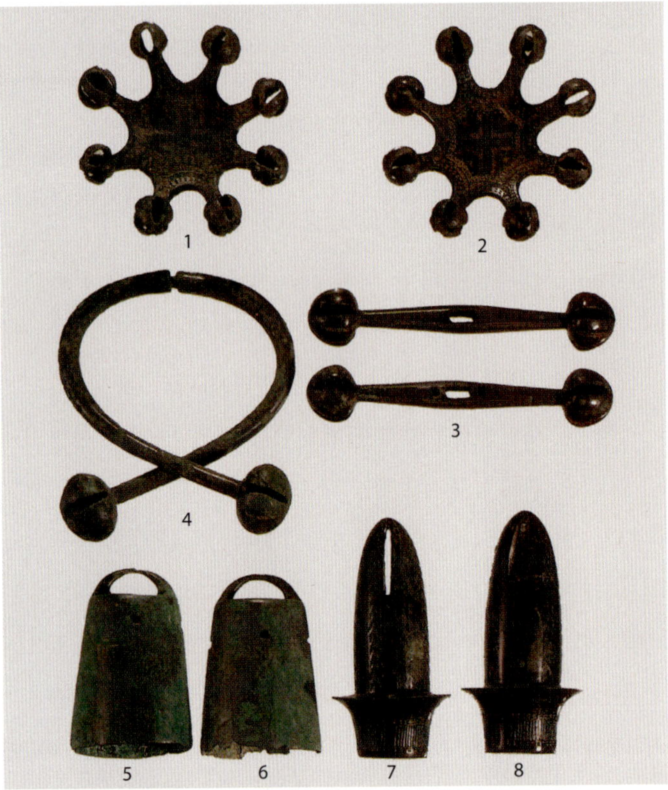

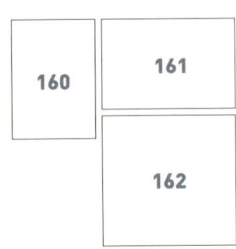

160 한국식동검문화의 청동제 무기류
1. 동검, 2. 동모, 3. 동과

161 한국식동검문화의 청동제 공구류
1. 동사, 2·3. 동착, 4. 동도자, 5~8. 동부

162 한국식동검문화의 다양한 청동방울
1·2. 팔주령, 3. 쌍두령, 4. 조합식쌍두령, 5·6. 동탁, 7·8. 간두령

는 잔무늬거울[세문경細紋鏡, 정문경精紋鏡]—, 몇 가지 방울(그림 162)—가지방울[팔주령八珠鈴], 양갈래방울[쌍두령雙頭鈴], 결합식양갈래방울[조합식쌍두령組合式雙頭鈴], 막대끝방울[간두령竿頭鈴]— 및 쓰임새가 분명하지 않고 이례적인 모양의 청동기, 곧 이형동기異形銅器—방패형旁牌形동기, 어깨갑옷모양[견갑형肩甲形]동기, 나팔형喇叭形동기, 검손잡이모양[검파형劍把形]동기— 등의 의례용 도구[의기儀器]류(그림 163)가 포함된다.

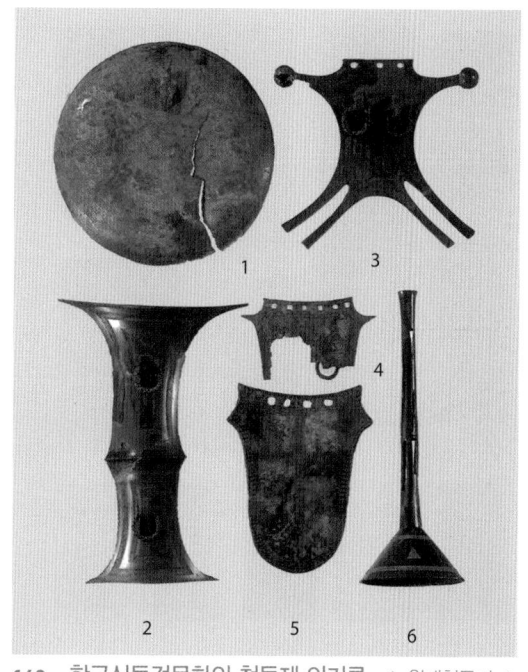

163 한국식동검문화의 청동제 의기류 1. 원개형동기, 2. 검파형동기, 3~5. 방패형동기, 6. 나팔형동기

이러한 다양한 청동기 중 적지 않은 것들이 세밀한 도안을 포함하고 있어, 비파형동검문화의 제작기술에 비해 상당한 발전이 있었을 것이라는 점은 추론이 가능하다. 실제로 거푸집[용범鎔范]의 제작방식이나 청동의 성분비율에서도 변화가 보인다. 동북아시아에서 청동기를 주조하는 데에 썼던 용범은 흙으로 만든 토범土范과 돌로 만든 석범石范으로 구분할 수 있다. 비파형동검문화에서는 석범이 주로 사용된다. 현재까지는 동검이나 동모 같은 무기류, 동부, 동착 같은 공구류 및 다뉴多紐조문경 등의 용범만 발견되었기 때문에 모든 청동기들을 석범으로 주조하였는지는 분명하지 않지만 우세했던 것은 분명하다. 석범 위주의 경향은 한국식동검문화에서도 계속된다. 전傳 영암 용범들(그림 164)이나 갈동유적에서 출토된 세형동검과 꺾창[동과銅戈]의 용범이 대표적인 실례이다. 그러한 몇몇 무기류, 공구류, 다뉴경 등이 석범으로 만들어진 것은 분명하나 그렇지 않은 유물도 있다. 특히, 거울이나 이형동기 중 일부는 토범으로 주

조하였을 가능성이 낮지 않다. 또한 전傳 논산 정문경은 과학적인 정밀조사를 통해 토범의 일종인 모래거푸집[사형砂型]을 사용한 것으로 밝혀졌다. 결국, 한국식동검문화의 영역에서는 석범과 토범을 사용해서 청동기를 주조한 것이다. 토범을 이용한 주조기술은 원래 중국 중원이나 북방지역에서 유행하는 것으로, 한반도 비파형동검문화에서는 보이지 않던 것이다. 따라서 외부의 영향을 받은 것으로 보이지만, 정확하게 그 지역을 지정하기는 어렵다.

동북아시아 일대가 세형동검문화기에 접어들어 광범위한 교류를 통해 이전에 보이지 않던 중요한 기술적 진전을 이룬 점은 분명하다. 물론, 복잡한 도안의 조각이 석범에서 불가능했던 것으로 보기는 어렵다. 일부 청동기들에는 간격이 일정하게 평행을 이루

164 傳 영암 거푸집 일괄(국보 제231호)

는 직선과 곡선의 도안이 포함되어있어, 제도작업에 자는 물론이고 이빨이 여럿인[다치多齒의] 컴퍼스나 곡선자도 활용하였을 것으로 추정된다. 석범의 재료가 대부분, 모스Mohs'경도계에서 가장 낮은 단계의 기준이 되는 '활석'이라는 점이 그러한 다양하고 복잡한 도안의 구현을 가능하게 했을 것으로 보인다.

용범이 완성되고 채광, 선광, 제련 등의 과정을 거쳐 원료가 마련되면, 주조 작업이 이루어지게 된다. 주조기술의 수준은 최종 산물인 청동기의 물리적 정밀성과 화학적 일관성에 따라 평가할 수 있다. 대부분의 청동기는 두 개의 틀이 한 쌍을 이루는 (쌍)합범(雙)合范으로 주조하는데, 실제 유물에서 보듯 둘은 거의 완벽하게 일치한다. 세형동검의 경우, 세형동

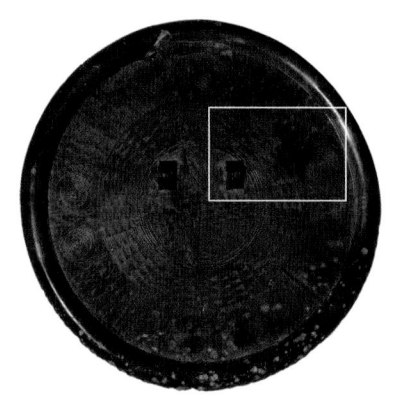
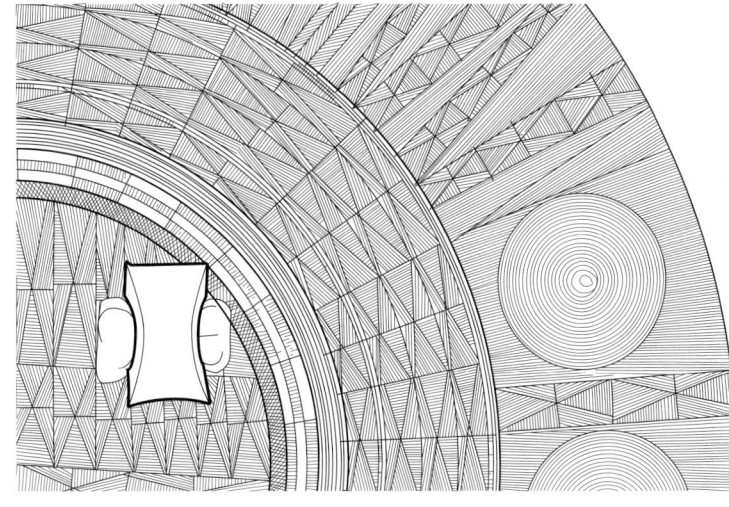

165 傳 논산 정문경(국보 제41호) 세부

검의 검엽이 일정한 두께를 가진 것도 확인된다. 이러한 점들로 보아, 정밀성은 물론 당시의 설계·제도가 상당한 수준에 이르렀음을 알 수 있다. 전傳 논산 정문경이나 대곡리의 정문경은 너비 1cm 안에 27줄이나 들어가는 가는 선을 새기고 있어 지금도 흉내 내기 어려울 정도이다(그림 165).

세형동검과 정문경은 청동의 화학적 특성에 대한 당시 장인匠人의 이해도를 잘 보여준다. 세형동검의 성분조성은 대부분 구리가 70~80%, 주석이 14~20%, 납이 4~15% 정도로 인장강도와 경도를 높이기에 좋다. 반면, 정문경은 구리 61~65%, 주석 28~32%, 납 5~6%로 세형동검보다 주석의 비율이 훨씬 높은데, 깨지기는 쉽지만 은색을 부각시켜 반사성능은 좋다.

단검과 거울이 중요한 자료이긴 하지만, 오히려 시선을 사로잡는 것은 의기류다. 이전에는 없었던 것이고 화려하기 때문이다. 다뉴경이 그러하듯, 방패형동기, 견갑형동기, 검파형동기 등은 대부분 뒤편에 (몇

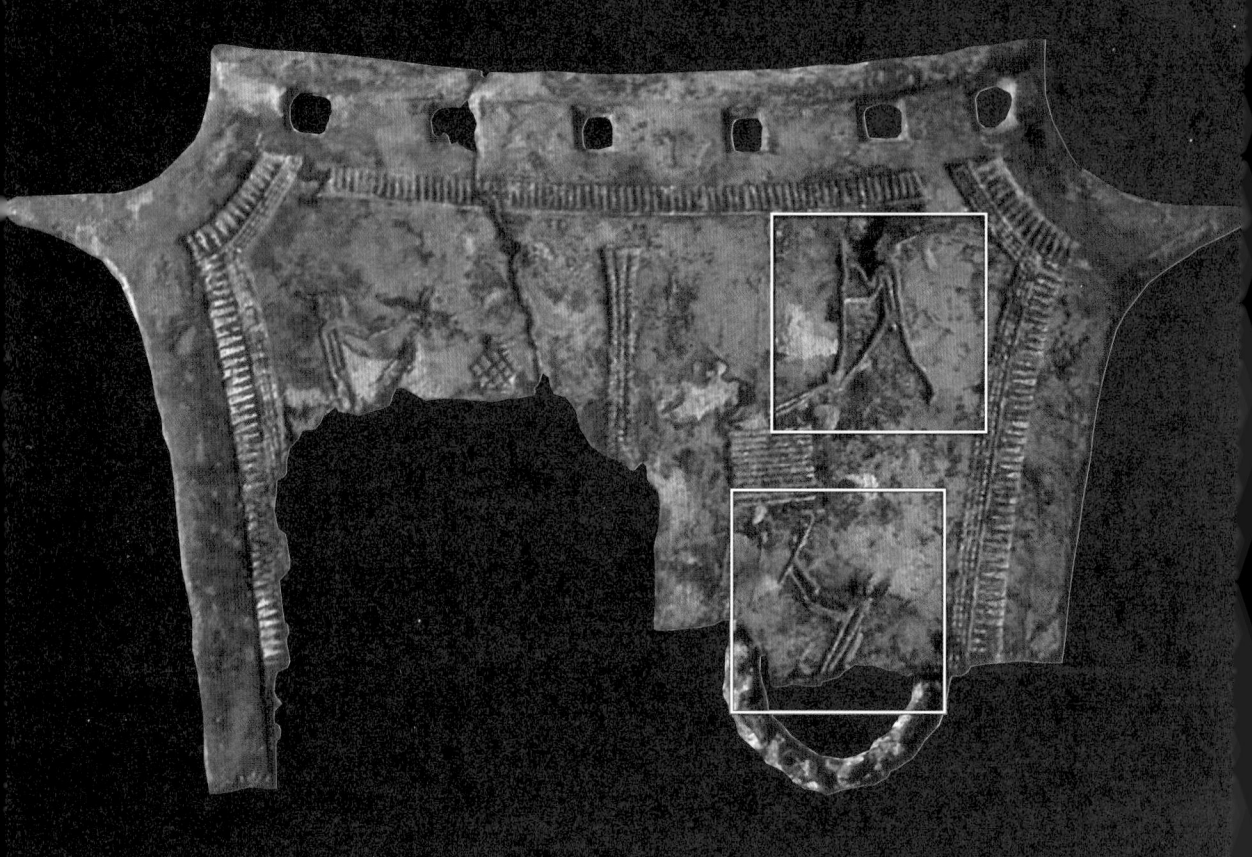

166 농경문청동기(보물 제1823호) 온전하게 남은 폭은 12.8*cm*이고 아래 부분은 결실되었다.

개의) 고리가 있어 끈으로 묶어 몸에 달 수 있게 되어 있다. 거울 등에 고리가 둘 이상인 것은 중국 중원과 구별되는 우리만의 특징이기도 하다. 이런 청동기들은 아마도 의례를 주관하거나 신분이 높은 이가 위세를 떨치기 위하여 장신구로 사용했을 것이다. 널리 알려진 농경문청동기農耕紋靑銅器도 방패형동기의 일종이다(그림 166). 나팔형동기는 중국 사례를 보건대, 말머리 장식의 일종으로 추정된다(그림 167). 이들 모두가 실용기 보다는 의례용 장식, 곧 의기로 분류된다. 다만, 다뉴경은 호텔의 면도용 거울의 곡면과 비슷한 것들이 있어 실제 얼굴을 비춰보기도 했을 가능성이 높다.

　이런 청동기들은 거의 모두 무덤의 부장품이거나 '전傳~'이라 하여 개략적인 출토지만을 알 수 있는 수집품이다. 수집품의 경우, 실제 출토지점을 완전히 신뢰하기 어려울 뿐만 아니라, 어떤 유구에서, 어떤 유물들과 같이 나왔는지 등 출토정황을 알 수 없는 약점이 있다. 반면, 부장품인 경우, 출토정황을 상세하게 알 수 있다.

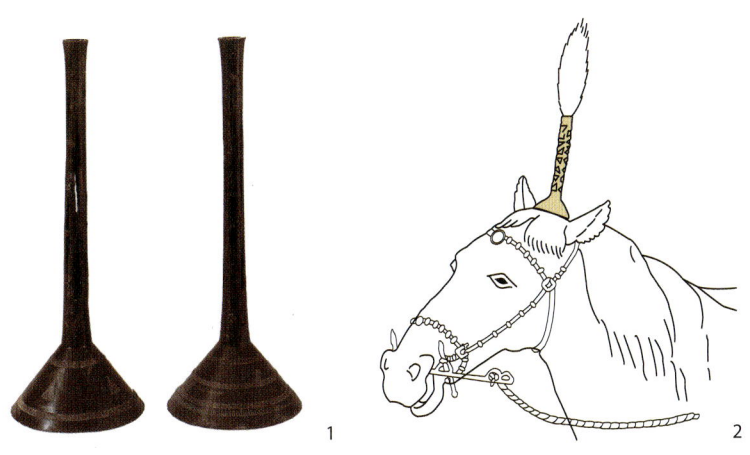

167　나팔형동기와 용도 추정
1. 예산 동서리유적 출토 나팔형동기.
2. 마두馬頭장식 착장상태 복원도

화려한 청동기 부장의 사회상

세형동검문화기의 부장품으로서 이런 청동기들은 적석목관묘積石木棺墓나 토광묘에서 출토된다. 또한 곱은옥[곡옥曲玉], 대롱옥, 구슬옥 등의 옥제 장신구, 점토대토기나 흑도장경호 등과 함께 출토된다. 넓은 의미에서 보자면, 이러한 공반유물도 세형동검문화의 구성요소라 할 수 있다. 다만, 점토대토기를 비롯한 토기는 일반 생활유적에서도 다량 출토되고, 세형동검을 비롯한 청동기보다 다소 일찍 남한지역에 나타나기 때문에 구별하여 '점토대토기문화'로 부르는 것이 일반적이다.

세형동검을 비롯한 청동기들이 어떤 과정을 통해서 언제쯤 한반도 중서부지역에 나타나게 되었는지는 대체로 분명하다. 그것은 중국 선양시의 정쟈와쯔유적 6512호 무덤(그림 168)에서 충청남도 일대의 청동기와 모양이나 구성이 매우 흡사한 유물이 일괄로 발견되었기 때문이다. 이런 유물들은 동북아시아가 '격변'을 경험했던 서기전 300년 무렵 랴오허 중류지역에서 한반도 중서부로 소개된 것으로 보인다. 당시 랴오닝지역에 자

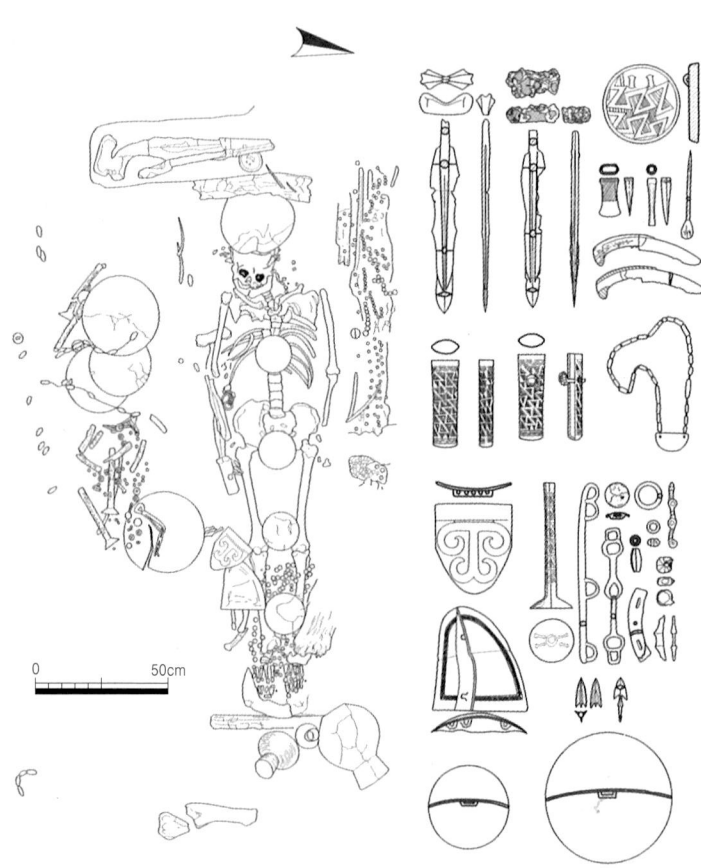

168 정쟈와쯔 6512호묘 출토 유물과 인골

리 잡고 있던 전국시대戰國時代(서기전 403~221년) 연燕나라의 소왕昭王(재위기간: 서기전 312~279년)은 장수 진개秦開로 하여금 고조선을 침입하게 하는데, 이로 인해 고조선은 2,000여리의 영토를 잃게 된다. 사서史書에는 한 줄로 기재된 사항이지만, 전란으로 많은 마을들이 황폐해지고, 본거지를 잃은 유민流民이 남쪽으로 내려옴으로써, 남쪽에 자리 잡고 있던 집단들에 커다란 변화를 유발했을 것이다.

흔히, 격동기에는 귀중품 또는 위세품의 부장이 강조되거나 '위기의례crisis ritual'가 빈번해진다고도 한다. 또한 격랑의 시기를 즈음하여 사회통합이 활발해져 집단의 규모가 커지고, 좀 더 권력이 막강해진 (우두머리 중의) 우두머리—흔히 일컬어지는 대로, 대수장大首長, paramount chief—가 등장했을 법하다. 흔히 권력이 커져 사회적 통제력이 강화된 우두머리는 공동체성을 강조하는group-oriented 노력을 기울이기보다는 자신의 위세를 부각하는 개인주의적individualizing 성향을 띠게 된다는 학설과도 맥이 닿을 듯하다. 한편, 다양한 청동기가 부장되는 분묘들 사이에는 양과 종류에 차이를 보이며, 그러한 차이는 서열이 있는 몇 부류로 구분되는 점도 주목할 만하다(그림 169). 등급이 높은 분묘일수록 수가 적어 피라미드구조를 이룰 뿐만 아니라, 최상급분묘 간의 거리는, 그보다 낮은 등급 분묘보다 훨씬 멀다. 결국, 이러한 양상은 사회통합의 과정에서 정치적 성공여부에 따라 수장층 내에서도 상당한 정도의 위계적 관계가 형성되었음을 보여주는 것이라 할 수 있다.

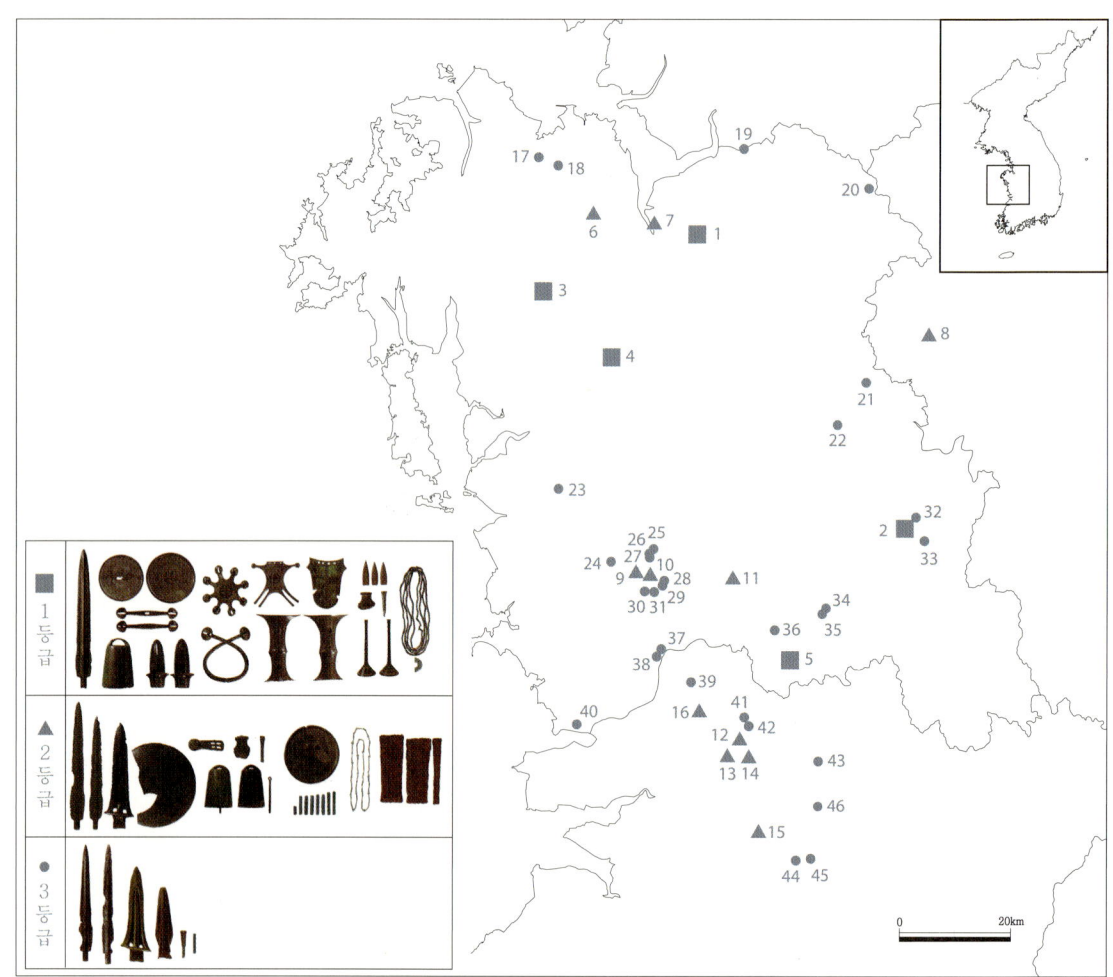

169 청동기시대 후기 청동기 부장 분묘의 위계성 1. 아산 남성리, 2. 대전 괴정동, 3. 예산 傳 덕산, 4. 예산 동서리, 5. 傳 논산, 6. 당진 소소리, 7. 앙산 궁평리, 8. 청주 비하리, 9. 부여 구봉리, 10. 부여 합송리, 11. 부여 연화리, 12. 익산 오금산, 13. 익산 용제리, 14. 익산 평장리, 15. 전주 여의동, 16. 익산 다송리, 17. 당진 우두리, 18. 당진 시곡리, 19. 아산 둔포리, 20. 천안 대평리, 21. 연기 봉암리, 22. 공주 봉안리, 23. 보령 청라면, 24. 부여 내산면, 25. 부여 검복리, 26. 부여 나복리, 27. 부여 수목리, 28. 부여 석동리, 29. 부여 원문리, 30. 부여 창동리, 31. 부여 함곡리, 32. 대전 탄방동, 33. 대전 문화동, 34. 논산 청동리, 35. 논산 연산면, 36. 논산 은진면, 37. 부여 입포리, 38. 부여 암수리, 39. 익산 장선리, 40. 서천 원수동, 41. 익산 용화산, 42. 익산 신룡리, 43. 완주 남봉리, 44. 완주 상림리, 45. 전주 효자동, 46. 완주 상운리

고조선만 있는 것은 아니다

신빙성 검증의 복잡한 과정을 거쳐야 하지만, 과거의 사회조직을 복원하고 사회성격을 이해하는 가장 직접적인 통로는 문헌기록일 수 있다. 근세近世의 사회체제 설명에 고고학의 역할이 거의 없는 것은 바로 그런 때문이다. 그러나 문자기록이 없거나 매우 단편적인 경우, 또 당사자가 아닌 주변의 기록만이 있을 경우, 고고학의 역할이 커질 수밖에 없다. 우리 역사에서 고조선과 삼한三韓이 그 대표적인 예이다.

고조선에 대한 고고학의 이해

고조선은 기원전 8세기 무렵에는 연맹왕국聯盟王國적 정치체로 발전하게 된다. 『한서漢書』, 『사기史記』 등 중국의 사서史書에도 등장할 뿐만 아니라, 팔조법금의 존재를 통해 자체적인 문자 및 법체계를 가졌다는 사실이 확인된다. 그렇다면 앞서 살핀 대로, 고조선은 최소한 원사단계 혹은 역사시대에 속하는 셈이다. 사회발달과정상 당시 한반도 중·남부의 사회와는 다소 상이한 맥락에 있을 수밖에 없다. 당시 남한 사회와는 달리, 고조선을 국가로 추정하는 데는 소략하나마 고대 중국사서에 기록된 사건들이 단초가 된다.

문헌기록에 기초하여 정립된 대략적인 틀에 따르면, 고조선은 랴오둥에 중심을 두면서 '조선朝鮮'이라는 국호를 사용하기 시작하며 '한韓'으로 지칭되는 우두머리를 중심으로 연맹체를 유지하는 전기(서기전 8~6세기), 구체적으로 '왕王'의 호칭을 사용하면서 철기로 무장한 전국戰國 연燕과 각축을 벌이는 중기(서기전 5~4세기), 연나라 장수 진개의 침입으로 영토의 상당부분을 잃고 대동강유역으로 중심지를 옮겨 중국 진秦·한漢제국

267

에 항쟁하는 후기(서기전 3~2세기)로 구분하여 그 변천을 이해할 수 있다.

문헌기록에 의거하여 파악되는 고조선의 강역 및 중심지 이동, 사회성격 변화는 비파형동검, 세형동검, 다뉴경, 미송리식 및 묵방리식 토기 등 표지유물의 형태나 분포변화와도 궤를 같이 한다. 유물의 형태변화를 이해함에 있어 중국 중원과의 비교편년이 간혹 이용되기는 하지만, 문헌기록에 기초한 설명의 틀에 개별 유물이나 관련된 내용을 채워 넣는 작업이 주를 이루기 때문에 사실은 두 분야의 접근이 거의 차이가 없다. 다만 유적의 조사밀도가 낮고 보고 관행이 남한과는 차이 나기 때문에, 내용을 채우는 작업은 몇몇 표지유적을 중심으로 설정된 유형에 의존하게 된다.

스얼타이잉쯔十二臺營子(챠오양朝陽시 일대), 난산건南山根(닝청寧城현 일대), 우진탕烏金塘(진시錦西시 일대), 량쟈춘梁家村(번시本溪시 일대) 등이 고조선 전기(서기전 8~6세기)에 고조선 및 주변의 청동기문화를 대변하는 문화유형들이다. 이들은 지역적으로도 네이멍구內蒙古, 랴오시, 보하이渤海만, 랴오둥 등으로 분리되어 있을 뿐만 아니라, 각각이 비파형동검, 다뉴경, 북방계통 유물, 중원계통 유물의 조합에서 차이를 보인다. 그 중 랴오둥의 량쟈춘유형에는 북방이나 중원계통 유물은 포함되지 않고 비파형동검과 다뉴경이 공반한다. 대표적인 유적으로 거명되는 다롄시 강상崗上유적은 석관·곽묘를 포함하는 (공동)적석묘역으로, 다인장多人葬의 풍습을 보여준다. 이러한 장제를 한 명의 소유주에 딸린 여러 노예의 순장殉葬을 보여주는 증거로 해석함으로써 고조선사회의 성격을 파악할 수 있는 단서로 거명되기도 한다. 195·60년대 북한학계에서 활발하게 진행되었던 '사회구성체社會構成體 논쟁'에서 고조선을 '노예소유자국가'로 규정하고 시대적으로는 '고대古代'에 포함시킨 견해의 고고학적 근거가 되기도 한다. 그러나 무덤의 규모나 부장품에서 중심 분묘(노예소유주)와 주변 분묘(노예) 사이에 명확한 신분 차이를 알려줄만한 근거가 충분하지 않을 뿐만 아니라, 다인장을 곧바로 순장으로 보기는 어렵다는 문제의 소지가 있다.

정쟈와쯔(선양시 일대), 난둥거우南洞溝(카쭤喀左현 일대) 등은 고조선 중기(서기전 5~4세기)에 고조선 및 주변의 청동기문화를 대변하는 유형들이다. 난둥거우유형에는 앞선 우진탕유형과 유사하게 중원계통 유물이 포함되지만 카쭤현보다 동쪽으로는 이어지지 않는 반면, 정쟈와쯔유형에서는 중원 및 북방계통 유물이 보이지 않고, 한반도 중서부와의 친연성이 확연하다. 앞서 살핀 대로, 중원·북방계통과는 구별되는 청동기문화의 영향으로 한반도 중·서부에서 화려한 청동기를 부장한 무덤이 등장하는 것은 고조선 중기에서 후기(서기전 3~2세기)로 넘어가는 격동기의 변화와 궤를 같이 하는 것이다.

한편, 정쟈와쯔 6512호묘 등 청동기를 다량 부장하는 분묘의 등장에도 불구하고 전단계의 거석분묘의 전통이 완전히 사라지는 것은 아닌데, 랴오둥의 휜런만주桓仁滿族지치헌, 번시시, 옌지延吉시 일대에서 유행하는 대석개묘가 그 대표적인 예이다. 이 또한 한반도 남부의 일부지역에서는 지석묘의 축조가 청동기시대 중기를 넘어 후기까지 지속되는 현상과 비교해가며 주목해 볼 만하다.

삼한에 대한 고고학적 접근

중국 한漢나라에서 망명하여 국경을 지키던 위만衛滿에 의해 준왕準王이 축출되고 대동강유역에 위만조선(서기전 195?~108년)이 성립되면서, 고조선은 종말을 맞게 된다. 흔히 '준왕의 남천南遷 또는 남분南奔'으로 이어지는, 이 사건은 한반도 중부 이남의 삼한사회에 엄청난 영향을 미친다. 그

170 부여 합송리유적 출토 유물

하나가 주조鑄造철기의 전파이다. 당진 소소리, 부여 합송리, 장수 남양리 등의 적석목관묘에서는 세형동검 등 청동기와 함께 철제 도끼[철부鐵斧], 끌[철착鐵鑿] 등이 나타난다(그림 170). 이런 양상은 남한에서 청동기문화가 주조철기제작 전통을 흡수하는 초기과정을 보여주고 있다. 더 나아가 우리 청동기시대의 종말을 알리는 신호가 된다.

철기 제작이라는 첨단 기술은 당시 한반도 중·남부에 자리 잡고 있던 삼한사회의 상위유력층으로부터 적극적인 반향을 불러일으킨 것으로 보인다. 완주 (갈산리) 신풍유적에서처럼, 상위신분을 반영할 것으로 추정되는 큰 분묘일수록 더 많은 철기가 부장되는 대략적인 비례관계는 그 가능성을 뒷받침한다(그림 171). 사실 삼한은 이미 상당히 발달된 정치체政治體, polity였을 것으로 보인다. 삼한은 고조선과 마찬가지로 문헌기록에서 일정한 단서를 찾을 수 있는 역사적 실체로『삼국지三國志』「위서魏書 동이전東夷傳」 한조韓條에는 마한馬韓 54개, 진한辰韓 12개, 변한弁韓 12개 등 삼한 78개 소국小國의 이름이 기재되어있을 정도다. 특히 철기 유입의 초기 양상을 잘 보여주는 남서해안지역은 삼한의 영도세력이었던 '목지국目支國'의 고지故地였을 가능성도 거론되고 있다. 이렇듯, 나름의 탄탄한 사회·정치체제는 돌연 나타났다기보다는 앞서 살펴온 청동기시대 중기 이후 남한지역의 사회문화적 축적—대규모 취락의 형성, 논농사의 확산, 우두머리의 등장—의 결과라고 보는 편이 타당할 듯하다. 곧, 랴오둥지방에서 고조선이 연맹왕

171 완주 신풍유적의 상위신분 분묘와 부장품

172 사천 늑도유적 전경 1. 주거, 수혈, 2. 분묘, 패총, 3·4. 패총, 5·9. 주거, 6. 주거, 수혈, 분묘, 고상高床건물, 토기요, 단야로, 패총, 7. 주거, 수혈, 분묘, 고상건물, 구溝, 패총, 8. 주거, 수혈, 분묘

국으로 발전해가던 시기에 한반도 중·남부에서도 매우 역동적인 정치·경제적 변화가 일어나고 있었음을 염두에 두어야 한다는 것이다.

철기문화와 결합된 점토대토기문화는 한반도 남부에서 다음 시기의 주류문화를 배태하게 된다. 그러한 전이과정에서 광주 신창동, 늑도 등 생활·매장·생산·교류의 모든 활동이 행해지던 대규모 복합유적은 남해안에서 지역거점으로서 중요한 역할을 하게 된다(그림 172).

김범철

읽어 볼만한 글

- 고려대학교 고고환경연구소 편, 2005, 『송국리문화를 통해 본 농경사회의 문화체계』, 고려대학교 고고환경연구소 학술총서 1, 서경문화사.
- 國立文化財研究所, 2004, 『韓國考古學專門事典: 靑銅器時代篇』.
- 김범철, 2011, 『쌀의 고고학: 한국 청동기시대 水稻作과 정치경제』, 쌀·삶·문명 총서, 민속원.
- 김범철, 2018, 『가옥, 가족, 가구: 靑銅器時代 사회변화에 대한 家口考古學의 이해』, 충북대학교 인문사회연구총서, 충북대학교 출판부.
- 李盛周, 2007, 『靑銅器·鐵器時代 社會變動論』, 考古學叢書 41, 學研文化社.
- 李榮文, 2003, 『韓國 支石墓 社會 硏究』, 考古學叢書 32, 學研文化社.
- 중앙문화재연구원 엮음, 2015, 『한국 청동기문화 개론』, 중앙문화재연구원 학술총서 26, 진인진.
- 중앙문화재연구원 엮음, 2018, 『마한 고고학개론』, 중앙문화재연구원 학술총서 40, 진인진.
- 중앙문화재연구원 편, 2011, 『한국 선사시대 사회와 문화의 이해』, 중앙문화재연구원 학술총서 2, 서경문화사.
- 한국고고학회 편, 2007, 『계층사회와 지배자의 출현』, 한국고고학회 학술총서 3, 사회평론.
- 한국고고학회 편, 2010, 『한국 고고학 강의(개정 신판)』, 사회평론.

고고학자가 얘기하는 우리의 선사시대

마무리하면서 하고 싶은 얘기

구석기시대: 장구한 인류사의 서막
신석기시대: 농경과 정주생활의 딜레마
청동기시대: 역사교육논쟁의 뒤안길

구석기시대: 장구한 인류사의 서막

구석기시대는 만 년도 넘은 까마득한 과거 이야기다. 이렇듯 오래전 사람들의 삶이 우리에게 어떤 의미가 있을까? 구석기고고학에 관심을 갖는 것이 '호사스러움'이나 단지 '흥미로움'을 넘어서 과연 지금 우리에게 무슨 메시지를 줄까?

넓은 지구 곳곳의 다양한 환경에 생물체가 살고 있다. 높은 고위도 동토지대에도 이끼를 뜯는 순록과 여우, 토끼가 살고, 메마른 풀 몇 포기 나있는 건조지대에도 개미와 지네, 도마뱀 같은 동물이 있으며, 높은 고산지대도 아름다운 꽃들과 산양의 서식지이고, 숲이 우거진 열대우림에는 수많은 생물체가 얽혀 산다. 이 모든 환경에 사는 단일한 생물종이 있는데, 그것은 바로 사람이다. 건조한 곳이든, 고위도의 혹심한 환경이든, 밀림이든, 지구상 어디든 사람은 있다. 사람이 가진 놀라운 능력은 바로 이 적응력이라 할 것이다. 혹자는 산업혁명 이후 과학기술이 발달하여 여러 환경에 들어갈 수 있었다고 생각할지 모른다. 그러나 전 세계 다양한 환경으로 확산한 것은 빙하시대 수렵채집민의 유산이다. 가축을 기르지도, 낟알을 심어 가꾸지도 못했고, 그저 자연이 주는 식량자원을 여기저기서 얻기만 했던 사람들이 이런 놀라운 일을 했다. 빙하시대 이후 사람들은 환경에 따라 다양한 적응과 생계방식을 발달시켰다. 수렵채집에 머문 사람들도 있었고, 한곳에 머물며 씨를 뿌리고 동물을 기르고, 마을, 그리고 큰 도시를 이루기도 했던 것이다. "農者天下之大本"이라 하여 농업이 세상의 근본이라는 말이 있지만, 사실 농경이 지구상 78억 인구의 공통 토대라 말할 수는 없다. 오히려 우리의 마음과 행동의 토대는 빙하시대 혹심한 환경을 살았던 수렵채집민에 있다.

현생인류는 아프리카에서 기원하여 후기 구석기시대 문화를 발전시키고, 구대륙, 그리고 신대륙 전역으로 들어갔다. 새로운 환경에 도전하는 것이 인류가 가진 일반 품성인지도 모른다. 확산하는 과정은 수렵채집민의 인구역학과 사회연결망의 측면에서 이해해야 한다. 아무리 새로운 세계를 찾아 모험에 나선다 하더라도 무리가 다른 무리와 접촉하고 통혼하지 않고선 생물학적으로 존속할 수 없다. 30여 명이 같이 이동하며 사는 집단이 주변의 집단과 상시적이고도 빈번한 교류를 바탕으로 원자재와 정보, 인적 교류를 했던 것이다.

그러고 보면 우리가 은연중 가지고 있는 구석기시대 사람들이 원시인, 또는 야만인이었다는 생각은 편견이 아닐까? 이 사람들이 가진 기술은 놀라웠다. 흑요석 같은 아주 정질의 암석을 먼 곳에서 들여와 새끼손가락보다 작은 돌날을 떼어내고, 정교한 찌르개를 만들어 창과 화살에 쓰고, 뿔과 뼈를 깎고 다듬어 바늘도 만들었다. 커다란 짐승을 그토록 생생하게 표현한 동굴벽화와 정교한 조각상을 볼 때 이 사람들을 그렇게 원시적이라 말할 수 있는지 의문이다.

오히려 빙하시대의 혹심한 환경에 살던 수렵채집민은 현재 지구상에 살고 있는 모든 인류의 어린 시절을 말해주는지도 모른다. 한 사람의 청년기, 장년기의 성품은 어린 시절에 결정된다. 지금 우리의 기억 속에 구석기시대란 어린 시절은 사라졌지만, 현재 인류의 마음과 행동의 토대가 바로 이때 만들어졌던 것이다. 인류의 토대를 아는 일이야말로 인간을 연구하는 인문학의 중요한 주제다.

성춘택

신석기시대: 농경과 정주생활의 딜레마

인간 역사의 가장 긴 부분은 구석기시대이다. 그 장구한 시간동안 인류는 자연에 순응하며 살아온 반면, 신석기시대에 이르러서는 환경을 개변하며 생산경제를 시작하게 된다. 인더스강유역, 황허유역, 티그리스-유프라테스강유역, 나일강유역 등지에서는 초기문명이 움트기 전부터 이미 비옥한 충적지를 바탕으로 농경과 목축이 발달하였다. 안정된 생산으로 축적된 잉여는 점차 사회적 불평등을 낳는 씨앗이 되기도 하였다.

강을 낀 땅에서 수많은 사람들이 농사를 짓고 가축을 기르며 평화롭게 어우러져 사는 모습, 이것이 바로 신석기시대에 대한 우리의 이미지이다. 더구나 '신석기혁명(농업혁명)'이라는 용어가 널리 알려지면서, 적어도 일반대중에게는 '농경사회'에 대한 인식이 굳어졌다. 농경사회로 인식하다보니 신석기시대 사람들은 농사를 짓기 위해 강가에서 정주생활을 한 것처럼 여겨지고 있다. 인터넷에 떠도는 글들에서 '신석기시대'와 함께 '농경'과 '정주'가 등장하는 것도 쉽게 확인할 수 있다. 그러나 우리의 신석기시대는 사정이 다르다. 농경과 정주로 신석기시대를 규정하기 어렵다. 아무리해도 농경과 정주는 신석기시대의 충분조건이 되기는 하겠지만 필요조건이 될 수는 없다.

우리의 신석기시대 생산도구들을 살펴보면, 농경보다는 사냥·채집·어로용의 빈도가 높다. 양을 그대로 생계경제와 결부시키는 것이 다소 위험할 수는 있겠지만, 일반적인 마을의 규모, 패총과 패총에서 출토되는 각종 유물의 종류와 형태를 감안할 때, 우리 신석기시대는 수렵채집단계에 가깝다. 그렇다고 작물재배가 없었던 것은 아니다. 신석기시대의 비교적 이른 때부터 조나 기장과 같은 잡곡 재배가 이루어졌다. 그러나 그것은 어디까지나 수렵·채집·어로를 보조하는 차원이다. 곧 대부분의 시간을 농사짓기에 보내고, 농사를 축으로 연중계획이 수립되는 사회가 아니었던 것이다.

한편, '농경=정주', '수렵채집=이동'과 같은 등식도 사실상 성립하기 어렵다. 안정된 채집과 어로를 통해 정주생활을 영위한 수렵채집집단도 적지 않다. 우리 신석기시대도 마찬가지이다. 수렵채집경제를 영위했지만, 구석기시대 사람들만큼 빈번하게 이동하지 않으면서도 한 곳에서 비교적 긴 기간 생활하였다. 물론, 일생을 시종일관 한 지역 혹은 한 마을을 근거지로 삼아 생활하였다고 단언할 수도 없다. 생계의 터전이 자연에 있는 한—수렵·채집·어로를 통해 야생으로부터 식료를 확보하는 한— 신석기시대 사람들에게 어느 정도 이동은 불가피하였을 것이다. 정착의 정도가 청동기시대만큼은 아니었을 것이다. 결국, 정착의 개념은 앞뒤 시대와의 비교 속에서 이해되어야 한다는 점은 분명해 보인다.

고고학이 밝혀낸 이러한 신석기시대의 모습은 우연히 나타난 것은 아니었을 것이다. 플라이스토세 말 이후의 급격한 기후변화 속에서 당시 사람들이 했던 적응과 부단한 선택의 결과일 것이다. 백 년도 되지 않은 기후온난화가 우리를 부산스럽게 하는 것을 보면, 충격을 완화할 기술이 상대적으로 미약했던 신석기시대 사람들의 상황은 어떠했을까? 정착과 이동 전략을 적절하게 구사하면서 자연환경의 변화와 변이에 적응해온 그들의 지혜와 유연함이 한반도가 계속 사람이 살았던 땅이 되게 하지는 않았을까 하는 생각이 들게 한다.

천선행

청동기시대: 역사교육논쟁의 뒤안길

중·고등학교의 한국사교과서를 보면, 청동기시대는 선사시대와 구분되어 '국가의 형성'에 포함되어 있다. 그러나 남한지역의 양상은 도저히 '국가'를 운운할 만하지 않다. 개인적인 인상을 다소 심하게 얘기하자면, 북쪽에는 고조선이라는 국가가 있는데, 남쪽 사람들은 움집이나 짓고, 거친 토기나 만들었던 것처럼 서술되어 있다고 하겠다. 개인적인 경험도 한번 얘기해보자. 중등교원들의 일정연수에 가서 강연을 하다보면, "정말 이분들이 (청동기시대를 포함한) 선사시대에 대해서는 아는 것이 없구나!" 하는 생각이 든다. 어려워하고 생소해한다. 상대적으로 근현대사에 대해서는 꽤 심도 있는 지식을 가지고 있어 보인다. 개인적으로 아는 어떤 미국학자—사실, 대학선배로 지금은 미국국적의 대학교수임—는 우리 역사교육과 관련하여, "굳이 선사시대를 중·고등학교 학생들에게 가르쳐야 해?"라고 한 적도 있다. 물론, 지금의 영토경계가 정해지지도 않은 때를 우리 '역사'에 포함시켜 가르치기보다 좀 더 포괄적인 동아시아시리는 차원에서 가르쳐도 되지 않나 하는 점을 염두에 둔 얘기라고 추측은 해보지만 석연치 않다.

이 책의 독자들도 그렇게 생각하지나 않을지 모르겠다. 하지만 그러지 않았으면 좋겠다. 문헌기록이 없었지만 '삶'이 없었던 것은 아니다. 오히려 하루하루를 우리보다 번잡하지는 않지만 더 치열하게 살았을 수도 있다.

앞에서 살핀 대로, 청동기시대는 나름 격변의 시기였다. 큰 마을이 나타나고, 곳곳에서 논농사를 지었으며, 주민들을 통제하는 우두머리와 사회적 계층이 나타난다. 미국 고고학자 드레넌Robert Drennan의 은유에 따르면, 계층 발생은 인류역사상 '규칙'이 바뀐 엄청난 변화이다. 지구라는 거대한 '경기장circumstance'에서, 사회적 관계를 정하는 '규칙rule'에 따라, 각자의 삶을 지속해가는 치열한 '경기game'를 600만 년 동안 해왔던 인류, 곧 '선수player'들은 처음이자 마지막으로 '규칙'이 단 '한 번' 바뀌는 변화를 경험한다. 새로운 규칙의 대두는 각자의 기여와 능력에 따라서가 아니라, 누구의 자식으로 태어났는지에 따라 다른 양의 기회와 자원을 받는 불평등을 감내하는 윤리의 확립이다. 청동기시대에 일어난 이 변화가 나라를 빼앗기고 다시 찾는 정도의 굴곡보다 인류사에 있어서 무게가 덜한 것인지 반문하지 않을 수 없다. 평등의 가치, 반대로 불평등이 정당화되는 과정이 가르치지 않아도 될, 대충 가르쳐도 될 문제인가? '역사주의'라는 비판을 감수하고 주장하자면, 평등의 당위는 지극히 역사적인 문제라 하겠다. 인류가 수백 만 년 동안, 그리고 우리 역사 수십 만 년 동안 평등이 지배적인 가치였다는 사실을 돌이켜 보면, 평등의 역사성은 스스로 명쾌하다.

사실, '국정교과서' 파동에서도 비슷한 쓸쓸함을 느끼지 않을 수 없었다. 역사교육을 둘러싼 보혁保革 사이 논쟁의 핵심은 근현대사였다. 문구 하나하나를 놓고 엄청난 대립을 보였다. 그 와중에도 선사시대에 대해서는 이 책, 저 책의 구분이 없어 보였다. 역사를 바라보는 시각이 다르면, 청동기시대 서술은 완전히 달라질 수 있다. 어떤 이는 우두머리의 활약상, 그들의 화려한 분묘를 부각하겠지만, 다른 이는 왜 대다수의 일반민은 자신들의 자유를 소수의 사람들에게 맡겼는지 또는 갖가지 강요된 노동에 참여하게 되었는지에 초점을 맞출 수도 있을 것이다. 그런 시각의 차이를 보기는 어려울 뿐만 아니라, 가끔은 철지난 엉터리 얘기도 공통적으로 한다.

청동기시대는 한반도 중·남부에서 국가단계 사회가 나타날 수 있는 토대가 형성된 때이다. 한 단계를 넘어서는 에너지가 축적되는 기간은 매우 역동적일 수밖에 없다. 청동기시대 중국 동북지방과 북한에서 고조선이 국가의 모습을 갖춰갈 때, 남한 사회는 정체되어 있었던 것처럼 묘사하는 현재의 풍조는 타당하지 않다. 이 책을 통해 한반도 남쪽의 역동성이, 선사시대를 알아야 하는 이유가 독자들께 전달되었으면 좋겠다.

김범철

그림출처

001 필자(김범철) 제작

002 필자(김범철) 제작

003 https://en.wikipedia.org/wiki/Three-age_system (위키피디아)를 전재함.

004 https://en.wikipedia.org/wiki/Jens_Jacob_Asmussen_Worsaae (위키피디아)를 전재함.

005 https://en.wikipedia.org/wiki/John_Lubbock,_1st_Baron_Avebury (위키피디아)를 전재함.

006 (左)https://en.wikipedia.org/wiki/Augustus_Pitt_Rivers (위키피디아). (右)https://en.wikipedia.org/wiki/Flinders_Petrie (위키피디아)를 전재·편집함.

007 https://en.wikipedia.org/wiki/Oscar_Montelius (위키피디아)를 전재함.

008 Meltzer, David J., 2011, Lewis Roberts Binford 1931-2011, *A Biographical Memoir*. Washington D.C.: National Academy of Science. (p. 2)를 전재함.

009 Hodder, Ian, Håkan Karlsson, and Bjørnar Olsen, 2008, 40 Years of Theoretical Engagement: A Conversation with Ian Hodder, *Norwegian Archaeological Review* 41(1):26-42. (p. 38, 〈Fig. 3〉)를 전재함.

010 한창균, 2017, 『한국 고고학의 첫 세대 하담 도유호』, 서울: 혜안, 〈표지〉를 전재함.

011 三佛金元龍教授停年退任紀念論叢刊行委員會 編, 1987, 『三佛金元龍教授停年退任紀念論叢』, 서울: 一志社, 〈三佛 金元龍教授 近影〉을 전재함.

012 (左)대한문화재연구원, 2017, 『潭陽 中玉里 西玉古墳群: 4호분·12호분』, p. 127, 〈사진 3〉. (右)釜山大學校博物館, 2011, 『水佳里貝塚 Ⅱ』, p. 298, 〈寫眞 12〉를 전재·수정·편집함.

013 Thomas, David Hurst, ed., 2008, Native American Landscapes of St. Catherines Island, Georgia, Part Ⅱ. *Anthropological Papers of the American Museum of Natural History* 88. New York: American Museum of Natural History. (p. 448, 〈Figure 16.9〉)를 전재·수정함.

014 https://en.wikipedia.org/wiki/Accelerator_mass_spectrometry (위키피디아)를 전재함.

015 필자(김범철) 직접 제작

016 성춘택, 2017, 『석기고고학』, 서울: 사회평론, p. 98, 〈그림 4.3〉을 전재·수정·편집함.

017 경희대학교 중앙박물관, 2011, 『인류의 옛 흔적 '돌의 시대'』, 서울: 주류성, p. 76의 그림을 전재·수정·재제도함.

018 경희대학교 중앙박물관, 2011, 『인류의 옛 흔적 '돌의 시대'』, 서울: 주류성, p. 21의 그림을 전재·수정·재제도함.

019 경희대학교 중앙박물관, 2011, 『인류의 옛 흔적 '돌의 시대'』, 서울: 주류성, p. 120, 〈그림 5〉를 전재·수정·재제도

020 국립대구박물관, 2005, 『사람과 돌: 머나먼 진화의 여정』, p. 110, 〈158〉을 전재함.

021 필자(성춘택) 직접 촬영

022 Park, Soo-Chul, Dong-Geun Yoo, Chiwon-Keun Lee, and Eun-Il Lee, 2000, Last Glacial Sea-Level Changes and Paleogeography of the Korea (Tsushima) Strait. *Geo-Marine Letters* 20:64-71. (P. 79, 〈Fig. 7〉)을 전재·수정·재제도함.

023 조선유적유물도감편찬위원회 편, 1988, 『조선유적유물도감』, 원시편, 평양: 〈조선유적유물도감〉편찬위원회, p.51, 〈60·61·62·63〉을 전재·수정·편집함.

024 Movius, Hallam L., 1948, The Lower Paleolithic cultures of southern and eastern Asia. *Transactions of the American Philosophical Society* 38:329-420. (p. 409, 〈Map 4〉)를 전재함.

025 국립대구박물관, 2008, 『인류의 여명』, p. 49, 〈55〉를 전재함.

026 국립대구박물관, 2005, 『사람과 돌: 머나먼 진화의 여정』, p. 64, 〈071-1·2〉를 전재·수정·편집함.

027 성춘택, 2017, 『석기고고학』, 서울: 사회평론, p. 283, 〈그림 9.14〉를 전재·수정·편집함.

028 국립대구박물관, 2005, 『사람과 돌: 머나먼 진화의 여정』, p. 71, 〈084·085〉를 전재·수정·편집함.

029 연세대학교박물관, 2000, 『한국의 구석기』, p. 115, 〈143〉을 전재·수정·편집함.

030 경기문화재단 기전문화재연구원, 2008, 『남양주 호평동 구석기유적』, p. 6, 〈6. 2문화층 석기〉를 전재·수정·편집함.

031 연세대학교박물관, 2000, 『한국의 구석기』, p. 236, 〈349·350〉을 전재·수정·편집함.

032 보고서와 논저를 원도를 바탕으로 필자(성춘택)가 일부 수정·편집함.

033 필자(성춘택) 직접 촬영

034 필자(성춘택) 직접 촬영

035 (左)강원문화재연구소, 2005, 『동해시 망상동 기곡 구석기유적·동해시 부곡동 고분군·강릉시 옥계면 주수리 고분군』, p. 10, 〈원색사진 10〉. (右)예맥문화재연구원, 2010, 『東海 墨湖津洞 月梳遺蹟: 동해 월소지구 도시개발사업부지내 유적 발굴조사보고서』, p. 7, 〈원색사진 8〉를 전재·수정·편집함.

036 필자(김범철) 직접 제작

037 국립중앙박물관, 2015, 『신석기인, 새로운 환경에 적응하다』, p. 32, 〈19·20〉를 전재·수정·편집함.

038 국립중앙박물관, 2015, 『신석기인, 새로운 환경에 적응하다』, p. 33, 〈24〉를 전재함.

039 국립중앙박물관, 2015, 『신석기인, 새로운 환경에 적응하다』, pp. 14~15, 〈한반도 주변 해안선 변화 과정 추정도〉를 전재·수정·편집함.

040 복천박물관, 2011, 『선사·고대의 패총 인간, 바다, 그리고 삶』, p. 33, 〈인천 운서동유적 2지점 전경〉를 전재함.

041 복천박물관, 2011, 『선사·고대의 패총 인간, 바다, 그리고 삶』, p. 26, 〈인천 운서동 Ⅰ-1-3호 집자리 복원도〉·p. 33, 〈인천 운서동유적 2지점 3호 주거지 노출 상태〉를 전재·수정·편집함.

042 복천박물관, 2011, 『선사·고대의 패총 인간, 바다, 그리고 삶』, p. 60, 〈부산 가덕도 장항유적 집석유구 전경〉을 전재함.

043 복천박물관, 2011, 『선사·고대의 패총 인간, 바다, 그리고 삶』, p. 32, 〈군산 가도 야영지 복원〉·〈군산 가도 A패총 신석기시대 3·4호〉를 전재·수정·편집함.

044 복천박물관, 2011, 『선사·고대의 패총 인간, 바다, 그리고 삶』, p. 21, 〈연평 모이도패총〉을 전재함.

045 국립중앙박물관, 2015, 『신석기인, 새로운 환경에 적응하다』, p. 38, 〈여수 안도 패총 1호 무덤 인골〉·〈외이도 골종이 생기는 위치〉를 전재·수정·편집함.

046 (左)국립중앙박물관, 2015, 『신석기인, 새로운 환경에 적응하다』, p. 68, 〈65〉. (右)국립대구박물관, 2005, 『사람과 돌: 머나먼 진화의 여정』, p. 177, 〈305〉를 전재·수정·편집함.

047 복천박물관, 2011, 『선사·고대의 패총 인간, 바다, 그리고 삶』, p. 71, 〈골제 작살〉·〈고정식작살 모식도〉·p. 75, 〈결합식 작살〉을 전재·수정·편집함.

048 복천박물관, 2011, 『선사·고대의 패총 인간, 바다, 그리고 삶』, p. 84, 〈작살 맞은 고래 흉추〉를 전재함.

049 (左)국립중앙박물관, 2015, 『신석기인, 새로운 환경에 적응하다』, p. 64, 〈이음낚시 복원 모습〉. (右)복천박물관, 2011, 『선사·고대의 패총 인간, 바다, 그리고 삶』, p. 77, 〈결합식조침 골제 축부〉를 전재·수정·편집함.

050 (左)국립중앙박물관, 2015, 『신석기인, 새로운 환경에 적응하다』, p. 59, 〈49〉. (右上)국립중앙박물관, 2015, 『신석기인, 새로운 환경에 적응하다』, p. 61, 〈51〉. (右下)복천박물관, 2011, 『선사·고대의 패총 인간, 바다, 그리고 삶』, p. 82, 〈반구대 암각화의 고래와 배 그림〉을 전재·수정·편집함.

051 복천박물관, 2011, 『선사·고대의 패총 인간, 바다, 그리고 삶』, p. 58, 〈창녕 비봉리 4호 저장공〉·〈창녕 비봉리

4호 저장공 도토리 노출상태)를 전재·수정·편집함.

052 복천박물관, 2011, 『선사·고대의 패총 인간, 바다, 그리고 삶』, p. 58, 〈창녕 비봉리 도토리 저장공 모식도〉를 전재·수정함.

053 (左)국립대구박물관, 2005, 『사람과 돌: 머나먼 진화의 여정』, p. 136, 〈203〉. (中)국립대구박물관, 2005, 『사람과 돌: 머나먼 진화의 여정』, p. 140, 〈218〉. (右)국립중앙박물관, 2015, 『신석기인, 새로운 환경에 적응하다』, p. 88, 〈82〉를 전재·수정·편집함.

054 복천박물관, 2011, 『선사·고대의 패총 인간, 바다, 그리고 삶』, p. 56, 〈탄화된 곡식〉·p. 57, 〈조(압날문토기)〉를 전재·수정·편집함.

055 동삼동패총전시관, 2004, 『신석기시대의 토기문화』, p. 328, 〈사진42-102〉·p. 353, 〈사진67-410·413〉. 釜山大學校博物館, 2011, 『水佳里貝塚 Ⅱ』, p. 32, 〈융기문토기〉·p. 73, 〈점열문토기〉·p. 98, 〈3부위 구분토기〉. 啓明大學校 行素博物館, 2006, 『金泉松竹里遺蹟 Ⅰ』, p. 301, 〈도면011-29〉·p. 302, 〈도면 012-36〉·p. 307, 〈도면017-58·59·66〉·p. 309, 〈도판019-80〉·p. 319, 〈도판029-161〉·p. 339, 〈도판049-253〉·p. 351, 〈도판061-319〉·p. 394, 〈도판104-550〉·p. 448, 〈도판158-872〉. 吉林文史出版社, 2010, 『大連古代文物圖說』, p. 20, 〈도2-7〉을 전재·편집함.

056 (左)복천박물관, 2011, 『선사·고대의 패총 인간, 바다, 그리고 삶』, p. 65, 〈여러가지 토기〉. (右)국립중앙박물관, 2015, 『신석기인, 새로운 환경에 적응하다』, p. 120, 〈117〉을 전재·수정·편집함.

057 국립중앙박물관, 2015, 『신석기인, 새로운 환경에 적응하다』, p. 120, 〈115〉·p. 101, 〈91〉을 전재·수정·편집함.

058 국립대구박물관, 2005, 『사람과 돌: 머나먼 진화의 여정』, p. 155, 〈251〉·p. 157, 〈254〉을 전재·수정·편집함.

059 국립중앙박물관, 2015, 『신석기인, 새로운 환경에 적응하다』, p. 63, 〈56〉을 전재함.

060 국립대구박물관, 2005, 『사람과 돌: 머나먼 진화의 여정』, p. 154, 〈248〉을 전재함.

061 국립대구박물관, 2005, 『사람과 돌: 머나먼 진화의 여정』, p. 155, 〈253〉을 전재함.

062 국립중앙박물관, 2015, 『신석기인, 새로운 환경에 적응하다』, p. 132, 〈120〉을 전재함.

063 복천박물관, 2011, 『선사·고대의 패총 인간, 바다, 그리고 삶』, p. 114, 〈이전〉·p. 115, 〈결상이식〉을 전재·수정·편집함.

064 (左)국립중앙박물관, 2015, 『신석기인, 새로운 환경에 적응하다』, p. 139, 〈127·129〉. (右)복천박물관, 2011, 『선사·고대의 패총 인간, 바다, 그리고 삶』, p. 123, 〈조개가면〉을 전재·수정·편집함.

065 국립중앙박물관, 2015, 『신석기인, 새로운 환경에 적응하다』, p. 124, 〈춘천 교동 동굴 모식도〉·p. 131, 〈가덕도 장항유적 1호 인골과 조가비팔찌 출토 모습〉·p. 132, 〈연대도 무덤 유적〉을 전재·수정·편집함.

066 복천박물관, 2011, 『선사·고대의 패총 인간, 바다, 그리고 삶』, p. 128, 〈가덕도 장항유적 무덤 전경〉을 전재함.

067 (上)복천박물관, 2011, 『선사·고대의 패총 인간, 바다, 그리고 삶』, p. 97, 〈석시〉·p. 98, 〈흑요석 원석과 박편〉. (下)국립대구박물관, 2005, 『사람과 돌: 머나먼 진화의 여정』, p. 175, 〈299·200·302〉를 수정·편집함.

068 복천박물관, 2011, 『선사·고대의 패총 인간, 바다, 그리고 삶』, p. 95, 〈조몽토기〉·p. 96, 〈조몽토기〉를 전재·수정·편집함.

069 복천박물관, 2011, 『선사·고대의 패총 인간, 바다, 그리고 삶』, p. 105, 〈조개팔찌〉를 전재함.

070 필자(김범철) 직접 제작

071 필자(김범철) 직접 제작

072 https://en.wikipedia.org/wiki/Unetice_culture (위키피디아)를 전재함.

073 https://en.wikipedia.org/wiki/V._Gordon_Childe (위키피디아)를 전재함.

074 (左)김범철, 2018, 「초기 도시 출현에 대한 고고학의 이해」, 『초기 도시의 고고학』, 호서고고학회·(재)한국고고환경연구소·(재)중앙문화재연구원, p. 12, 〈그림 5〉. (右)https://en.wikipedia.org/wiki/Uruk#/media/File:Uruk_Archaeological_site_at_Warka,_Iraq_MOD_45156521.jpg (위키피디아)를 전재·수정·편집함.

075 이주형·임영애·김이규·이미림·박형국, 2007, 『동양미술사』, 하, p. 16, 〈1-7〉을 전재함.

076 중앙문화재연구원 엮음, 2015, 『한국 청동기문화 개론』, 과천: 진인진, p. 135, 〈그림 7.6〉을 전재함.

077 중앙문화재연구원 엮음, 2015, 『한국 청동기문화 개론』, 과천: 진인진, p. 130, 〈그림 7.1〉을 전재·수정함.

078 조선유적유물도감편찬위원회 편, 1988, 『조선유적유물도감』, 원시편, 평양: 〈조선유적유물도감〉편찬위원회, p. 218, 〈49〉를 전재함.

079 국립중앙박물관, 2006, 『북녘의 문화유산』, p. 35, 〈29〉를 전재함.

080 조선유적유물도감편찬위원회 편, 1989, 『조선유적유물도감』, 고조선, 부여, 진국편, 평양: 〈조선유적유물도감〉편찬위원회, p. 51, 〈69〉를 전재함.

081 국립진주박물관, 2002, 『청동기시대의 大坪·大坪人』, p. 39, 〈장방형주거지 출토유물〉을 전재함.

082 국립중앙박물관, 2006, 『북녘의 문화유산』, p. 35, 〈팽이형토기〉·p. 37, 〈팽이형토기〉를 전재·수정·편집함.

083 조선유적유물도감편찬위원회 편, 1988, 『조선유적유물도감』, 원시편, 평양: 〈조선유적유물도감〉편찬위원회, p.1

88, 〈405〉를 전재함.

084　필자(김범철) 직접 제작

085　국립중앙박물관 편, 1996, 『국립중앙박물관』, p. 36, 〈송국리형토기〉를 전재함.

086　김범철·안형기·송한경, 2007, 「무문토기의 용량분석 시론: 충남지역 청동기시대 취락 출토품을 중심으로」, 『야외고고학』 2, p. 51, 〈도표 10〉을 전재·수정·재제도함.

087　중앙문화재연구원, 2018, 『마한고고학개론』, 과천: 진인진, p. 26, 〈도1-1〉을 전재·수정·편집함.

088　국립중앙박물관, 2010, 『청동기시대 마을풍경』, p. 122, 〈52〉를 전재함.

089　국립창원문화재연구소, 「진주 대평유적」, 『경남의 선사문화』, p. 31, 〈옥방 8지구 채문토기〉를 전재·수정함.

090　(左) 국립중앙박물관 편, 1986, 『국립중앙박물관』, p. 20, 〈16〉. (右) 국립중앙박물관 편, 1986, 『국립중앙박물관』, p. 31, 〈38〉을 전재·수정·편집함.

091　(국립청주박물관 제공) 국립청주박물관, 2020, 『한국의 청동기문화 2020』, p. 23, 〈002〉를 전재함.

092　중앙문화재연구원 엮음, 2015, 『한국 청동기문화 개론』, 과천: 진인진, p. 190, 〈그림 10.2〉를 전재·수정함.

093　국립진주박물관, 2002, 『청동기시대의 大坪·大坪人』, p. 36, 〈어은 1지구 장방형주거지〉를 전재·수정함.

094　(左)중앙문화재연구원, 2011, 『돌·흙·쇠 그리고 사람들』, p. 50, 〈6호 주거지〉. (右)江原文化財研究所, 2007, 『龍岩里』, p. 626, 〈사진 22-①〉·p. 731, 〈사진 127〉을 전재·수정·편집함.

095　중앙문화재연구원 엮음, 2015, 『한국 청동기문화 개론』, 과천: 진인진, p. 190, 〈그림 10.2〉를 전재·수정함.

096　(左)한국전통문화대학교 고고학연구소·부여군, 2011, 『松菊里 Ⅶ: 부여 송국리유적 제12·13차 발굴조사』, p. 5, 〈원색사진 3〉. (右)국립진주박물관, 2002, 『청동기시대의 大坪·大坪人』, p. 93, 〈장방형주거지〉를 전재·수정·편집함.

097　김범철, 2018, 『가옥, 가족, 가구: 靑銅器時代 사회변화에 대한 家口考古學의 이해』, p. 127, 〈그림 4.27〉을 전재·수정함.

098　(재)영남문화재연구원, 2002, 『蔚山 川上里聚落遺蹟』, p. 9, 〈원색사진 10〉을 전재함.

099　慶南發展研究院 歷史文化센터, 2005, 『泗川 芳芝里 遺蹟 Ⅰ: 初期鐵器時代』, 〈원색도판 3-(1)〉을 전재함.

100　중앙문화재연구원 엮음, 2015, 『한국 청동기문화 개론』, 과천: 진인진, p. 69, 〈그림 4.2〉를 전재·수정·편집함.

101　중앙문화재연구원 엮음, 2015, 『한국 청동기문화 개론』, 과천: 진인진, p. 70, 〈그림 4.3〉을 전재·수정·편집함.

102　한국청동기학회 http://www.bronzeculture.or.kr 자유게시판 353 "춘천중도 현장공개 안내" 「중도 유적 사진

자료 및 약도』, p. 1, 〈사진1〉 (한강문화재연구원)을 전재함.

103 충청문화재연구원, 2009, 『천안 유통단지 개발사업지구 내 天安 白石洞 고재미골 遺蹟(寫眞)』, p. iii, 〈全景 2〉를 전재함.

104 중앙문화재연구원 엮음, 2015, 『한국 청동기문화 개론』, 과천: 진인진, p. 192, 〈그림 10.4〉를 전재·수정함.

105 (左)중앙문화재연구원, 2013, 『과거를 두드리는 사람들』, p. 53, 〈대전 복룡동유적〉. (右)충남대학교 박물관, 2007, 『호서지역의 청동기문화』, p. 101, 〈7호 저장구덩이 유물 노출 모습〉을 전재·수정·편집함.

106 https://encykorea.aks.ac.kr/Contents/SearchNavi?keyword=%EB%82%A8%EC%82%B0%EC%9C%A0%EC%A0%81&ridx=0&tot=1360 (한국민족문화대백과사전)을 전재·수정·편집함.

107 중앙문화재연구원 엮음, 2015, 『한국 청동기문화 개론』, 과천: 진인진, p. 195, 〈그림 10.8〉을 전재·수정함.

108 손준호, 2019, 「청동기시대 석기 분류」, 『歷史學研究』 74, p. 11, 〈그림 2〉를 전재·수정·편집함.

109 손준호, 2019, 「청동기시대 석기 분류」, 『歷史學研究』 74, p. 8, 〈그림 1〉을 전재·수정·편집함.

110 (左)조진선, 2010, 「요서지역 청동기문화의 발전과정과 성격」, 동북아역사재단 편, pp. 149~198, 서울: 동북아역사재단, p. 170, 〈그림 6〉. (右)국립중앙박물관, 2010, 『청동기시대 마을풍경』, p. 141, 〈58〉을 전재·수정·편집함.

111 (左)국립중앙박물관 편, 1986, 『국립중앙박물관』, p. 20, 〈18〉. (右)조선유적유물도감편찬위원회 편, 1988, 『조선유적유물도감』, 원시편, 평양: 〈조선유적유물도감〉편찬위원회, p. 183, 〈39〉를 전재·수정·편집함.

112 국립대구박물관, 2005, 『사람과 돌: 머나먼 진화의 여정』, p. 244, 〈463·464〉·p. 250, 〈481〉을 전재·수정·편집함.

113 손준호, 2019, 「청동기시대 석기 분류」, 『歷史學研究』 74, p. 17, 〈그림 4〉를 전재·수정·편집함.

114 국립진주박물관, 2002, 『청동기시대의 大坪·大坪人』, p. 69, 〈갈판과 갈돌〉을 전재함.

115 국립대구박물관, 2005, 『사람과 돌: 머나먼 진화의 여정』, p. 232, 〈430〉을 전재함.

116 손준호, 2019, 「청동기시대 석기 분류」, 『歷史學研究』 74, p. 14, 〈그림 3〉을 전재·수정·편집함.

117 국립대구박물관, 2005, 『사람과 돌: 머나먼 진화의 여정』, p. 211, 〈380〉을 전재함.

118 (左)국립대구박물관, 2005, 『사람과 돌: 머나먼 진화의 여정』, p. 212, 〈383〉. (右)李宜味, 2007, 「소위 '부리형石器'의 用途에 관한 硏究」, 慶南大學校 碩士學位論文, p. 50, 〈圖面-9〉를 전재·수정·편집함.

119 慶南大學校博物館, 2013, 『德川里』, p. 12, 〈원색도판 8-(5)〉를 전재함.

120　http://www.rda.go.kr/children/pageUrl.do?menu=agri&pg=0203#none （농촌진흥청 어린이홈페이지)를 전재함.

121　중앙문화재연구원 엮음, 2015, 『한국 청동기문화 개론』, 과천: 진인진, p. 118, 〈그림 7.9〉를 전재·수정함.

122　(上)신경숙, 2012, 「고인돌 축조기술의 교육적 활용에 대한 연구」, 『야외고고학』 13, p. 66, 〈표 3〉. (下)국립나주문화재연구소, 2012, 『한국 지석묘: 강원도/경기도/충청남북도/전라북도 편』, 동북아시아 지석묘 1, p. 18, 〈사진 13〉을 전재·수정·편집함.

123　필자(김범철) 직접 촬영

124　국립나주문화재연구소, 2012, 『한국 지석묘: 경상남북도/제주도 편』, 동북아시아 지석묘 2, p. 21, 〈사진 10〉을 전재함.

125　국립나주문화재연구소, 2012, 『한국 지석묘: 경상남북도/제주도 편』, 동북아시아 지석묘 2, p. 24, 〈사진 17〉을 전재함.

126　우리문화재연구원, 2011, 『山淸 梅村里遺蹟』, p. 12, 〈원색사진 10〉을 전재함.

127　慶北大學校 博物館, 1991, 『大邱 大鳳洞 支石墓』, p. 22, 〈圖面 7〉·p. 23, 〈圖面 8〉을 전재·수정·제재도·편집함.

128　국립진주박물관, 2002, 『청동기시대의 大坪·大坪人』, p. 127, 〈어은 1지구 지석묘 발굴 과정〉을 전재·수정함.

129　國立中央博物館·國立光州博物館, 1992, 『特別展 韓國의 靑銅器文化』, 서울: 汎友社, p. 10, 〈1·2〉를 전재·수정·편집함.

130　강원문화재연구소, 2008, 『泉田里』, p. 28, 〈원색사진 33〉·p. 61, 〈원색사진 96〉을 전재·수정·편집함.

131　金承玉, 2001, 「錦江流域 松菊里型 墓制의 硏究」, 『한국고고학보』 45, p. 50, 〈도면 1〉을 전재·수정·재제도함.

132　국립중앙박물관, 2010, 『청동기시대 마을풍경』, 2010년 특별전, p. 86, 〈독널무덤〉을 전재함.

133　국립나주문화재연구소, 2012, 『한국 지석묘: 강원도/경기도/충청남북도/전라북도 편』, 동북아시아 지석묘 1, p. 20, 〈사진 20〉을 전재함.

134　https://en.wikipedia.org/wiki/G%C3%B6bekli_Tepe (위키피디아)를 전재함.

135　신경숙, 2012, 「고인돌 축조기술의 교육적 활용에 대한 연구」, 『야외고고학』 13, p. 64, 〈그림 6〉을 전재함.

136　李宗哲, 「청동기시대 길의 存在認識과 有形化」, 『호서고고학』 41, p. 47, 〈도면 5〉를 전재·수정함.

137　국립중앙박물관, 2010, 『청동기시대 마을풍경』, pp. 72~73, 〈고창 죽림리〉를 전재·수정함.

138　https://www.wikiwand.com/en/Bruce_Trigger (위키피디아)를 전재함.

139 (左)국립중앙박물관, 2010, 『청동기시대 마을풍경』, 2010년 특별전, p. 22, 〈3〉. (右)중앙문화재연구원 엮음, 2015, 『한국 청동기문화 개론』, 과천: 진인진, p. 118, 〈그림 6.5〉를 전재·수정·편집함.

140 필자(김범철) 직접 제작

141 충남대학교 박물관, 2007, 『호서지역의 청동기문화』, p. 103, 〈KW-002 우물〉·p. 105, 〈수전전경〉를 전재·수정·편집함.

142 忠淸南道歷史文化硏究院, 2011, 『대전 방동뜰유적』, p. 4, 〈원색도판2〉를 전재함.

143 慶南發展硏究院 歷史文化센터, 2012, 『진주 평거 4-1지구 유적 Ⅲ: 유구·유물도판』, p. 148, 〈도판 146-2〉를 전재함.

144 (左)慶南發展硏究院 歷史文化센터, 2012, 『진주 평거 4-1지구 유적 Ⅲ: 유구·유물도판』, p. 109, 〈도판 107-3〉. (右)국립중앙박물관, 2010, 『청동기시대 마을풍경』, p. 32, 〈함정상상도〉를 전재·수정·제재도·편집함.

145 辽宁省博物馆·辽宁省文物考古硏究所, 2006, 『辽河文明展 文物集萃』, p. 63, 〈"史伐"卣〉·p. 65, 〈宽带纹贯耳壶〉를 전재·수정·편집함.

146 辽宁省博物馆·辽宁省文物考古硏究所, 2006, 『辽河文明展 文物集萃』, p. 67, 〈方鼎〉을 전재·수정·편집함.

147 국립중앙박물관 편, 1996, 『국립중앙박물관』, p. 42, 〈동검〉을 전재·수정함.

148 (左)國立中央博物館·國立光州博物館, 1992, 『特別展 韓國의 靑銅器文化』, 서울: 凡友社, p. 71, 〈106〉. (右)동북아역사재단, 2007, 『하가점상층문화의 청동기』, p. 141, 〈5〉·p. 161, 〈24〉·p. 219, 〈83〉·p. 220, 〈84〉를 전재·수정·편집함.

149 국립중앙박물관, 1996, 『국립중앙박물관』, p. 48, 〈꾸미개〉를 전재함.

150 중앙문화재연구원 엮음, 2015, 『한국 청동기문화 개론』, 과천: 진인진, p. 178, 〈그림 9.3〉을 전재·수정하여 위성사진에 병합함.

151 유병록, 「낙동강 상류의 청동기시대 문화양상」, 『대구·경북 청동기시대 문화』, 삼한문화재연구원 발굴 10년 특별전 기념 학술대회, p. 175, 〈도면 13〉을 전재·수정함.

152 울산암각화박물관, 2013, 『울주 대곡리 반구대암각화: 한국의 암각화Ⅲ』, pp. 188~189, 〈Fig. 1〉을 전재함.

153 한국전통문화대학교 고고학연구소, 2011, 『松菊里 Ⅶ: 부여 송국리유적 제12·13차 발굴조사』, p. 4, 〈원색사진 2-②〉를 전재·수정함.

154 慶南考古學硏究所, 2003, 『泗川 梨琴洞 遺蹟』, p. 129, 〈도면 77〉을 전재·수정·재제도함.

155 高麗大學校 埋藏文化財研究所, 2001, 『寬倉里 遺蹟: 本文』, p. 326, 〈도면 250〉을 전재·수정·재제도함.

156 (左)중앙문화재연구원 엮음, 2015, 『한국 청동기문화 개론』, 과천: 진인진, p. 118, 〈그림 10.6-4〉. (右)https://en.wikipedia.org/wiki/Tongkonan#/media/File:Traditional_Toraja_House.JPG (위키피디아)를 전재·수정·편집함.

157 Clark, John E., and Michael Blake, 1994, The Power of Prestige: Competitive Generosity and the Emergence of Rank Societies in Lowland Mesoamerica. In *Factional Competition and Political Development in the New World*. E. M. Brumfiel and J. W. Fox. eds. Pp. 17-31. Cambridge: Cambridge University Press. (p. 25, 〈Fig. 2.5〉·p. 27, 〈Fig. 2.7〉)을 전재·수정·재제도·편집함.

158 미야자토 오사무, 2010, 『한반도 청동기의 기원과 전개』, p. 34, 〈그림 1〉·p. 98, 〈그림 14〉를 전재·수정·재제도·편집함.

159 필자(김범철) 직접 제작

160 國立中央博物館·國立光州博物館, 1992, 『特別展 韓國의 靑銅器文化』, 서울: 凡友社, p. 50, 〈76〉을 전재·수정함.

161 국립중앙박물관 편, 1996, 『국립중앙박물관』, p. 42, 〈청동공구〉를 전재·수정함.

162 국립중앙박물관 편, 1996, 『국립중앙박물관』, p. 47, 〈청동방울〉을 전재·수정함.

163 국립중앙박물관 편, 1996, 『국립중앙박물관』, p. 44, 〈청동의기〉를 전재·수정함.

164 중앙문화재연구원 엮음, 2015, 『한국 청동기문화 개론』, 과천: 진인진, p. 151, 〈그림 8.3〉을 전재·수정함.

165 숭실대학교 한국기독교박물관, 2009, 『한국기독교박물관 소장 국보 제141호 다뉴세문경 종합조사연구』, p. 139, 〈국보 제141호 다뉴세문경 배면 복원도〉·p. 149, 〈사진 3〉을 전재·수정·편집함.

166 國立中央博物館·國立光州博物館, 1992, 『特別展 韓國의 靑銅器文化』, 서울: 凡友社, p. 91, 〈145-1〉을 전재·수정함.

167 (左)國立中央博物館·國立光州博物館, 1992, 『特別展 韓國의 靑銅器文化』, 서울: 凡友社, p. 101, 〈155〉. (右)경기도박물관, 2010, 『요령고대문물전』, p. 78, 〈마두장식(나팔형동기) 착장상태 복원도〉를 전재·수정·재제도·편집함.

168 한국고고학회, 2007, 『한국 고고학 강의』, p. 100, 〈그림 51〉을 전재·수정함.

169 중앙문화재연구원 엮음, 2015, 『한국 청동기문화 개론』, 과천: 진인진, p. 201, 〈그림 10.13〉을 전재·수정·편집함.

170 國立中央博物館·國立光州博物館, 1992, 『特別展 韓國의 靑銅器文化』, 서울: 凡友社, p. 101, 〈66-1〉을 전재함.

171 湖南文化財研究院, 2014,『完州 新豊遺蹟 Ⅰ : 가지구』, p. 43, 〈원색사진 4〉를 전재·수정·편집함.

172 http://www.heritage.go.kr/heri/cul/culSelectDetail.do?VdkVgwKey=13,04500000,38&pageNo=5_2_1_0 (문화재청)을 전재·수정함.

찾아보기

ㄱ

가구 189, 232~235, 254

가구군 235

가덕도 장항 부산(광역시) 113, 124~125, 131, 147, 155~156, 158~159

가도 군산(시) 113, 126, 131, 152

가락동 서울(특별시) 169, 180

가락동식 주거지 190~191, 197

가락동식 토기 177, 180, 186, 190, 197

가락동유형 197

가속기질량분석 50, 83

가오동 대전(광역시) 169, 200

가와지 고양(시) 113, 140

가월 파주(시) 57, 69, 73, 78

가슴기 ☞ 자루끝장식 206

가지방울 259

가현리 김포(시) 113, 140

가흥리 나주(시) 113, 140

각형토기 ☞ 팽이(형)토기 179

간두령 ☞ 막대끝방울 258~259

갈동 완주(군) 169, 223, 259

갈머리 진안(군) 113, 125

강상 다롄(시) 169, 268

강정동 서귀포(시) 57, 69

개석식지석묘 215~216, 219

갱신세 ☞ 플라이스토세 57

거석기념물 224~225, 227

거석문화 224

거친무늬거울 257

거친잔무늬거울 257

검단리 울산(광역시) 169, 201

검단리식 토기 181, 198

검단리유형 197

검손잡이모양동기 259

검은간토기 183

검은모루 평양(직할시) 57, 68, 74~75, 93

검파두식 ☞ 자루끝장식 206, 257

검파형동기 ☞ 검손잡이모양동기 259, 261

격자법 44~45

격지 60~66, 73, 80, 84, 86, 90

견갑형동기 ☞ 어깨갑옷모양동기 259

결상이식 152, 154, 157, 161

결합식낚시 ☞ 이음낚시 133

결합식양갈래방울 259

고남리 태안(군) 113, 128, 130, 161, 169, 237

고례리 밀양(시) 57, 69, 85~86

고산리 제주(시) 57, 106~107, 114~115

고산리식 토기 107, 113~115

고조선 173, 265, 267~270, 281, 283

골각기 82, 130, 149

공귀리 강계(군) 169, 177

공귀리식 토기 177, 185

공렬토기 ☞ 구멍무늬토기 179~180, 185~186, 197

과정고고학 39

관산리 보령(시) 169, 221

관창리 보령(시) 169, 230, 248~249, 252

광성동 사리원(시) 169, 218

광역적 취락체계 199

괴정동 대전(광역시) 169, 223, 266

교동 춘천(시) 113, 154, 156~157

교차편년 46, 48

구낭굴 단양(군) 57, 68, 94

구덩식화덕 122~123, 190

구멍무늬토기 177, 179~180

구수리 울산(광역시) 169, 206

굴화리 울산(광역시) 169, 221

궁산문화 148

그물어법 132

금굴 단양(군) 57, 75, 113, 160

금석병용기 40, 67, 172

금천리 밀양(시) 169, 230

금파리 파주(시) 57, 78

금평 순천(시) 57, 89

기곡 동해(시) 57, 86, 104, 106~107, 113, 116

기반식지석묘 215~216, 219

기후 238

김원용 40, 80

까치산 인천(광역시) 113, 130

ㄴ

나무썰매 225~226

나코 미국 94

나팔형동기 259, 263

난둥거우 카줘(현) 269

난산건 닝청(현) 169, 268

남방식지석묘 ☞ 기반식지석묘 215~216

남북동 인천(광역시) 113, 124

남산 창원(시) 169, 201~202

남성리 아산(시) 169, 223, 266

남양리 장수(군) 169, 223, 270

내흥동 군산(시) 113, 137

넬슨 243, 254

노래섬 군산(시) 113, 126, 129, 131, 136, 161

노천소성 ☞ 야외소성 143

농경문청동기 259, 262~263

농소리 김해(시) 113, 140

농포동 청진(시) 113, 130, 154

눌러찍은무늬토기 114, 143

늑도 사천(시) 169, 222, 271~272

늘거리 포천(시) 57, 69, 85~86, 88, 100

ㄷ

다두석부 ☞ 톱니날도끼 206~207
다윈 36, 39
단도마연토기 ☞ 붉은간토기 183
단사선문 122, 144, 180, 186, 197
대곡리 화순(군) 169, 223, 261
대봉동 대구(광역시) 218
대석개묘 216, 269
대수장 265
대야리 거창(군) 169, 222
대전 화순(군) 89
대죽리 서산(시) 113, 136, 161
대천리 옥천(군) 113, 138, 140
대천리식 주거 124
대팻날 206
대평동 세종(특별자치시) 169, 198
대평리 북창(군) 169, 194, 196
대평리 어은 진주(시) 169, 203, 219, 236
대평리 옥방 진주(시) 169, 203, 236
대현동 평양(직할시) 57, 71
대흥리 천안(시) 169, 200
덕천리 창원(시) 211
덧무늬토기 107, 114, 145
도산 화순(군) 57, 66, 69
도시혁명 170
도씨검 ☞ 중원식 동검 256

도유호 40
돌깐돌두름식화덕 190
돌대(각목)문 ☞ 새김덧띠무늬 177~179, 185, 188, 197
돌더미시설 124
돌두름식화덕 123~124, 190
동검모방설 210
동관진 온성(군) 57, 67
동북형석도 198, 207~208
동삼동 부산(광역시) 67, 87, 107, 113~115, 128, 130~132, 133~136, 139~140, 148, 152, 154, 157, 160~163
동서리 예산(군) 169, 223, 263, 266
동천동 대구(광역시) 209
동화리 화성(시) 169, 221
두루봉 청주(시) 57, 68, 71, 93
드레넌 281
뗀석기 59~60, 62, 67, 74, 87~88, 90, 92, 106, 113~114, 149

ㄹ

량쟈춘 번시(시) 268
러복 37

ㅁ

마르크스 251
마쌍리 의령(군) 113, 157, 169, 244~245

마자탄 멕시코 254

마전리 논산(시) 169, 200, 221~222, 230, 232

마창거우 카줘(현) 238

막대끝방울 259

만달리 평양(직할시) 57, 68, 72, 86, 89

메지리치 우크라이나 94~95

모비우스 76~78

모아이 225

모이도 인천(광역시) 113, 127

몬텔리우스 37~38, 46

몸돌 60~64, 67, 73, 75, 80, 85, 88

묘역식지석묘 217~219

묘표식지석묘 218~219

무거동 발리 울산(광역시) 169, 230

무거동 옥현 울산(광역시) 169, 230

무문토기 171, 174, 176~177, 182~183, 185

묵방리식 토기 177~178, 186, 268

묵방형 지석묘 216

문암리 고성(군) 107, 113, 133, 139, 141, 146, 151, 152, 154~155, 162

문화사고고학 38~39

미사동 하남(시) 57, 92

미사리유형 197

미송리 의주(군) 169, 177

미송리식 토기 177~178, 186, 268

민족지고고학 39

ㅂ

바위그늘 68~69, 71, 123, 160

바위그림 243, 245

바퀴날도끼 206

박편 ☞ 격지 60

반구대 울산(광역시) 113, 129, 134, 163, 169, 245~247

반달칼 208

반월형석도 ☞ 반달칼 208

방사성탄소연대측정 38, 49, 51~52, 82~83, 85, 88, 90, 99, 106~107, 188

방패형동기 259, 261, 263

백석동 천안(시) 169, 198~199

범방 부산(광역시) 113, 117, 155

베럿 227

보르소에 37

보웬 80

복룡동 대전(광역시) 169, 200~201

복합사회 252

본촌리 사천(시) 169, 244~245

봉계리식 토기 148

부근리 인천(광역시) 169, 224

부르디외 242

부리형석기 209

부채날도끼 242

부평리 인제(군) 57, 69, 100

북방식동검 240, 256~257

북방식지석묘 ☞ 탁자식지석묘 215
붉은간토기 182
블레이크 254
비봉리 창녕(군) 107, 113, 117, 128, 130, 134~135, 137~138, 151, 163
비파형동검 206, 210~211, 221, 223, 239~242, 255~257, 268
비파형동검문화 238~240, 242, 257, 259~260
비파형동모 ☞ 투겁창 242
빈포드 38~39
빗살무늬토기 114, 142~143, 145, 147~148, 175

ㅅ

4분법 45
사누카이트 161~162
사촌리 청도(군) 152
사회구성체 논쟁 268
사회발전단계 251
사회복합화 201, 252~253
사회형식론 252~253
산의리 공주(시) 169, 200, 221~222
삼각만입촉 205
삼각편평촉 205
삼거리 연천(군) 57, 86
삼국지 270
삼시대체계 36~37, 113, 169, 173

삼양동 제주(시) 113, 157
상노대도 통영(시) 87, 113, 130
상대연대(결정)법 46, 48, 83
상마스 다롄(시) 169, 222
상무룡리 양구(군) 57, 69, 86, 89, 100~101
상사리 철원(군) 57, 69
상시바위그늘 단양(군) 57, 71, 113, 160
상위유력층 201, 254, 270
상징자본 242
상촌리 진주(시) 113, 139, 157, 203
새김덧띠무늬 177
생산전문화 203
생수궤 서귀포(시) 57, 68~69
샤오헤이스거우 초평(시) 169, 206, 211
서두리 익산(시) 57, 106
서비스 252
(굴포리) 서포항 나선(시) 57, 67, 113, 129~130, 154, 196
석상위석식화덕 ☞ 돌깐돌두름식화덕 190, 194, 197
석시 151, 161~162
석장리 경주(시) 244~245
석장리 공주(시) 40, 57, 67, 75, 85~86
석천리 익산(시) 169, 232
석탄리 송림(시) 169, 194
선진리 사천(시) 113, 152
선형동부 ☞ 부채날도끼 242, 255

301

성저 고양(시) 113, 140

세대공동체 234

세문경 ☞ 거친잔무늬거울 257, 259

세석기 ☞ 잔석기 73, 113

세석인 ☞ 잔돌날 62, 114

세장석촉 205, 210~211

세죽 울산(광역시) 107, 113, 117, 133, 137, 150

세형동검 123, 255, 256~257, 259~261

세형동검문화 255, 257, 260, 264

소로리 청주(시) 169, 229~230

소소리 당진(시) 169, 266, 270

속성 44, 46~48, 57, 60, 68

송국리 부여(군) 169, 180, 199~200, 203, 220~221, 229

송국리문화 192~193, 197, 223, 233

송국리식 주거 192~194, 197, 200, 233~234, 245, 248~249, 252

송국리식 토기 177, 180~183, 186, 197, 219, 222

송국리형 묘제 223

송도 여수(시) 87, 113, 121, 131

송암리 충주(시) 57, 69, 85

송전리 양양(군) 169, 221

송죽리 김천(시) 113, 125

송평동 나선(시) 169, 183

송학리 부여(군) 169, 230

수가리 김해(시) 113, 128, 130, 148

수렵채집 70, 72, 83~84, 90, 92, 95~97, 100~107, 113~114, 119, 146, 277~280

수석동 남양주(시) 169, 198

수석리유형 ☞ 점토대토기문화 198

수양개 단양(군) 57, 69, 84~87, 89, 100

수장 252~254

순동시대 ☞ 금석병용기 172, 188

순서배열법 38, 46~48

술라웨시 인도네시아 249

슈라 ☞ 나무썰매 225

스얼타이잉쯔 챠오양(시) 169, 268

스펑 215~216

식물규산체 140, 229~231

신북 장흥(군) 57, 69, 85, 87, 92, 100

신송리 평원(군) 169, 223

신암리 울산(광역시) 113, 154

신영리 여드니 공주(시) 169, 200

신진화론자 252

신창동 광주(광역시) 169, 272

신촌리 김천(시) 169, 221

신풍 완주(군) 169, 270~271

신화리 울산(광역시) 87, 169, 183, 248~249, 252

심귀리 시중(군) 169, 194, 196

쌍두령 ☞ 양갈래방울 258~259

쌍청리 청원(군) 169, 200

ㅇ

아동리 군산(시) 169, 222

아우라지 정선(군) 187~188

안도 여수(시) 87, 107, 113, 121, 131, 152, 155, 157, 162

안심리 경주(시) 169, 244~245

안영리 새터 공주(시) 169, 200~201

암각화 ☞ 바위그림 129, 134~135, 163, 244~247

암사동 서울(특별시) 40, 113, 148

야외소성 143

야요이식 토기 172

양갈래방울 259

어깨갑옷모양동기 259

얼다오허쯔 랴오양(시) 169, 223

에이니올리식 ☞ 금석병용기 172

엥겔스 234

여서도 완도(군) 87, 113, 121, 128, 130, 132~133, 161

여의곡 진안(군) 169, 236

역삼동식 주거지 191

역삼동식 토기 177, 180, 186, 190

역삼동유형 197

연 중국 265, 267

연결망 99~103, 105, 199~200, 249, 278

연대도 통영(시) 87, 113, 128, 130, 136, 153, 155~157, 162

연화리 곡성(군) 169, 222

연화리 부여(군) 169, 223, 266

열형광 51

오덕리 연탄(군) 169, 218

오덕형 지석묘 215

오동 회령(군) 169, 180, 194, 196

오림동 여수(시) 169, 244~245

오사리 광양(시) 113, 130

오산리 양양(군) 107, 113, 114, 121, 134, 146, 151, 154

오산리식 토기 146~147

오석리 서천(군) 169, 221

오지리 곡성(군) 57, 106

오진리 청도(군) 113, 132, 160

옥과 곡성(군) 57, 69, 88~89

외낚시 133

외이도골종 131, 159

요령식동검 ☞ 비파형동검 239

욕지도 통영(시) 87, 113, 131, 154~155, 157

용산동 대전(광역시) 57, 69, 85~86, 98~99, 106

용수재울 포천(시) 57, 69, 86, 88

용암리 화천(군) 169, 191, 198

용유도 인천(광역시) 113, 125

용호동 대전(광역시) 57, 69, 82, 92

우네티스문화 170

우진탕 진시(시) 268~269

운서동 인천(광역시) 113, 120, 122~123, 139

울산식 주거 194~195, 197

움집 120~124, 281

원당리 연천(군) 57, 78
원수대 경성(군) 147
원시농경 141
원조효과 235
월곡리 구미(시) 169, 221
월성동 대구(광역시) 57, 69, 89, 100
월소 동해(시) 57, 106, 116
월평 순천(시) 57, 69, 89
위기의례 265
위만 269
위석식화덕 ☞ 돌두름식화덕 123, 190~191, 194, 197
위석식지석묘 215~216
위세품 241, 252, 265
유경검 205
유구석부 ☞ 홈자귀 206~207, 210
유단석부 ☞ 턱자귀 206
유물조합 44~45
유절병검 205
율량동 청주(시) 57, 69
율리 김해(시) 113, 140, 157
융기문토기 ☞ 덧무늬토기 114, 139, 143~144, 146~147, 161
의례 93, 130, 152, 154, 158~159, 161, 183, 206, 210, 212, 222, 235, 243, 245, 248~250, 252~253, 259, 263, 265
이곡리 진주(시) 169, 221

이금동 사천(시) 87, 169, 183, 248~249, 252
이단경촉 204~205
이단병검 205, 206, 210
이스터섬 225
이음낚시 133, 158, 161
이중구연 144, 180, 186, 197
이케가미소네 이즈미(시) 249~250
이형동기 259
일단경촉 205, 210
일단병검 205, 208
일체형석촉 204
임불리 거창(군) 89
입암리 계룡(시) 234
잉여관리의 공공화 201

ㅈ

자돌어법 ☞ 작살어법 132
자돌・압날문토기 ☞ 눌러찍은무늬토기 114, 143~144, 146~147, 161
자루끝장식 206
잔돌날 62, 67, 85~89, 91, 100, 106, 114~115, 278
잔무늬거울 259
잔석기 73~74, 85, 87, 89, 92, 107, 113
장덕리 화대(군) 57, 94
장산리 파주(시) 57, 69, 75
장선리 공주(시) 169, 200

장소화 245

장송의례 212

장식석검 206, 211

장유동 김해(시) 138

장천리 영암(군) 169, 222

장흥리 철원(군) 57, 69, 86~87, 100

재너머들 청주(시) 57, 106

저우커우뎬 베이징(시) 74

적색마연토기 ☞ 붉은간토기 183

적석유구 ☞ 돌더미시설 124

전곡리 연천(군) 57, 69, 73, 76, 78~80, 83

전국시대 265, 267

절대연대(결정)법 46, 48~49, 51~52, 75, 79, 83

절상돌대문 ☞ 새김덧띠무늬 179

점토대토기 177, 181~183, 186, 194~195, 198, 264

점토대토기문화 198, 264, 272

정문경 ☞ 잔무늬거울 259~261

정봉리 신계(군) 169, 223

정쟈와쯔 선양(시) 169, 223, 264, 269

정주 113, 114, 118, 121, 164~165, 227, 235, 243, 279~280

제주도식 지석묘 ☞ 위석식지석묘 216

조개더미 127, 213

조개팔찌 131, 152, 158, 160~161, 163

조갯날도끼 206

조동리 충주(시) 113, 140

조몬시대 113, 134, 152, 159, 163, 174

조문경 ☞ 거친무늬거울 257, 259

조세문경 ☞ 거친잔무늬거울 257

조합식쌍두령 ☞ 결합식양갈래방울 259

주구석관묘 221

주먹도끼 36, 62, 64, 66, 69, 71, 73, 75~80

주월리 파주(시) 57, 69, 78

죽변리 울진(군) 113, 146

죽산 순천(시) 57, 85

준왕 269

중도 춘천(시) 169, 198, 199

중산동 울산(광역시) 169, 221

중산동 인천(광역시) 113, 120, 124, 169

중원식동검 239~240, 256~257

즐목문토기 ☞ 빗살무늬토기 142

즐문토기 ☞ 빗살무늬토기 142

지경리 양양(군) 113, 139

지리정보체계 52

지좌리 김천(시) 113, 125

지탑리 봉산(군) 113, 139

진개 265, 267

진그늘 진안(군) 57, 69, 85

진라리 청도(군) 169, 206

진천리 대구(광역시) 169, 244~245

집석유구 ☞ 돌더미시설 124~126, 157, 159

(생산)집약화 232~233

집현 진주(시) 92
찍개 62~66, 73, 75~77, 80
찔개살 122, 132

ㅊ

차일드 113, 170
창내 제천(시) 65
채도 ☞ 채문토기 147, 183
채문토기 183
처용리 울산(광역시) 155, 160
천내리 대구(광역시) 169, 244~245
천전리 춘천(시) 169, 193, 198, 221
철자형 주거 194
철정리 홍천(군) 169, 221
초곡리 포항(시) 169, 206
초석 194
초포리 함평(군) 169, 223
최후빙하극성기 70~71, 74, 84~85, 88, 90, 104~106, 116, 126
침촌리 황주(군) 218
침촌형 지석묘 218

ㅋ

캄케라믹 ☞ 빗살무늬토기 142
캘콜리식 ☞ 금석병용기 172
코스텐키 러시아 94

클라크 254

ㅌ

탁자식지석묘 214~216, 219, 224
탈과정고고학 39
태선침선문토기 147~148
턱자귀 206
토광식화덕 ☞ 구덩식화덕 123, 190~191, 194, 197
토성리 중강(군) 169, 194
토평동 구리(시) 169, 206
톰센 36~37
톱니날도끼 206
통코난 249~250
투겁창 242, 257
트리거 227

ㅍ

파오쯔옌첸산 지린(시) 196
팔주령 ☞ 가지방울 258~259
패총 ☞ 조개더미 67, 114, 117, 121~133, 135~136, 152~153, 155~157, 160~162, 164, 172, 237, 271, 279
팽이(형)토기 177, 179~180, 185~186
페트리 37~38
편평편인석부 ☞ 대팻날 206~207
평거동 진주(시) 139, 169, 230, 236~237

평창리 용인(시) 57, 77, 89
포타슘-아르곤연대측정법 50~52, 83
플라이스토세 57, 68, 70, 74, 79, 93, 95, 104, 106~107, 113, 116~117, 136, 280
피난굴 영월(군) 113, 160
피트리버스 37~38
핑안바오 푸신(시) 169, 221

ㅎ

하가 임실(군) 57, 69
하당리 음성(군) 191
하서리 경주(시) 169, 206
하진리 단양(군) 57, 69, 82, 85
하화계리 홍천(군) 57, 69, 86, 100
한국식동검문화 255, 257~260
한정행위장소 126
한흥수 40
합송리 부여(군) 169, 266, 270
합인석부 ☞ 조갯날도끼 206~207
허버트 225
현생인류 58, 71~72, 82, 278
형식 37~38, 44~48, 74, 83, 188, 190, 198, 210, 215~216, 218~219, 222~223, 226
형식분류 45
형식학적 방법 46
호곡동 무산(군) 113, 130, 169, 180, 194

호더 39
호모 사피엔스 ☞ 현생인류 58, 71, 72, 82, 98
호평동 남양주(시) 57, 67, 69, 85, 89~91, 100
홀로세 33, 35, 70, 115~118, 127, 136, 145
홈자귀 197
홍도 ☞ 붉은간토기 182~184, 235, 240, 253
홍적세 ☞ 플라이스토세 57
화대리 포천(시) 57, 69, 85
화염문토기 174
환상석부 ☞ 바퀴날도끼 206~207
황석리 제천(시) 169, 183
회현리 김해(시) 169, 172
후빙기 95, 104~107
후포리 울진(군) 113, 154, 157
휴암리 서산(시) 113, 157, 169
휴암리식 주거 192~193
흑도 ☞ 검은간토기 183, 186, 198, 264
흑색마연토기 ☞ 검은간토기 183
흑요석 50, 60~61, 63, 67~70, 72, 83, 86~88, 90~91, 94, 100~101, 103, 150, 152, 161~162, 278
흔암리 여주(시) 169, 180, 169, 229
흔암리식 토기 177, 180, 186, 190, 197
흔암리유형 197